READING THE TAROT

【リーディング・ザ・タロット】

大アルカナの実践とマルセイユ・タロットのイコノグラフィー

伊泉 龍一／著   ジューン澁澤／著

駒草出版

本書使用カード
『Ancient Tarot of Marseilles』©Lo Scarabeo, Torino

日本輸入代理店・販売元：ニチユー株式会社
TEL 03-3843-6431（代表）
http://www.nichiyu.net/

Prologue

　片足を縛られて逆さ吊りにされた男。大きな鎌を持った骸骨。月に向かって吠える2匹の犬と池のなかに潜むザリガニ。星の下で大地へと液体を流す裸の女性……。

　いったいこれらの絵は、なにを意味しているのだろうか？

　タロットの魅力のひとつは、こういった1枚1枚のカードに描かれた不可思議な絵にあることは言うまでもない。

　試しに一切の先入観を捨て、ただタロットの絵を注視していただきたい。その絵はあなたの開かれた想像力に対して、きっとなにかを語りかけてくるに違いない。

　実際に、初期イタリア・ルネサンスの頃から伝わるタロットの図像は、これまでにも多くの人々を魅了し、インスピレーションの源であり続けた歴史がある。

　たとえば、かの19世紀最大のオカルティスト、エリファス・レヴィ（1810-75）は、タロットを古代から伝わる叡智の秘められた「絵文字」だと考えた。そして、深遠な1冊の書物を読むかのごとくタロットの絵を解釈し、そこから近代オカルティズムの礎となる理論体系を導き出した。レヴィはタロットについて次のごとく語る。

　それゆえ1冊の本も与えられずに牢屋の中に閉じ込められても、たまたま「タロット」を持ち合わせていて、そしてその使い方を心得てさえいたならば、数年のうちに彼は、宇宙全般にまたがる知識を手に入れて、万事にかんして比類ない理論と尽きない雄弁をもって語れるようになるであろう[*1]。

　また、1920年代の芸術運動シュールレアリスムの中心人物であるフランスの詩人アンドレ・ブルトン（1896-1966）は、タロットの「星」のカードにインスパイアされた散文詩『秘法17番』のなかで次のように描写する。

ひときわ輝くひとつの星が最初の7つの星たちの中央に鎮座する、その星の分岐は赤と黄の火でできている、それは狼星ないしシリウスだ、それは光をかかげるルシファーだ、そして、他のすべての星に優るその光栄において、それは暁の明星だ。ただこの星があらわれる瞬間においてのみ、風景は輝き、生はふたたび明るくなり、最初の星たちをたったいま屈服させたばかりのこの光の中心のちょうど真下に、池のほとりにひざまずいたひとりの若い女がその裸身においてあらわれる[*2]。

　タロット。それは世界の現れに先立つイマジネーションの領域を、わたしたちに思い出させる。従って、本書の多くの部分は、文字どおり実用的な「タロット占い」について書かれたものであるけれども、それは同時に、通常「占い」という言葉が指し示す範囲を超えた世界へと、知らぬ間に降り立つことにもなるだろう。

　ここで本編に入る前に、本書の構成について簡単にお話しておこう。
　本書は、2部構成になっている。実用的な占いについての説明は、第Ⅰ部の「リーディング編」で行う。
　Ⅰ章では、まったくタロットについて知らない方を前提に、タロットとはどのようなものかを簡単に説明する。
　Ⅱ章では、実際にタロット占いを行うための手順を解説する。
　Ⅲ章では、大アルカナと呼ばれる22枚のカードのパースペクティブを解説する。
　Ⅳ章では、本書のタロット・リーディングの要となる「リヴィジョン」や「イメジャライズ」という考え方について解説する。
　Ⅴ章では、サンプル・リーディングを通じて、タロットのハウ・ツーを具体的に知ることができるだろう。
　Ⅵ章では本書で紹介したタロット・リーディングのスタイルをもとに「タロット占い」のあり方自体を見直してみたい。
　Ⅶ章では、大アルカナのホリスティックなアプローチを目指し、そ

の全体の構造について解説する。

　一方、「イコノグラフィー編」と題された第Ⅱ部では、占い的なカードの解釈とは離れて、本書で使用しているマルセイユ・タロットのカード1枚1枚の図像の解読を試みている。単なる「占い」としてではなく、まずはタロットの図像そのものに関心があるという方は、第Ⅱ部の方から読んでいただいても構わない。

　なお、共著である本書は、第Ⅰ部のⅡ章、Ⅲ章、Ⅴ章を澁澤が、第Ⅰ部のⅠ章、Ⅳ章、Ⅵ章、Ⅶ章そして第Ⅱ部を伊泉龍一が、それぞれ分担して執筆した。

　せっかく世に生み出された本であるから、ひとりでも多くの人に読んでもらいたい。しかし、ここで正直なことを言うと、本書の内容は他の「タロット占い」の本と比べて、決して簡単ではないかもしれない。こんなことを書くと、この段階で読むのをやめようと思う人が出てきそうだが、もしあなたが、20分ほどでさらっと読み終えることができるような手軽なタロット占いの本を求めるのなら、残念ではあるが本書を心からお勧めすることできない。

　あくまで本書は、初心者からプロのタロティストまで問わず、タロットの世界の面白さを深くじっくりと味わいたい方へ向けて書かれている。今までタロットに長年親しんできた方でも、これまでとは異なるパースペクティヴが開かれてくることを求めるのならば、ぜひ本書の頁をめくってみていただきたい。本書がタロットの尽きせぬイマジネーションの世界へのささやかな導きともなれば幸いである。

伊泉　龍一（いずみ　りゅういち）

＊1　エリファス・レヴィ著（生田耕作訳）『高等魔術の教理と祭儀』（人文書院、1992年）、299頁。
＊2　アンドレ・ブルトン著（宮田淳訳）『秘法十七番』（晶文社セレクション、1985年）、74-75頁。

CONTENTS【目　次】

プロローグ………………………………………………003

第Ⅰ部　〈リーディング編〉

Ⅰ章　タロットについての予備知識
タロットとは ………………………………………012
マルセイユ・タロットについて …………………013
タロット全体の構成 ………………………………014
タロット・カードを準備する ……………………016
タロット・カード以外に用意するもの …………016

Ⅱ章　タロット・ワークの手順
ワークの前の準備 …………………………………018
シャッフル …………………………………………019
カット ………………………………………………019
ドロー＆スプレッド ………………………………019
フィフス・エレメンツ・スプレッド ……………022
ワークの終わらせ方 ………………………………023

Ⅲ章　大アルカナのパースペクティヴ
パースペクティヴについて ………………………024
大アルカナのパースペクティヴ …………………027
1. 奇術師　2. 女教皇　3. 女　帝　4. 皇　帝　5. 教　皇　6. 恋　人
7. 戦　車　8. 正　義　9. 隠　者　10. 運命の車輪　11. 力
12. 吊るされた男　13. 死　14. 節　制　15. 悪　魔　16. 神の家
17. 星　18. 月　19. 太　陽　20. 審　判　21. 世　界
愚　者

Ⅳ章　リーディングのメソッド

　　リーディングのスタイルについて ……………………… 104
　　イメージとは？ ………………………………………… 105
　　リーディングの視点のポジション ……………………… 108
　　リヴィジョンとイメジャライズ ………………………… 110

Ⅴ章　サンプル・リーディング

　　リーディング・スタイル ………………………………… 112
　　質問をリヴィジョンする①　「奇術師」のリーディング例 …… 113
　　質問をリヴィジョンする②　「女教皇」のリーディング例 …… 116
　　質問をリヴィジョンする③　「女帝」のリーディング例 ……… 117
　　質問をリヴィジョンする④　「皇帝」のリーディング例 ……… 119
　　質問をリヴィジョンする⑤　「教皇」のリーディング例 ……… 121
　　質問をリヴィジョンする⑥　「恋人」のリーディング例 ……… 123
　　自分のことを占う①　「戦車」と「隠者」のリーディング例 … 125
　　自分のことを占う②　「正義」のリーディング例 …………… 128
　　同じ質問を占い直す時期について　「運命の車輪」のリーディング例
　　　……………………………………………………………… 130
　　定まった質問と定まっていない質問 …………………… 133
　　質問者が囚われている視点を考える　「神の家」のリーディング例
　　　……………………………………………………………… 134
　　その他のカードのリーディング・ヒント　「力」「吊るされた男」
　　「死」「節制」「悪魔」「星」「月」「太陽」「審判」「世界」「愚者」
　　　……………………………………………………………… 137
　　リーディングにつまずいたら …………………………… 149

Ⅵ章　「タロット占い」をリヴィジョンする

　　「地」と「図」の反転 ……………………………………… 152
　　パースペクティヴなしの知覚は存在しない …………… 153
　　「囚われ」への「気づき」 ………………………………… 154

パースペクティヴの変換としての「解放」……………………… 155
　　「現実」が変わるということ ………………………………………… 157
　　意味のある「偶然」 ………………………………………………… 158
　　問いの背後へ ………………………………………………………… 160

　Ⅶ章　大アルカナの構造を学ぶ
　　大アルカナの配列について ………………………………………… 162
　　上昇と下降 …………………………………………………………… 165
　　3つの階層 …………………………………………………………… 167
　　オポジショナル・カード …………………………………………… 169

第Ⅱ部 〈イコノグラフィー編〉

　Ⅰ章　マルセイユ・タロットについて
　　複数のヴァリエーションが存在するマルセイユ・タロット … 174
　　20世紀になって作られたマルセイユ・タロット ……………… 175
　　イタリアからやってきたマルセイユ・パターン ……………… 178
　　グリモーのマルセイユ・タロットにおける図像の修正 ……… 183
　　タロット・カードの歴史的変遷 ………………………………… 184
　　本書での図像解釈について ……………………………………… 195

　Ⅱ章　マルセイユ・タロットのイコノグラフィー ……………… 197
　　1. 奇術師　2. 女教皇　3. 女　帝　4. 皇帝　5. 教　皇　6. 恋　人
　　7. 戦　車　8. 正　義　9. 隠　者　10. 運命の車輪　11. 力
　　12. 吊るされた男　13. 無題（死）　14. 節　制　15. 悪　魔
　　16. 神の家　17. 星　18. 月　19. 太　陽　20. 審　判　21. 世　界
　　愚　者

エピローグ（ジューン澁澤）……………………………………………… 291
エピローグ（伊泉龍一）…………………………………………………… 294

注……………………………………………………297
図版出典目録…………………………………………305

第 I 部

リーディング編

I章 タロットについての予備知識

■タロットとは

　本書を手に取られたあなたは、いったいどの程度タロットについて知っているのだろう。
　今や、アメリカ、ヨーロッパをはじめ、日本を含めたアジア各地においても、占いのひとつのツールとして、タロット・カードは驚くほどポピュラーなものとなっている。
　とはいえ、これまで占いに関心を持ったことがない人のなかには、「タロット」という言葉自体、はじめて聞いたという方がいても不思議ではない。あるいは、どこかでタロットを目にしたことはあるけれども、ほとんど詳しいことはわからないという方もいらっしゃるだろう。
　従って、本書をはじめる前に、ここでは「タロットとはなにか」ということを簡潔にお話しておきたい。もちろん、すでにタロットに詳しい方は、読み飛ばしていただいても構わない。
　今日、日本で「タロット」といえば、全部で78枚から構成される占い用のカードのセットのことである。ただし、ひとことでタロットといっても、アメリカやヨーロッパをはじめ世界各地で、さまざまな特色のあるデザインのカードが作られている。とはいえ、もともとのタロットの伝統的なデザインは、主に中世終わりのイタリアの文化に根差した題材がその絵のモチーフとして使われていた。しかし、時代とともにそれも変化し、今日では、非ヨーロッパ的なモチーフが積極的に取り入れられ、独創的で不可思議なデザインのカードが多数生みだされるようになっている。
　ちなみに本書で使用するのは、一般的に「マルセイユ・タロット」と呼ばれ、多くのタロティストによって広く親しまれているものだ。今日、最も有名なタロット・カードはなにか、とタロティストの方にたずねたら、間違いなくほとんどの人が、このマルセイユ・タロット

の名を、そのひとつとして数えることだろう。

■マルセイユ・タロットについて

　ところで本書において、数あるタロット・パックのなかから、あえてマルセイユ・タロットを選んだのはなぜか？
　先ほども述べたように、マルセイユ・タロットが非常に有名である、というのもその理由のひとつである。しかし、単にポピュラーになっているタロットを用いるということで選ぶなら、日本ではすでにマルセイユ・タロット以上に流布しているウェイト－スミス・パックでもよい。
　従って、マルセイユ・タロットをあえて用いることにしたのは、それ以外にも理由がある。
　もともと主に18世紀のフランスで作られていたマルセイユ・タロットは、歴史的にはウェイト－スミス・パックよりも古く、現代のさまざまなメジャーなタロットのデザインの源流となっているものだからだ。また、第Ⅱ部Ⅰ章で詳しく述べるが、マルセイユ・タロットは、今日から見たタロットの歴史という観点からすると、非常に興味深いポジションにある。
　それからもっと表面的な理由をいえば、ウェイト－スミス・パックの絵をもとにしたタロット本が、すでに日本でも多数見られるのに比して、マルセイユ・タロット自体をベースにした解説本は圧倒的に少ないという状況がある。マルセイユ・タロットの愛好家は、決して少なくないにも関わらずである。
　また個人的なことをいうと、わたし自身も、実はマルセイユ・タロットの大ファンである。長年、自身のタロット講座においてマルセイユ・タロットを用いてきたこともあり、タロットの絵としてすぐにイメージされるのは、わたしにとってはマルセイユ・タロットのその絵なのである。
　もちろん、絵のクォリティなどからすると、確かにウェイト－スミス・パックには完全に見劣りするが、マルセイユ・タロットには、も

ともとの木版画ならではの独特の素朴な味わいがある。また、現代の洗練された華やかなカードとは異なり、余計な飾りのないそのシンプルな絵には、逆に見る者の想像力をかきたてるものがある。

　ここでわたしが思うところのその魅力を、ただ書き連ねていってもあまり意味がないのでこれぐらいでやめておくが、第Ⅱ部Ⅰ章でマルセイユ・タロットについての詳しいことは述べるので、後ほどそちらを参照していただきたい。

■タロット全体の構成

　ここでマルセイユ・タロットを例に、タロット全体の構成についてもお話しておこう。

　先ほども述べたように、カードの枚数は全部で78枚。それらは「大アルカナ」と呼ばれる22枚のカードと「小アルカナ」と呼ばれる56枚のカードに分けることができる。(図1-1)

　大アルカナは、1から21までの通し番号がつけられたカードと「愚者」と呼ばれる番号なしのカードからなる。さらに残りの小アルカナは、16枚の「コート・カード」と40枚の「ヌーメラル・カード」に分けることができる。今回本書では、実際に使用するのはこのなかの大アルカナのみとなる。

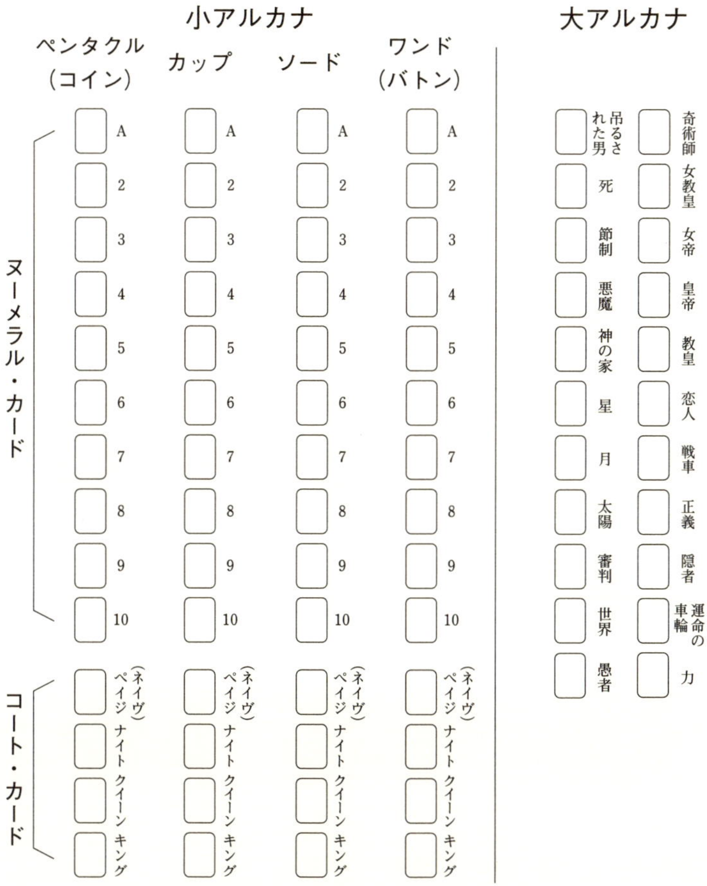

小アルカナ

ペンタクル（コイン）	カップ	ソード	ワンド（バトン）
A	A	A	A
2	2	2	2
3	3	3	3
4	4	4	4
5	5	5	5
6	6	6	6
7	7	7	7
8	8	8	8
9	9	9	9
10	10	10	10
ペイジ（ネイヴ）	ペイジ（ネイヴ）	ペイジ（ネイヴ）	ペイジ（ネイヴ）
ナイト	ナイト	ナイト	ナイト
クイーン	クイーン	クイーン	クイーン
キング	キング	キング	キング

A〜10：ヌーメラル・カード
ペイジ〜キング：コート・カード

大アルカナ

- 奇術師
- 女教皇
- 女帝
- 皇帝
- 教皇
- 恋人
- 戦車
- 正義
- 隠者
- 運命の車輪
- 力
- 吊るされた男
- 死
- 節制
- 悪魔
- 神の家
- 星
- 月
- 太陽
- 審判
- 世界
- 愚者

図1-1

■タロット・カードを準備する

　タロットをはじめるにあたって、まず必要となるのは、自分専用のタロット・カードであることはいうまでもない。しかしながら、ひとことで「タロット」といっても、先ほども述べたようにデザインの異なるさまざまな種類がある。

　基本的には、自分の好みで気に入ったものを選べばよい。とはいえ、絵柄自体は美しいけれども、実際のタロット・リーディングには、今ひとつしっくりこないカードというのもあるだろう。従って、もしあなたが、はじめてタロット・カードを手にしようと思っているのなら、本書で使用しているマルセイユ・タロットを入手されることをお勧めする。

　主なタロットの購入先は、本書の扉の裏に掲載しているので、どうぞそちらを参考にしていただきたい。

■タロット・カード以外に用意するもの

　ところで、タロット・ワークを行う際には、可能であるなら日常の生活空間とはある種の境界を隔てた場所で行うのが望ましいとされている。そのため通常は、「タロット・クロス」と呼ばれる布を敷いて行われる。すなわち、そうすることでクロス上の空間が、日常の俗な

る空間と隔てられ、リーディングのための特別な「場」となるわけである。

　タロット・クロスは、適当な大きさの布を購入し、自分で作成するのが一般的である。大きさは縦横同じ長さで、大体80センチから1メートルぐらい。素材は厚手のしっかりとしたものが好ましいだろう。色についての特に指定はない。ただし、あまり派手な柄や色だと、タロットの絵柄が見づらくなってしまうため、落ち着いたトーンのものを選んだほうがよい[*1]。

　タロット・クロスは、タロット・ワーク以外の日常の用途に使うべきではない。あくまでタロット・クロスは、タロット・ワークのみに使用すべきである。

　また、面倒でなければ、タロット・クロスと同じ布で、カードを使わないときにしまっておくためのタロット・ポーチを作っておくのもよいだろう。

　さらにタロティストによっては、リーディングの空間を、より特別な「場」にするため、キャンドルやインセンスなどを用意する人もいる。これらについて詳しくは、拙著『タロット占術大全』（説話社）のほうで紹介しているので、興味のある方は、そちらを参考にしていただきたい[*2]。

　とりあえずは、タロット・カード、タロット・クロス、タロット・ポーチ、この基本となる3点を揃えておけばいいだろう。

Ⅱ章 タロット・ワークの手順

■ワークの前の準備

　ワークをはじめるときに必要なのは、Ⅰ章で話したタロット・クロスと、そのクロスを広げられる大きさの机。そして 22 枚の大アルカナである。

　タロット・ワークは心を落ち着けて行うことが肝心なため、ワークの空間作りには、自分なりの工夫をするといい。たとえば、照明を落としキャンドルに火を灯せば、ワークに気持ちを集中しやすくなるかもしれない。

　雑音となる音は消してしまうほうがいいだろう。静か過ぎて落ち着かないなら、心地よい音楽をバックにかけるのは効果的なはずだ。

　タロット・ワークに集中できる環境が整ったら、クロスを引いた机の前に座る。ひと束にまとまっている状態の大アルカナ 22 枚はカードを伏せて、タロット・クロスの中央に置こう。これで準備は終了だ。

　この先の進め方をザッと話しておこう。タロット・ワークには 3 つのステップがあり、「シャッフル」「カット」「ドロー」の順に進めていくことになる。

　タロット・ワークでは、他人を占う場合でも、基本的にはタロティストのほうがすべての作業を進めていく。だが、タロティストによっては、「シャッフル」と「カット」の段階では、質問者の手を借りる人もいる。これは自分の好きなスタイルを取るといいだろう。

　「シャッフル」と「カット」はカードを混ぜる作業をする段階だ。これはトランプを使ったゲームでカードを切るのと似ている。

　次の「ドロー」とは、カードを引いて「スプレッド」を作っていく段階である。「スプレッド」というのは、簡単にいえばカードを机に並べていくこと。この「スプレッド」にはさまざまな形がある。たと

えば、「ケルティック・クロス・スプレッド」や「スリーカード・スプレッド」などの方法は多くの本で紹介されているので、耳にしたことのある方もいるかもしれない。この本で使用するのは「フィフス・エレメンツ・スプレッド」という方法だ。

　では、以下に詳しい手順を示していこう。

■シャッフル

① ひと束にまとまっている状態の大アルカナ22枚を裏向きにして、タロット・クロスの中央に置く。
② カードの束の上に両手を重ねて置き、**軽く深呼吸を**。このとき、タロット・カードに尋ねたい質問を心に思い浮かべること。
③ クロスの上にカードをザッと広げよう。両手を使い、**時計回りに**グルグル回すようにして、カードをよく混ぜる。
④ 十分に混ざったら、カードを再びひとつの束にまとめて、いったん自分の前にカードを置く。
※他人を占う場合は、カードを混ぜる③の段階とひとつにまとめる④の段階を質問者にしてもらってもいい。

■カット

① カードの束を左手のみを使って持ち上げ、適当な枚数ずつ、3つの束に分けていく。
※他人を占う場合には、質問者にこの部分の作業を行ってもらってもいい。
② 次に3つの束を好きな順番で重ね、ひとつの束に戻していく。

■ドロー&スプレッド

① シャッフルとカットの終わったカードの束を裏向きのまま、手に持つ。

② 上から数えて**6枚目**までのカードを、束の1番下に持っていく。ここで1番上になった**7枚目**のカードを図のAの位置に表をふせたまま置く。続けて、**8枚目**、**9枚目**のカードを、この位置に重ねて置いていく。（図a）

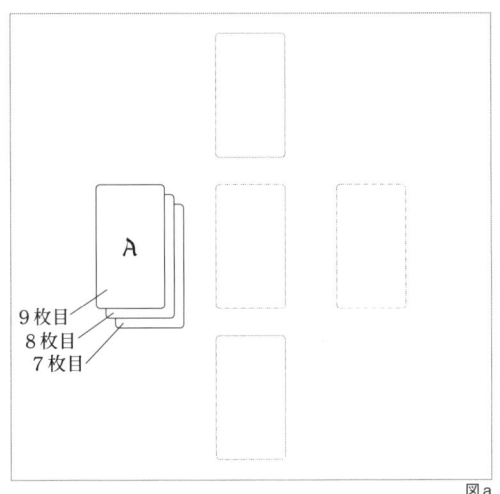

図a

③ 手元のカードを再び数え、②と同じことを繰り返し、今度はBの位置にカードを置く。（図b）

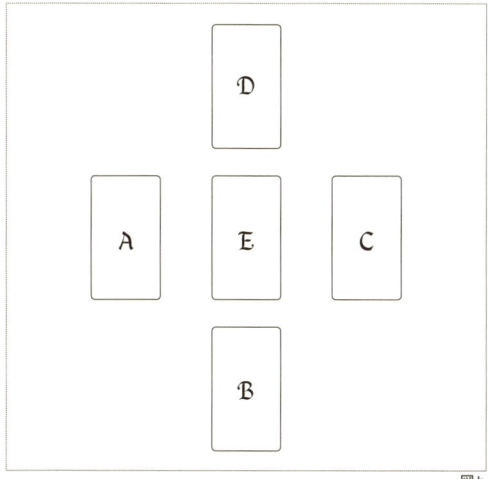

図b

④ 同じ手順でC、D、Eの位置に、それぞれ3枚ずつカードを置いていく。残ったカードは机の端に置いておく。
⑤ 最後に、Eの束の1番上のカードを表向きに開く。このカードをリーディングしていく。（図c）

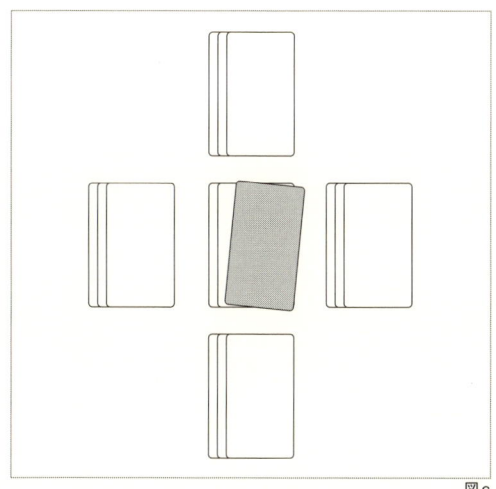

図c

※この本では、カードの逆位置（表に返したカードの絵柄が上下逆になっているときの呼び方）については考えないスタイルを取る（詳しくは『タロット占術大全』参照）。従って、ここでカードを開いたときにカードの絵柄が上下逆向きになっていたら、自分で向きを正して置くようにして構わない。

■フィフス・エレメンツ・スプレッド

フィフス・エレメンツとは「第5元素」という意味である。このスプレッドではA、B、C、Dの4つのポジションが、火・地・空気・水という4元素をそれぞれに象徴する位置となっている。それらに囲まれた中央が第5元素を象徴するポジションで、ここに置かれた一番上のカードを表向きにし、リーディングするのが、このスプレッドの最終ワークとなる。

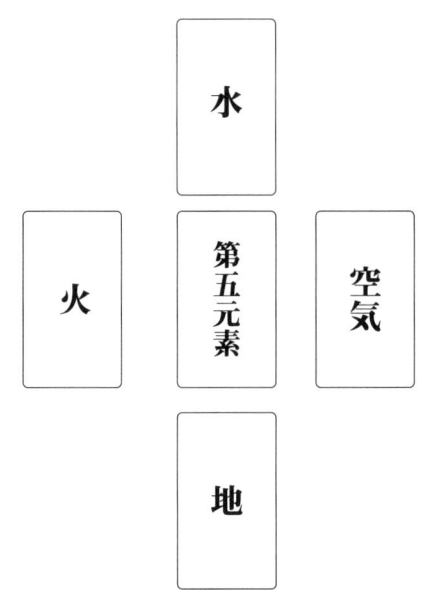

フィフス・エレメンツ・スプレッド

■ワークの終わらせ方

　カードのリーディングが終わったら、すべてのカードを表向きにし、クロスの上にザッと広げよう。そして、カードについている順番に沿って、22枚のカードを並べなおしていく（「カードについている順番」とは、各カードの絵柄の上に振られたギリシャ数字を見てほしい。ギリシャ数字がわからなければ、Ⅲ章のカードの説明順が参考になるだろう）。

　こうしてカードをひとつの束に戻したらワークは終了だ。続いて今のワークとは違うことを占いたい場合は、この状態から再びスタートさせよう。他の質問がない場合は、ひとつの束に戻した時点でカードを箱にしまっておく。Ⅰ章で紹介したタロット・ポーチなどの袋に入れておいてもいい。

　実際のリーディングの仕方については、Ⅴ章で具体的に説明していくが、その前にⅢ章では各カードの解釈について、Ⅳ章ではこの本のリーディング・スタイルについて、先に述べていくことにする。

Ⅲ章 大アルカナのパースペクティヴ

■パースペクティヴについて

　本章で各カードの説明に入る前に、ここで本書でのタロット・ワークを理解するために必要なコンセプトである「パースペクティヴ」について解説しておこう。
　ここでいう「パースペクティヴ」とは、それぞれのカードの視点、及びそれぞれのカードの視点から見えてくる世界のことである。
　これを理解していただくために、以下の図をご覧いただきたい。

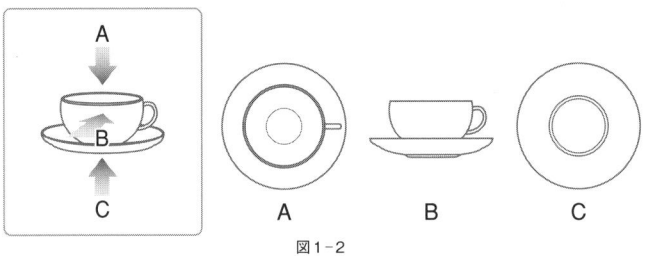

図1-2

　これはひとつのティーカップを違う角度から見た形を表したものである。同一のティーカップでも、上から、横から、下から、というように異なるパースペクティヴ（視点）から眺めると、それぞれA、B、Cのように別の形に見えるはずだ。当たり前と言えば当たり前だが、ひとつのモノは、どのパースペクティヴから眺めるかにより、違った形として知覚されるのである。
　こうしたことはティーカップのような形あるものに限ったことではない。わたしたちが日常生活のなかで、どのように物事を認識しているかを見るにあたっても「どういうパースペクティヴから、そのものごとを捉えているか」ということにより、その判断は違ってくる。
　その例として、「今、100万円の貯金がある」という状態を考えて

みよう。もし、あなたがまだ18歳であれば、この状態について「自分は100万円も貯金がある」と思うかもしれない。だが、あなたが40歳でマンションの購入を考えていたとしたら、「自分は100万円しか貯金がない」と感じたとしてもおかしくはないはずだ。

つまり、「100万円の貯金がある」という同一の状態に対して、18歳の人と40歳の人とは、それを異なるパースペクティヴから見ることで、違った認識を持つに至るわけである。

さて、こうしたことを理解したところで、タロット・ワークの話に戻ることにしよう。

タロットの大アルカナには22枚のカードがある。この22枚は、それぞれ独自のパースペクティヴを表したものである。つまり、各カードは「どの視点から物事を見るか」という方向性を示すものだともいえる。従って、大アルカナのそれぞれ異なるパースペクティヴから眺めると、世界は22の異なる相貌を表すのである。

従って、22の大アルカナから世界を眺めることのできるタロティストにとって、「現実」と呼ばれるものはひとつではない。通常、唯一の「現実」だと思われているものは、ある特定のパースペクティヴから立ち現われてくるひとつの世界に過ぎない。「真理」はひとつではない。パースペクティヴの数だけ「真理」はある。あるいは、その「真理」なるものは、それを可能にしているパースペクティヴのなかでだけ、有効であるといわざるをえなくなるだろう。

これからお話していく本書のタロット・ワークとは、パースペクティヴ主義を唯一のルールとするひとつのゲームに参加することを意味する。そのことを図示するとたとえば図1-3のようになる。

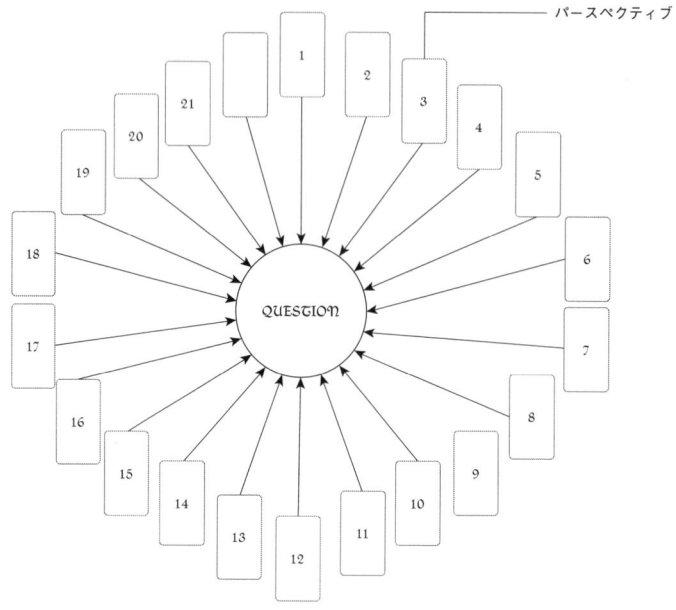

図1-3

　では、22のパースペクティヴから見た世界がどのようなものとなるか、次ページから個々の大アルカナとともに見ていくとしよう。

LE BATELEUR　　　　　　Ⅰ　奇術師

Card number :

Ⅰ

Card title :

奇術師
[LE BATELEUR/THE MAGICIAN]

perspective of card :

「その存在の価値が、いいものか悪いものかは決定的ではない。それは活用次第でよくも悪くもなるもの」

　「Ⅰ」の数字が割り当てられた大アルカナのタイトルは「奇術師」。このカードに描かれているのは、さまざまな手品のタネを机に並べた奇術師の姿だ。
　「奇術師ってなに？」と思う方もいるかもしれない。これは今でいうマジシャンのこと。マジシャンならば皆さんご存知だろう。それどころか、友だちの前で、あるいは宴会の席で、自分がマジシャンになってみた経験がある人もいるのでは？
　なにせマジック・グッズが簡単に手に入る現代。ちょっとした「タネ」を仕入れてくれば、誰もが簡単にマジシャンの真似ができてしまう。
　ただ、マジック・グッズを使って簡単な手品をひとつふたつ披露できるぐらいで「自分はマジシャンだ！」と名乗る人はいないだろう。

それはマジシャンに必要なのはタネだけではないことを、みんな薄々感じているからかもしれない。

　ところで、日常においてのわたしたちは他人から「騙される」ことを嫌う。だが、相手がマジシャンに限っては、「うまく騙してくれること」をわたしたちは求めている。手品とは日常から離れた場所において行われるものだからだ。
　手品には必ずタネがある。それは魔法ではない。そういう前提を共有して、わたしたちは手品を観る。そして、手品に仕掛けられたタネをあたかも存在しないように見せるテクニックを持つマジシャンに、わたしたちは絶賛を送る。
　テクニックが下手なマジシャンは、観客にタネを見破られてしまいブーイングを受けるはめになるだろう。本物のマジシャンを名乗るためには卓抜した「テクニック」こそが不可欠なのだ。タネはあくまで道具にすぎない。

　さて、「奇術師」のカードが示すパースペクティヴとは、手品のタネが持つ「それはあくまで道具にすぎない」というこの本質に表れている。マジシャンが手品に失敗したとき、それはタネが悪かったわけではない。テクニックに問題があったのだ。タネ自体には、いいも悪いもないのである。

　この視点を一般的な他の事象に当てはめてみよう。たとえば、大金を手に入れた人が、そのお金で身を滅ぼしたという話を聞くと、「お金は悪いもの」と考えがちだが、本当にそうだろうか？　お金それ自体にはいいも悪いもない。その人が身を滅ぼしたのは、その使い方、つまり手品でいうテクニックに問題があったのではないだろうか？

　「その存在の価値が、いいものか悪いものかは決定的ではない。それは活用次第でよくも悪くもなるもの」

「奇術師」のカードが示しているのは、このようなパースペクティヴなのである。

「奇術師」のパースペクティヴ理解のために

　占いに行って、占い師から抽象的なアドバイスをされると、「それで結局のところ、結果はいいんですか？　悪いんですか？」と、聞きたくなることはないだろうか？　よくわからない存在や状況に対して、人はハッキリとした善悪を知りたがるものだ。

　テレビのニュースで注目されている人物を見たときにも、「話題になっているのはわかるけれど、それで結局この人っていい人？　それとも悪い人？」と、知りたくなることがあるのも、同じような心理を表す例だろう。

　だが、この世のなかには「それが善なのか悪なのか」をひとことで言い切れない存在というものが少なからずある。たとえば、少量ならば薬になるけれど、取りすぎるのは悪いとされているお酒はその好例だ。そもそも薬だって適量を越せば毒になる存在である。

　また、使い方によって善悪が変わるものも世のなかには数多い。たとえばナイフ。これは人を傷つける「悪いもの」として使うこともできるけれど、ジャングルで足にからんだツタを切る用途で使うなら、「いいもの」と呼べるのは間違いない。

　このような中途半端な存在はモノだけではなく、さまざまな状況に対しても当てはめられる。たとえば、結婚を例にしてみよう。誰か結婚している人に「結婚してよかったですか？」と

聞いてみたら、「いいともいえるし、悪いともいえる……」などと歯切れの悪い答えが返ってくるかもしれない。このように「いい要素も含まれているし、悪い要素も含まれている。だからひとことで、いい悪いはいえない」という状況は、他にも身の回りにたくさんあるはずだ。

　これらの話を聞いて、「なるほど、そういう存在や状況も確かにこの世界にはあるな」と感じたなら、それが「奇術師」のカードのパースペクティヴなのだと考えよう。「その存在や状況自体に善悪がある」と考えてしまっているときに、「奇術師」のパースペクティヴでリヴィジョンを行うと、さまざまな発見があるはずだ。たとえば、「あの人とつき合うのは自分にとって、いいことか悪いことか」と考えているときに、「奇術師」は「それはつき合い方次第だろう」という視点を提供してくれる。こうしたリヴィジョンの仕方については、改めてⅤ章で具体的に説明しよう。ここではひとまず、このパースペクティヴが理解できれば十分だ。

LA PARESSE   II　女教皇

Card number :
II

Card title :
女教皇
[LA PARESSE/
THE HIGH PRIESTESS]

perspective of card :
「あなたが従うべき絶対的な基準によって、常にものごとは判断されるべき」

 教皇とは、カトリックの最高位につく聖職者のこと。「ローマ法王」という名で現在の日本でも知られる人物が、ここでいう教皇に当たる。ただし、このカードに描かれているのは女性の教皇だ（実際の歴史上は教皇の座についたのはすべて男性であり、女性の教皇は存在しない）。
 彼女が手にしているのは聖書。いうまでもなく、それはキリスト教における「絶対的」な価値基準を示す聖典である。
 聖書を手にした教皇を描いたこのカードのパースペクティヴとは、ひとことでいえば「絶対的な視点」といえる。いいものはいい、悪いものは悪い。これをすべき、これをしてはいけない。そういったものごとの善悪がハッキリと定められている宗教的な世界観が、このカー

ドの意味するところといえる。

　聖書には「汝、殺すなかれ」という教えがあるが、そこでは殺人は「絶対的な悪」であり、犯してはならない掟だ。これはわたしたちの日常社会でも同じなので、当たり前のことのように感じるかもしれない。しかし、たとえば戦争という状況を考えてみたい。そこでは殺人は絶対的な悪ではなく、敵を殺すのは正しい行いとなる。戦争を題材とした映画やドラマで敵を次々と殺していく主人公は、「悪」どころかヒーローとして描かれているものが多い。
　また、事件の現場における殺人も考えてみよう。誰かがあなたの命を奪おうと襲いかかってきたら、自分の身を守るために相手を殺しても正当防衛が成立するはずだ。法律の世界においても、殺人は「絶対的な悪」とはいえないわけだ。

　だが、このようなものの見方は、ひとつ前のカードである「奇術師」のパースペクティヴに当たる。「奇術師」は「その存在が善か悪かは決定的ではない」という視点を表していたことを思い出してほしい。普段のわたしたちは「殺人」というものを無条件に「悪」であると見なしがちだが、「奇術師」の視点でみれば、「殺人」もまた「それ自体に善悪があるのではない」ということになる。戦争や正当防衛の例は、この「奇術師」の視点にとても見合っている。

　とはいえ、「戦争や正当防衛の例はわかるけれど、やっぱり殺人は悪いことなんじゃないの？」というモヤモヤしたものを感じないだろうか？　あるいは、もっとキッパリと「戦争だろうとなんだろうと、絶対に殺人はいけないものだ！」とムカムカしている人もいるかもしれない。
　でも、「どうして絶対にいけないの？」と聞かれて、それをスラスラ論理的に説明できる人は少ないはず。「いけないものはいけない」としか答えようがないのが普通だろう。それはわたしたちの多くが殺人というものに対する論理では説明できない絶対的な忌避感のような

ものを持っている証拠である。「絶対」という観念には、理由など必要なく、従って説明も不要。もちろん、そこには「人に命令されたから」とか「身を守るためであれば」といった、もろもろの条件や保留事項だって含まれない。

こういうものの捉え方こそ、「女教皇」のカードの示すパースペクティヴ。

「あなたが従うべき絶対的な基準によって、常にものごとは判断されるべき」

と、「女教皇」のカードは告げているのだ。

 ## 「女教皇」の
パースペクティヴを理解するために

　絶対的な基準というは、社会生活のなかで自然と体に染みついていくもの。理由を納得してから受け入れるものではない。そしていったん、その絶対的基準が身についてしまったら、その基準をくつがえすようなことをいわれると、モヤモヤ、ムカムカする気持ちになる。たとえ理論的な説明が難しいとしても、「それは間違っている！」という気持ちが心の奥から込み上げてくるものだ。

　これは「常識」として「いけない」といわれていること全般に対していえること。もし小さな子どもから「どうしてリビングでおしっこしちゃいけないの？」と聞かれたら、どうするだろう？　「ええっと、それはね、臭いし不衛生だし……」など

と、しどろもどろになりつつも、なんとか答えてあげようとするかもしれない。それは相手がまだ絶対的な基準を身につけていない無垢な存在だとわたしたちが思うからだ。だが、もし相手がもう分別のつく年頃の子であれば「そんなの当たり前でしょ！」と、思わず怒ってしまうかもしれない。それは「常識」なのだから、もはや説明不要のことだと感じるし、そんなことを聞くこと自体が「非常識」であり、間違っていると、頭のなかでわたしたちは思うから怒りの感情が出てくるわけである。
　また、「理由なき絶対的な基準」で作られているのは常識ばかりではない。個人的に苦手なもの、生理的に受けつけないものについても、同じことがいえる。
　「ダメなものはダメ」「イヤなものはイヤ」という感覚。それは日常のなかに数多くある。たとえば、あなたはなぜ虫がダメなのだろう？　どうしてあのバンドの曲がイヤなのだろうか？
　細々説明するよりも、「とにかくダメなの、イヤなの」という言葉を使うのが最も適切に思えるとき、わたしたちは理屈では説明のできない絶対的規準で世界を見渡しているといえる。その感覚こそ、**絶対的な基準によって、ものごとは判断されるべき**という「女教皇」のカードの視点だ。
　このような、有無をいわせず、説明すら必要としない事柄は、わたしたちの身の回りに考える以上に多い。なにかを問いかけて、「そんなの常識でしょ！」と相手から怒られたら、そのとき相手はこのカードの視点に立っているのだと考えるようにしてみよう。カードの視点が実感としてわかってくるはずだ。

L'IMPÉRATRICE III 女帝

Card number :
III

Card title :
女帝
[L'IMPÉRATRICE／THE EMPRESS]

perspective of card :
「**無理をしたり、がんば
ったりする必要はない。
あなたはありのままの
あなたでいい**」

　ひとつ前のカードの「女教皇」が宗教上の最高権力者だったのに対し、このカードに描かれているのは世俗の権力者である「女帝」の姿。王国でいえば女王のことだが、「ひとつの家族」という単位のなかで考えれば、母親に当てはめることが可能だ。
　ここでは、女王陛下という遠い存在ではなく、もっと身近な存在である母親をイメージしながら、このカードのパースペクティヴを説明していこう。

　ホンモノの母親がどうであるかは別にして、一般的に人が「母親」に求めているのはどんなことだろう？　わたしを許容してくれる。ありのままのわたしを愛して包み込んでくれる……それこそ、わたした

ちが「母親」という存在に求める理想のイメージかもしれない。
　「わたしはそんなものを母親に求めていない」という人や「自分の母親を思い浮かべてしまうと、そんなイメージにならない」という人は、どこかのスナックのママをイメージしてみるといいだろう。
　いつ行っても歓迎してくれ、グチをいえば「まぁまぁ、元気出して」と明るく慰めてくれる。酔っ払って「ママ、愛してるよ！」なんていえば「あら、わたしもよ」とニッコリ笑って応えてくれる。もっと調子に乗って抱きついてみたとしても、「あらあら、ダメよ」と優しくたしなめられるだけ。「調子に乗ってんじゃないわよっ！」なんて怒鳴ってビンタを返してきたりは決してしない相手……。まぁ、現実は少々違うかもしれないが、ドラマに出てくるようなスナックのママには、こういうイメージが実に似合う。
　そこにやってくる男性は、彼女に「ありのままの自分を受け入れてもらえる」ことを求めており、彼女は擬似的ではあれ、「無条件の愛」の提供に努める存在だ。「女帝」のカードが示すのは、この無条件の愛に基づく「あなたはありのままでいい」という視点なのだ。

　女性にとってはスナックのママの例では、この視点を受け入れづらいかもしれない。スナックでデレデレする男性を思い浮かべれば、思わず「甘えんじゃないわよ！」といってやりたくなるのでは？
　では、女性のあなたに「女帝」のカードのイメージに浸ってもらえる例を考えてみよう。たとえば、南国のヴィラで過ごす贅沢なバカンスではどうだろう。
　そこではもちろん、あなたは仕事も家事もする必要はない。日常の面倒からすべて逃れたあなたは、ただ碧い海を眺めていればいい。のどが渇けばバトラーがやってきて、好みのカクテルを作ってくれるだろう。デッキで午睡を楽しんでいるあいだに、いつの間にか部屋は片づけられ、テーブルにはフルーツが山盛りになっている。
　「なにもしない休日」「ありのままの自分を取り戻せるパラダイス」……そんなキャッチフレーズが似合うシチュエーションを頭に思い描いてウットリするときに感じるのは、日常の義務から解放され、飾ら

ない自分でいられるという安堵感。スナックに足を向けるときの男性心理もこれと似たようなものなのだ。

さて、こんなふうに「甘え」が許される場所を求める気持ちは誰にだってあるだろう。「女帝」のカードは、まさにその「甘え」を許容してくれる視点を示すもの。

「無理をしたり、がんばったりする必要はない。あなたはありのままのあなたでいい」

というのが、この「女帝」のカードのパースペクティヴから見た、あらゆる問いへの答えなのである。

「女帝」のパースペクティヴを理解するために

「無条件の愛に包まれる」というのは、あらゆる甘えが許されていて、ガマンが必要ない世界にいる状態だ。

母親の無条件の愛によって育てられている赤ん坊時代にわたしたちはこの状態を体験している。お腹が空けば泣き叫び、オムツがあるからトイレをガマンすることもない。眠さをこらえて通勤電車に乗り、緊張して顧客の前に立ち、上司にほめられる成績を上げたいがために一生懸命仕事をする……そんな毎日を送る大人とは、まるで別世界。

毎日を懸命に生きる大人は、ときにはスナックに、あるいはバカンスに出掛けたくなるのも当然のことだろう。わたしたちはガマンしなければならないことに満ちた世界を生きている。

さらに目の前のことに必死になると、スナックやバカンスのことさえ思いも浮かばくなり、ただガムシャラにあらゆるガマンを重ねがちになる。
　「今はとにかくがんばらなければ！」「ここは自分の正念場！」……そんなふうに感じているとき、わたしたちは「女帝」のパースペクティヴを忘れてしまいがちなのだ。
　でも、誰かから「**そんなに無理してがんばらなくてもいいんじゃない？**」といわれ、「そっか、それもそうだよね……」と思えたとき、その人は「女帝」のパースペクティヴを取り戻すことができる。そして、「自分を取り戻せた」という実感を持つわけだ。
　とはいえ、この「女帝」の視点にしがみつくというのも問題がある。結局のところ、わたしたちはもう赤ん坊ではない。お抱えのバトラーがいるわけでもないのに、家のなかで飲み食いしっぱなし、脱ぎっぱなしの生活をすれば、たちまち混沌に飲み込まれることになる。身の回りの世界を無秩序な混乱に陥れずに生きるためには、次のカード「皇帝」の視点にも目を向ける必要がある。大人になったわたしたちは「女帝」の視点をあくまで「22枚のカードの視点のひとつ」として、捉えなければならないのだ。
　このことを頭に入れたうえで、次のカードの解説に進むことにしよう。

L'EMPEREUR

Ⅳ　皇帝

Card number :
Ⅳ

Card title :
皇帝
[L'EMPEREUR/THE EMPEROR]

perspective of card :
「なにごとにも右往左往するな。状況を管理し、秩序を保ち、支配者であり続けよ」

　「皇帝」というタイトルのつけられたこのカードに描かれているのは玉座に座る支配者の姿。支配者とは、その世界を掌中に握る人物である。
　「掌中に握る」というのは、あくまで比喩的な表現だが、「支配」を表現する言葉には、こうした手の隠喩がとても多い。「権力を握る」「名誉を手にする」などの表現だ。実際には手でつかめない「権力」「名誉」といった観念を、わたしたちは「自分の手に握る（つかむ）」というイメージで思い描いているわけだ。
　手の隠喩で語られるのは、観念ばかりではない。「オレの女に手を出すな」とか「彼のハートを手に入れる」という表現もまた、相手を支配する視点で語られる物言いだろう。

このような「すべてのものを自分の支配下にあると見なす視点」が、このカードのパースペクティヴである。「皇帝」のカードが示す視点においては、自分以外はすべてモノとして扱われることになる。というのも、なにかを支配するには、相手の主体性を奪う必要があるからだ。

支配者の視点を向けられる被支配者の側から見れば、これはときに面白くない気持ちにならざるをえない。たとえば、反抗期に差し掛かった子どもは父親を嫌いがちになるが、それは子どもが父親に「自分という存在」あるいは「自分の人生や生き方」を握られていると感じはじめるからだろう。

「オレの女」だとか「うちのダンナ」といった所有格の言い方に、わたしたちがなんとなく傲慢さを感じることがあるのも、相手のことを「自分のモノ」扱いしている感じがするからではないだろうか。

だが、あなたが会社勤めで、中間管理職にあるとしよう。あなたは自分の部下を支配下におき、コントロールすることを求められる。全員の動きを掌握するのもあなたの務めだ。もし、それを怠れば上層部から「管理能力に欠ける」と見なされるだろう。

そういう状況下で、いちいち部下たちの要求や要望に応えるわけにはいかないはずだ。彼らから「ボク、この仕事が苦手で……」「わたし、彼女と気が合わないんです……」などといってこられても、それをすべて聞いていたら、あなたの部署はメチャクチャな状態になってしまう。

だから上司は部下たちをある程度「モノ扱い」せざるをえない。誰がなにをいってきても、右往左往せず、心揺らさず、「いいから、黙って働け」と答えるのが上司の役目なのだ。

これは、ひとつ前の「女帝」のカードが発してくれそうな「あなたの好きにしていいのよ」という言葉とは、まるで正反対のもの。でも、頑として譲らず、相手の主体性を無視する態度というのは支配者には必要不可欠。なぜならそうすることでしか、世界の秩序は保てないのだから。

「自分自身がこの状況の支配者だ」という感覚で世界と向き合うのが皇帝だ。

「**なにごとにも右往左往するな。状況を管理し、秩序を保ち、支配者であり続けよ**」

これが「皇帝」のカードの示すパースペクティヴなのである。

LE PAPE

V　教皇

Card number :
V

Card title :
教皇
[LE PAPE/THE POPE]

perspective of card :
「信じるということを大切にしなさい。まずはそこからはじめなさい」

　「教皇」というタイトルのついたこのカードには3人の人物が描かれている。ここまでⅠの「奇術師」からⅣの「皇帝」までを見てきたが、その絵柄はいずれもひとりの人物で構成されていた。この「教皇」は、絵柄に複数の人物が登場する最初のカードだ。

　中央に大きく描かれているのは教会の最高権力者である教皇。下のほうには教皇の教えを聞いている後ろ姿の人物が左右にふたり。このふたりは聖職者だと考えられる。
　カトリックでは、教皇の下に各地の教会が存在し、そこに信者が集うピラミッド型の序列が形成される。それはカトリックに限ったことではない。さらには宗教団体に限らずとも、たとえば学校という場所

にも校長がいて、先生がいて、生徒がいるという構造がある。そこには教えを説くものと、その教えを聞くものがいる。そこでは地位の序列が厳格なルールで決められている。信者は司祭に従い、司祭は教皇に従う、というように。

そこで教えられているのは「規範」である。どんな社会においても、人が共同生活を営んでいくためには、その社会の「規範」を覚え、それに従わなければならない。「規範」というのはルールであり、その社会での行動や判断の基準であり、共同生活を送るうえでの基本事項となるもののことだ。

その「規範」は常に上から下へと与えられる。共同生活への新たな参加者は、その共同生活にすでに存在している規範を「権威者」から教えられることで、参入の資格を得る。

教皇のような権威ある存在を信頼し、その導きに従い、規範を学ぶ人々の姿。このカードに描かれているのは、個人が社会に参入するための最初の段階だ。「教皇」のパースペクティヴとは、その教えに従うことをよしとする視点であり、自分に与えられた規範、ルール、道筋というものを無条件に信じてみる、という視点なのである。

たとえば、あなたがあるゲームに参加しようと思い立ったとしよう。そのときにまず必要となるのは、そのゲームのルールを覚えることだ。もちろん、そのルールはあなたが生み出すものであるはずはなく、それはすでに存在しているもの。「どうしてこんなルールになっているの？」という疑問が浮かんだとしても、まずはルールを覚えてゲームに参加しない限り、その理由はわからないだろう。そのゲームに参加したければ、無条件に受け入れるしかないもの。それがルールだ。

ところでルールは誰から学ぶのだろう？　ルール・ブックがあるなら、それを読むかもしれない。教えてくれる相手がいるなら、その人から話を聞こうとするだろう。ただし、それは信頼のおける本、ある

いは人物である必要がある。まだなにも知らないあなたは間違ったルールを教えられる可能性があるのだから。

　そのとき、耳を貸すことになるのは周囲の声だ。「この本は信頼がおける」「あの人のいうことは正しい」とみんながいっている存在。つまり、それが「権威者」である。

　とはいうものの権威者が本当のこと、正しいことを教えてくれているかどうかは評判でしか判断しようがない。「信じるべきかどうかが見分けられないもの」を信じるという行為は、ただの妄信のように聞こえることもある。実際、わたしたちは他人を見て、なにかをやみくもに信じている人をバカにしがちでさえあるのではないだろうか。

　しかし、この「あるゲームへの参加」というたとえ話でわかるように、なにかをはじめようとすれば、その教え（ルール）と権威者をまずは信じてみるしかない。あなたにはそれが正しいかどうかを知る術はまだないのだから。「教皇」のカードのパースペクティヴは

「信じるということを大切にしなさい。まずはそこからはじめなさい」

と示している。
　「教皇」のカードは、こんなメッセージをわたしたちに提示しているのだ。

L'AMANT 　　　　　　　　　　　　　　Ⅵ 恋人

Card number：
Ⅵ

Card title：
恋人
[L'AMANT/THE LOVER]

perspective of card：
「迷いとは意志と心の葛藤。だが最終的に、心が惹かれゆくものに意志は逆らえないもの」

　「恋人」というタイトルにも関わらず、このカードに描かれているのは「愛し合うふたりの姿」ではない。中央に男性、その両脇に女性。ふたりの女性から同時に話しかけられているように見える男性の頭上には、弓を引きしぼり矢を射ようとするクビドー（キューピッド）の姿が見える。

　P214の図2-21にある図像との比較から、このカードの説明をはじめよう。この図像は「分かれ道のヘラクレス」と呼ばれており、古代ギリシャのヘラクレスの物語の一部を描いたものだ。二股に分かれる道の中央に立っているのがヘラクレス。それぞれの分かれ道の先には女性が待っている。ひとつの道は「徳」へと続く道であり、もうひ

とつは「快楽」へと続く道。
　分かれ道に立たされたヘラクレスはどちらに進むか迷って足を止めている。物語ではこの後、ヘラクレスは「徳」の道を自ら選び、「十二の難行」と呼ばれる険しい人生を歩むことになる。

　さて、この図像と「恋人」のカードとの図像の似ていて非なる点とはクビドーの存在だ。クビドーとは愛の神。「恋心を生み出す役割」を果たすモチーフとして、ルネサンス期の絵画には好んで用いられている。クビドーの矢が放たれたとき、その矢に射抜かれた人は予期せぬ恋に落ちることになる。

　自らの意志で「徳」という道を選ぶ男を描いたのが「分かれ道のヘラクレス」。それに対し、頭上にクビドーが登場する「恋人」のカードに描かれた男の行く先には予期せぬ展開が待っているのかもしれない。彼が選ぶのは、自分の意志で決めた相手ではなく、クビドーの矢によって定められた相手。このカードの絵柄は「選択の自由」や「意志の力」を否定しているかのようにみえる。

　でも、人が恋に落ちるとき、そこに選択の自由がないというのは事実ではないだろうか。誰かを好きになるとき、わたしたちは意志に従っているわけではない。「好きになったら、きっと苦労する」「今は恋している場合じゃない」「この人を好きになってはいけない」……そう思いつつも、わたしたちは恋に落ちるもの。
　では、それを決めているのはなんだろう？　それは「意志」ではなく恋する「心」なのではないだろうか。

「迷いとは意志と心の葛藤。だが最終的に、心が惹かれゆくものに意志は逆らえないもの」

　これが「恋人」のカードの指し示すパースペクティヴなのだ。

「恋人」の
パースペクティヴが示すもの

　トリスタンとイゾルデ、ロミオとジュリエット、『タイタニック』のジャックとローズ。「してはいけない恋をするふたり」の姿は、いつの時代にもロマンティックな悲恋として、多くの人の心を捉えるもの。

　でも、なぜその恋は許されないのだろう？　不倫、敵対者、身分違い……表面上の理由は違っていても、それらは「社会の規範から外れること」だという共通性を持っている。その恋が「いけない」のは、意志が成し遂げようとする「よきこと」から外れていくことになるわけだ。

　意志は「すべきこと」をなそうとする。たとえば、学校にいるときは勉強に、職場では仕事に気持ちを集中しようとするのが意志の力だろう。でも、ふとした瞬間、意志が懸命に集中しようとしている勉強や仕事にうわの空になっていて、別のことを考えている自分がいる、という経験があるはず。そのとき、あなたは自分の意志にそむいている自分の心に気づかされる。

　「いけない！」とあなたは思う。集中しなければ。これをやってしまわなければ。でも、心はいうことを聞こうとしない。意志と心の葛藤で勝つのはいつも心。なぜなら、心とは自分自身のものであるというのに、自分では制御できないものなのだから。

　もし心に制御が効くとしたら「してはいけない恋」に落ちることもないし、苦しい恋を終わりにするのも簡単だ。「好きになるのをやめよう」と、意志で決めればいいだけのことなのだから。

　意志がコントロールできるのは、せいぜいのところ行動だけ。あなたを不幸にする恋人に「もう会わない」と決意すれば、それを貫くことは可能かもしれない。それでも心は留めら

れない。心とは肉体を越えてさまようもの。恋人に会うのをやめたところで、その人のことがふと心に浮かんでくることや、「会いたい…」という思いが心から湧いてしまうことまで、意志の力でやめさせることは不可能だろう。

　制御不能の心。それは悪者のようにも聞こえる。「わたしに心がなければ、こんな思いをすることもないのに！」と叫ばずにはいられないときもわたしたちにはある。でも、それなのになぜ、悲恋の恋人を描いた物語というのは人々に好まれるのだろう？　そこにある「心に訴えかけてくるもの」の正体はなんなのだろうか。

　「すべきこと」や「規範」から逸脱していくのが心なのだとしたら、心というのはわたしたちを「自由へといざなうもの」といえる。社会から与えられた規範の呪縛のなかで、それに従い生きるという窮屈さからわたしたちを解放してくれるもの。それが心だと考えれば、心はわたしたちの味方だということがわかる。

　親の定めた相手や職業を拒み、自分の求める恋人、天職、人生を求めようとするとき、わたしたちは心を原動力にする。心がわたしたちを突き動かし、心が追い求める理想へとわたしたちはかきたてられていくのである。

　人々に引き裂かれようとも、愛を貫こうとする恋人同士の物語がわたしたちの心に訴えかけてくるものとは、心の求める自由の叫びだ。「恋人」のカードが示す心が惹かれゆくものに意志は逆らえないというパースペクティヴには、そのような心の訴えに従うことの大切さが示されているのだろう。

LE CHARIOT

VII 戦車

Card number :
VII

Card title :
戦車
[LE CHARIOT/THE CHARIOT]

perspective of card :
「結果ではなく、やってみるという行為、挑戦にこそ意味がある」

　このカードに描かれているのは、古代の２輪馬車に乗り、故郷に凱旋する英雄の姿だ。現代の日本でも、大相撲や野球などスポーツの優勝者がオープンカーに乗せられて、勝利の帰還を祝うパレードを行う姿が見られる。そのときのオープンカーが古代においては馬に引かれた戦車だったのだ。

　凱旋する戦車に乗ることができるのは、戦いの舞台に出掛けて、「英雄」となって帰ってきた人だけ。ただし、「英雄」とは「戦いの勝利者」に限られるものではない。
　たとえば、映画やドラマで、使命のために勇敢に戦った結果、命を落とした兵士の棺が、国葬の凱旋パレードで故郷に迎えられる姿を見

たことはないだろうか。国が行う立派な葬儀は、その兵士の英雄的な行為を称えるためのもの。そこで人々が称えているのは、「勝利」ではない。英雄の本質とは、その行為にこそあり、その結果にあるわけではないのだ。

　かといって、たとえばオリンピックに出掛けて敗北して帰ってきた選手たちをわたしたちは冷ややかな目で迎えることもある。特に、「間違いなく勝利を収めるだろう」と思われ、期待されていたチームや選手が惨敗したりすれば、ニュースや新聞には「調整不足」「浮き足だっていた」などという批判的な論調が流れ、人々は「がっかり」といいたげな冷たい視線を浴びせがちになる。
　先ほどの「英雄の本質」を考えるなら、勝敗に関係なく、勇敢に戦ってきた者は皆「英雄」として凱旋を果たすべきだろう。そもそもオリンピックなどの競技には「挑戦することに意義がある」というスローガンめいた言葉だってあるというのに、なぜ批判や冷淡さが選手に向けられてしまうのだろう。
　その一方、たとえ5位入賞という結果でも、それがその国のスポーツ競技ではじめて成し遂げられた偉業であれば、それは大ニュースとなり、選手はそのスポーツ界の英雄と見なされるようになる。

　こうしたことから見えてくるのは、英雄となる条件とは、「勝つか負けるかまったくわからない戦いの場に、勇敢に挑むこと」だといえる。「勝って当たり前」の強さを誇る戦士や選手は、勝てば「勝利者」としての賛辞を得る。だが「負けても英雄」ということにはなりづらいわけだ。

　さて、ここまでの話を整理しよう。戦いに出向いた人は、「勝利」という結果を伴わなくとも、その勇敢な行為によって「英雄」として帰還することができる。
　ただし、「勝って当然」と思われるような人の場合、それが当てはまらないこともある。なぜなら、勝つのが当たり前と思われるような

人が戦いに出向くのは「挑戦」とはいえないから。それは「勇敢な行為」と見なされないのだ。

　つまり、「英雄」とは、危険な賭けである勝負の場へと勇敢に出向いていき、勝つか負けるかの戦いを果たすという行為を成し遂げた人のこと。

「戦車」のカードに描かれているのは、まさにこうした「英雄」の姿だ。そんな「戦車」のカードのパースペクティヴとは

「結果ではなく、やってみるという行為、挑戦にこそ意味がある」

という視点だといえる。

「戦車」のパースペクティヴを感じるとき

　このカードのパースペクティヴと正反対の視点とは「結果を出さなければ意味がない」というものだろう。でも、もし「結果こそがすべて」という視点しか、この世界になかったとしたら、なにかに挑戦してみようという行為は生まれなくなってしまう。

　そもそも挑戦とは、成功するかどうかわからない勝負に打って出ること。必ず勝つと決まっているなら、それはもう挑戦とも勝負ともいえなくなってしまう。

　成功するかはわからない。でも、「成功する」という望みに賭け、行動を起こしてみること。未来を変革することは、そんな挑戦に打って出ることから常にはじまるのだ。

そういうシチュエーションは、わたしたちの誰もが日常のなかで経験しているはず。たとえば、仕事を辞め、新しい会社に面接を受けにいくときや、気になる異性をデートに誘ってみようとするときがそうだ。
　「断られたらどうしよう……」という怖れにとらわれているうちは、行動を起こすことはできない。「ダメだったらそれまで。とにかくやってみよう！」という気持ちになることこそ、なにかに挑戦するときには必須なもの。
　そんな気持ちになれたときのわたしたちは、ごく自然にこの「戦車」のパースペクティヴで問題を見つめているはずなのだ。

LA JUSTICE

VIII　正義

Card number :

VIII

Card title :

正義
[LA JUSTICE/JUSTICE]

perspective of card :

「なにごとにも、それにふさわしい結果が与えられるものだ」

　このカードに描かれているのは、西洋絵画において典型的にみられる「正義」の擬人像だ。
　「正義」というのは正しい行いのこと。でも「正しい」とは、具体的にどういうことをいうのだろう。
　算数においてなら、たとえば１＋１＝２というのが正しい答え。これはイコール記号の両側にある数値が「等しい」ことを示している。
　天秤もまたこのような「等しさ」を量る道具だ。左右の秤に乗せた物質の重さが同じであるときに、天秤は釣り合い、水平が保たれる。この天秤という道具が正義の擬人像に用いられているのは、ヨーロッパ社会において、「正義」とは「ものごとが公正であることを目指してなされる行為」と認識されていたからだろう。

たとえば、人が罪を犯したとき、与えられるのは罰であるわけだが、罪が重ければ罰も同じだけ重くなければならない。それが正義というものだろう。犯罪に対し下された判決を聞いて、人々が「そんな罰じゃ軽すぎる！」と叫ぶことがあるが、そのとき、人々はその「罪」と「罰」が釣り合っていないと感じているのだ。

では、このカードの絵柄の剣はなにを示しているのだろう？　再び数式で考えてみよう。イコール記号で結ばれるべき数値の片側が、たとえば円周率のように3.14……となって割り切れない場合、その端数は切り捨てられることがある。この「切り捨て」ということを象徴しているのが剣なのだ。

さて、ここで「正義」のカードをもう一度見てほしい。片手には天秤、もう片方の手には剣を手にしているこの女性の姿が、正義を行おうとするジャッジや裁判官のように見えてこないだろうか。

ジャッジや裁判官のような「判断を下す」という行為をする人に必要なもの。それは、ものごとを冷静に量りにかけ、感情や憶測などのあいまいなものを切り捨て、公正な判断をすることだろう。そうすることで彼らは正義を成す。

「正義が成される」というのは、なにかを成したとき、それに釣り合った結果が得られることだ。仕事や勉強であれば、全然努力をしないで、いい結果が得られないのは当然のこと。その反対に努力をすれば、必ず結果はついてくるはず。

このように

「なにごとにも、それにふさわしい結果が与えられるものだ」

というパースペクティヴを示しているのが、この「正義」のカードなのである。

L'HERMITE

IX　隠者

Card number :
IX

Card title :
隠者
[L'HERMITE/THE HERMIT]

perspective of card :
「自分にとっての本当に価値あるものを見つけるには、人と距離を置き、ひとりで探求してみるべきだ」

　「隠者」というのは簡単にいえば「世間から身を遠ざけている人」のこと。このカードに描かれている隠者を見てみよう。髪も髭も伸ばしっぱなしのその姿は、いかにも世間との交流のない人という感じがする。彼の視線は右手で掲げたランプのほうに向けられているが、これはなにを示しているのだろうか？

　ここで「隠者」と呼ぶにふさわしい実在の人物を紹介することにする。古代ギリシャの哲学者ディオゲネスだ。
　物質的な快楽や、世のなかの名声、権力などを一切求めなかった彼は、いわゆる世捨て人だった。外見にまるでこだわらず、その奇抜な言動ゆえ、世間からはかなりの変わり者と見られていたらしい。そん

な彼の逸話のひとつに、明るい日中だというのにランプを持って街を歩き回り、「なにをしている？」と聞かれると、その人にランプをかざしジッと見つめ、「人間を探しているのだ」と答えた、という話がある。

　目の前にいる人間にランプをかざしながら「人間を探している」という彼を、世間が変人に思うのも当然だろう。でも、このディオゲネスの言動を「目の前にあるものが本物なのかをランプで照らし、見極めようとしている姿」と解釈すれば、この「隠者」のカードの視点をそこに見ることができる。

　ディオゲネスが世のなかの人と同じような快楽、栄誉を求めなかったのは、それが彼にとっては「本当に価値あるもの」には思えなかったからだろう。

　わたしたちも「本当に価値あるものとはなにか？」と悩むことがあるはず。たとえば、周囲が、あるいは世間的に「結婚するのがあなたの幸せだ」というけれど、「本当にそれがわたしの幸せなの？」という疑問が浮かぶとき。あるいは、就職活動に必死な同級生たちを見ても「なにかが違う」という気がして、自分だけは真剣になれないとき。そんなとき、人は自分のなかに引きこもりがちになる。そのような状態を、この「隠者」の姿は表しているのである。

　周囲が「当たり前」と感じていることに疑問を感じる気持ちを他人に理解してもらうのは難しい。ならば、ディオゲネスのように世間から身を遠ざけ、自分ひとりで「価値あるもの」を探すしかない。

「自分にとっての本当に価値あるものを見つけるには、人と距離を置き、ひとりで探求してみるべきだ」

というのが、「隠者」のカードの示すパースペクティヴなのだ。

LA ROUE DE FORTUNE

X　運命の車輪

Card number :

X

Card title :

運命の車輪
[LA ROUE DE FORTUNE/
THE WHEEL OF FORTUNE]

perspective of card :

「自分の意志や努力とは関係のないところで働いている運命には身を任せるしかない」

　くるくると回る水車のような器械と、その車輪の上、右、左にいる奇妙な獣。「運命の車輪」というタイトルがつけられたこのカードの絵柄は、摩可不思議な世界にも見える。
　この絵柄がどうして「運命の車輪」なのか？　その前にまず、「運命の車輪」とはなんなのかを考えなくてはならないだろう。

　占いではよく「運気が上がる」「運気が下がる」という言い方がなされる。「上向きの運気」といわれれば、「悪い状況からもうすぐ脱せるかもしれない」という気がするもの。逆に、「下向きの運気」だと聞くと、「幸運なときはそろそろ過ぎていくのかもしれないな」と思

えてくる。そのとき、わたしたちは運命というものを「上がったり下がったりするもの」というイメージで捉えているわけだ。

　そう考えると、このカードの絵柄が運命を描いているように見えてくる。くるくると回る車輪は、運命の動きを示すもの。車輪の周りの生物たちは、上昇する運気、頂点にある運気、下降する運気にいるわたしたちのようなものだ。

　でも、ここに描かれているのが人間ではないのはどうしてなのだろう？　彼らには尻尾が生えているので、なんらかの獣のように見える。ここでの獣というのは、人間のような知性のない、本能のままに生きる動物のこと。でも、わたしたちだって変転する運命を前にしてはそんな獣と変わりがないのかもしれない。

　「運命だって努力次第で変えられる」とか「運命とは自分が作り上げるもの」という考え方も世のなかにはある。しかし、ここに描かれている獣たちは、努力や知性とは無縁の存在だ。つまり、ここで描かれている運命とは、人間の知性や努力では抗えないものだといえる。

　それは、ただ回転してゆくものであり、上がれば下がるし、下がったあとはまた上がるもの。運がよいときには努力しなくてもすべてがうまくいくし、運が悪いときにはいくら努力をしても無駄に終わるかもしれない。

　そんな運命のありさまを示しているこの「運命の車輪」のカードから見た世界とは、努力しても得られないものもあれば、努力しなくても得られるものもあるところだ。

「自分の意志や努力とは関係のないところで働いている運命には身を任せるしかない」

というのが、「運命の車輪」のカードの示すパースペクティヴなのである。

「運命の車輪」と「正義」のパースペクティヴの違い

　「運命の車輪」のカードのパースペクティヴを受け入れづらく感じるのは、「正義」のカードの視点から世界を眺めているときだ。
　たとえば、自分の努力が報われず、「これだけのことをやったんだから、それに見合った結果が出ないなんておかしい！」というふうに感じるのが「正義」の視点だ。
　そんな自分のすぐ近くに、たいした努力もしていないのに素晴らしい結果を上げている人がいたとしよう。そのとき思わず、「あの人は運がいいから……」というふうに、その相手を少し皮肉を込めた目で見つめてしまうことはないだろうか。そんなときこそ、わたしたちは「努力と結果は一致すべき」という「正義」の視点からずれて、「努力だけでは得られないものもある」という「運命の車輪」の視点でものごとを眺めはじめているといえる。

　悩みごとを抱えてタロット・カードを引いてみたとき、「運命の車輪」のカードが出たとしたら、「その事態は自分の力でどうにかできるものではない」ということ。「自分の意志や努力とは関係のないところで働いている運命には身を任せるしかない」とカードは告げているわけだ。
　それなのに事態を自分でなんとかしようと、もがいても仕方がない。それはまるで運命の車輪のごとく回転する観覧車に乗っているとき、なんとかして途中で降りようとするのと同じこと。観覧車が地上に下りてくるまでは、降りようとしても無駄なことは、誰にでもわかることだ。それが理解できたなら、「あれこれ考えてみても仕方ないんだから、あとは運に任せよう」という気になるだろう。ときにはそれでいい。そういう考

えが必要なときも必ずある。なにしろ世界のすべてを常に自分が操るなどということは、誰にもできないことなのだから。

　ただ、このカードは、不運には逆らえないとか、今はどうにもならない状況だ、などのネガティヴな視点を示しているわけではない。「放っておいてもうまくいくものはいく」というのも、このカードの視点。ようは、努力と結果の釣り合いを期待する「正義」のパースペクティヴから視点をずらしてみることが大切なのだ。

LA FORCE

XI　力

Card number :
XI

Card title :
力
[LA FORCE/FORCE]

perspective of card :
「どうにもならない困難を前にしたとき、その状態を受け入れ、そこに立ち止まるというのも、ひとつの強さである」

　「力」という言葉からわたしたちが連想しやすいのは、たくましい男性の姿や、腕の力こぶなど、パワフルで強いイメージだろう。でも、このカードに描かれているのは、ひとりの婦人の姿。特に腕力があるようにも見えない女性である。
　彼女のかたわらにはライオンらしき動物がいる。普通に考えれば、女性とライオンでは明らかにライオンのほうが強い力を持っているはず。けれども、絵柄ではライオンの口が女性の手で開かれたままに保たれていて、まるで女性とライオンが互角の力を持っているように見える。これはなにを、あるいは、どんな種類の力を示しているのだろう。

このカードの元々のタイトルは「力」ではなく「剛毅」というものだった（『タロット大全』P483参照）。「剛毅」とは「なに者にも屈しない、ひるむことのない強さ」のこと。このカードが示している力を、この「剛毅」と考えてみると、ライオンという自分よりも強い存在にひるまずにいる女性の絵柄にも少し納得がいくだろう。もし、ライオンの口を開けているのが、ライオンよりも強い怪力の男性だったなら、それは「剛毅」とはいえないからだ。自分より弱い者に向き合っている人を「剛毅な人だ」とはいえないはず。「なに者にも屈しない」というのは、たとえ相手が自分よりも強い存在であっても、それから逃げ出さないということであるはずだ。
　とはいえ、自分よりも明らかに強い存在に、実際的な力で勝つことは不可能だ。「剛毅」というのは、あくまで「心のありさま」であって、それを持ったからといって、実際の肉体的なパワーが強まるわけではない。では「なに者にも屈しない、ひるむことのない強さ」というのは、なんのために必要なのだろう？

　こんなシーンを考えてみるといいだろう。あなたには今、とても欲しいものがあるとする。食べものでも、持ちものでも、異性の心でも、なにか強く欲するものを心に浮かべてみよう。でも、それをあなたが手に入れるのは不可能だとする。そのとき、あなたはどうするだろう？　「どうしても欲しい！」という気持ちを捨てあきらめるか、それとも無理やり奪い取ろうと、むなしく戦う決意をするか。
　たぶん、あなたは答えに詰まってしまうだろう。「えー、そんなのは嫌だなぁ、そういうことは、できれば考えたくない」というように感じるはず。こうした問いかけには、困難な状況そのものを拒絶したい心理が働くからだ。
　「剛毅」とは、こうした困難な状況を受け入れる心の強さだといえる。自分の力ではどうしようもない状況。自分の前に立ちはだかる壁。そういうものに屈することなく、かといって無駄な戦いを挑むでもなく、そんな自分の状態を受け入れること。その状況から逃げることなく、つらい状況のなかに立ち止まること。そういう心の強さこ

そ、このカードの示す力なのである。

「どうにもならない困難を前にしたとき、その状態を受け入れ、そこに立ち止まるというのも、ひとつの強さである」

というのが、この「力」のカードのパースペクティヴなのだ。

「力」の パースペクティヴの日常例

　人との待ち合わせに遅れそうになり、外出先から連絡を入れようとバッグのなかを探ってみたら、携帯電話が見つからない！　そんなときのわたしたちの心情を思い返してみよう。
　家に忘れてきたのか、それともどこかに落としてしまったのか……。頭のなかでは、いろいろな可能性が駆け巡る。でも、まだ「携帯電話がない」という事実を受け入れられず、何度も何度もバッグのなかをひっくり返して、探し回ってしまうのを止められない。
　だが、「もう一度よく探してみたらバッグから出てくるかも……」という小さな期待にしがみつき、未練がましくバッグをかき回しているうちは、問題は解決しないだろう。やがて「いくら探してもないものはない」という困難な状態をわたしたちの心は受け入れる。そうなれば、探し回ることをやめ、しばし立ち止まり、「さて、どうしたものか？」と考えはじめることが可能になる。たぶん、近くの公衆電話を探すとか、とにかく急いで待ち合わせ場所に向かうなど、次なる手を考えはじめるはず。

これがまさに「力」のカードが示す「困難を前にしたら、それを受け入れ、立ち止まってみる強さが必要」というシチュエーションなのだ。

さて、これぐらいの日常的な困難であれば、誰でも受け入れることができるだろう。だが、もっと大きな困難にぶち当たると、わたしたちはつい無駄なあがきを続けてしまうことがある。たとえば、もう追い掛けても無駄だとわかっている異性を、まるで携帯を探してバッグをかき回し続けるように、追い回し続けてしまったりするときがそれだ。

そんなときには、このカードの視点を思い出すといい。とにかくその状況を受け入れ、同じ行為を繰り返すのを止めて、ちょっと立ち止まってみること。そういう強さを持てば、次なる手を考えるゆとりも出てくるはずだからである。「力」のカードのパースペクティヴというのは、こうしたときにこそ重要になってくるのだ。

LE PENDU　　　　　　XII　吊るされた男

Card number :

XII

Card title :

吊るされた男
[LE PENDU/THE HANGED MAN]

perspective of card :

「今はどうすることもできない状態なのだ、ということに気づくしかない」

　両手を後ろに組まれ、片足をロープで縛りつけられ、宙吊りにされている人物。この「吊るされた男」のカードには、まさに手も足も出ない状態に置かれている人物が描かれている。
　なぜ、この男性は、こんなふうに吊るし上げられるハメになってしまったのだろう？　タロティストのなかには、「これは自らの意思で逆さ吊りとなり、死を迎えたあと魔法の力で復活し、偉大な知恵を得るという北欧神話の主神オーディーンの姿である」という解釈を彼に与えている者もいる。しかし、このカードには古くは「吊るされた男」でなく、「裏切り者」というタイトルがつけられていた(『タロット大全』P504)。彼が吊るされているわけは、「裏切り」という行為の結果。このカードに描かれているのは、罪びとの姿なのだ。

裏切りというのは相手の信頼や期待に反すること。ふつうに考えると、善良な人間なら他人に「裏切り者！」とののしられ、吊るし上げられるような行為をしようとはしないはず。しかし、人は悪意によって他人を裏切るとは限らない。言い換えれば、わたしたちは誰しも「裏切り者にならざるをえないとき」があるということ。それは相手の信頼や期待にわざと応えないのではなくて、応えることができないときである。

　ちょっとここで、恋の告白シーンを思い浮かべてほしい。「好きです。つき合ってください！」と誰かにいわれたとき、その気がなければ、「ごめんなさい」といって断ることになる。でも考えてみれば、悪いことをしたわけでもないのに、そこで人はなぜ謝るのだろう？　それは恋心を打ち明けてくれた人の気持ちに応えられないから。そのとき感じてしまう罪の意識とは、「自分は相手の期待に反している」という負い目である。

　このカードに描かれている「吊るされた男」というのは、このような負い目をおったまま、どうすることもできない人の姿なのだ。相手の気持ちに応えられない人、周囲の期待に応えられない人、抱えた借金を返せなくなってしまった人……応えたいという気持ちはあっても現実には不可能。そんな状態のとき、人は罪の意識に縛りつけられたまま、手も足も出ない状態から抜け出せなくなる。
　「どうすることもできない状態に置かれてしまう」という点では、逆の立場の人もまた同じだ。告白して「ごめんなさい」といわれれば、それ以上なにもいえないし、返せない気持ちを返せと相手に迫ったところで、相手からの応答はあるはずもない。
　返してもらいたいものが恋心ではなく、借金だったとしたら「ゴメンじゃ済まないんだよ！」と怒りをぶつけるかもしれない。そうはいっても、ない袖は振れない。負債者はその場でじっと、うなだれるしかない。そんなとき、返せないものを返せと迫る人もまた、その宙吊り状態から逃れることはできないだろう。

こうした状態を示すこの「吊るされた男」のカードは、

「今はどうすることもできない状態なのだ、ということに気づくしかない」

という視点を示しているのである。

「力」から「吊るされた男」のパースペクティヴへ

VII章で、再び詳しくお話するが、タロットの大アルカナは数字の順に一連のストーリーとして捉えることもできる。その一例として、ここではひとつ前の「力」のカードで使った説明例から話をつなげ、「吊るされた男」の視点をもう少し詳しく見ていこう。

P63の「携帯電話を忘れてきて、待ち合わせに遅れてしまうのに相手に連絡できない！」という困難に直面したときの話を思い出してほしい。その慌てふためいた状態から脱するには、まず状況を受け入れて、立ち止まる必要がある。ここまでが「力」のカードの視点を思い起こさせるシーンだったわけである。

さて、この話のその後の展開を考えてみることにする。「相手に連絡をつけることは無理」という状況を受け止めたら、もうとにかく待ち合わせ場所に急いで向かうしかない。とはいえ、問題は解決したわけではなく、相手を待たせているという事実にも変わりはないはずだ。「きっと怒っているだろうな

……」と考えてしまうことも止められないだろう。
　そんなときのわたしたちはまさに「吊るされた男」のカードが示す状態に置かれているようなもの。はっきりとした「負い目」を抱えつつも、自分には今どうにもできないとあきらめるしかないのだから。

　「吊るされた男」のカードが示しているのは、「解決策を考えても仕方がない状態」である。この状況で電車のなかを走ってみたって仕方ないのと同じこと。人は誰でもそんなシチュエーションに立たされることがあるということを、このカードは表している。
　このカードがタロット・ワークで出たときは、「今はまるで身動きできない状態にあるってことをわかったほうがいいみたいだよ」というアドバイスをしてみるといいだろう。

LA MORT

XIII 死

Card number :

XIII

Card title :

死
[LA MORT/DEATH]

perspective of card :

「かけがえのないものを失ったら、すべてが無になってしまう」

　13番目のカードは「死」というタイトルで呼ばれている。けれども、ここで紹介しているマルセイユ・タロットをよく見てみよう。他のカードはすべて絵柄の下にタイトルが書かれているのに、このカードだけはなにも書かれていないのだ。
　「死」とは「無」。そんなふうに考えると、無タイトルのこのカードの持つ視点に近づいていくことができるかもしれない。

　カードに描かれている「大鎌を持つ骸骨」の姿は、中世の絵画によく登場する「死」を表すモチーフである。骸骨が鎌を振り下ろしている大地には、バラバラになった人間の手や首が落ちている。
　手を失うだけならば「命」まで失うことはないだろう。だが、首を

切られることは人間にとっては「致命的」。死にいたるのを避けることはできない。この「致命的な事態」を示しているのが、「死」のカードの絵柄なのだ。

「あの事件が致命的だった」という言い方をするときとは、どんなときだろうか？　もし会社の倒産に関わることをいっているなら、それは、その会社が信用を失う事件を起こしたことをいっているのかもしれない。

信用というのは商売にとっての「命」。だからこそ信用を失うことは「致命的」だ。失ったものが優秀な社員であるとか、商品を作る道具であるとかなら、致命的な事態とは考えない。なにしろ、それは「代わり」がきくからだ。

優秀な社員や大事な道具を失った会社は、また新たな社員、道具をそろえて、やり直すことができる。それらは会社の「一部」なのだから、交換が可能なわけだ。

それに対して「命」というのは、それを失えば、すべてがバラバラになるような「かけがえのないもの」。わたしたちが「命をなによりも尊い」と思うのは、それが「かけがえのないもの」、つまり「代わりがきかないもの」だからだ。

「死」のカードに描かれている手や首は、このかけがえのないものを失ったあとに残されたバラバラのパーツでしかない人間の身体だといえる。

もちろん、人によって「命」と思えるものは違うだろう。「誇りこそが命」「仕事が命」という人もいれば、「愛する人こそ命」と思う人もいるはず。でも、共通するのは、「それを失えば、すべての意味がなくなる」ということだ。

この「死」のカードのパースペクティブが示しているのは

「**かけがえのないものを失ったら、すべてが無になってしまう**」

という視点なのである。

「死」の
パースペクティヴの示し方

　失恋や失業のあと、しばらくのあいだ呆然としてしまって、なにも手がつかない様子の人を見掛けることがある。それは、恋や仕事を中心にして、その人の生活のすべてが回っていたからだ。

　周りの人間は落ち込む相手に「過ぎたことは早く忘れて、他のことをがんばりなよ」などといってしまいがちなもの。だが、この「死」のカードの視点を理解すれば、そんな言葉はかけられなくなるはずだ。

　「たかが失恋。死ぬわけじゃないし……」というけれども、最もかけがえのないものを失えば、「まるで死んだような状態」になってしまうのがわたしたち人間である。このカードが示しているのは、そういうことなのだ。

　でも、タロット・ワークで「死」のカードが出ることを怖れる必要はない。他のカードも同じことだが、この本ではカードを不吉な予言のように使うのではなく、「現状を違う視点から見直すためのヒント」とする方法を取っている（詳しくはⅤ章にて）。

　たとえば、「もうこの恋（あるいはこの仕事）やめてしまおうかな……」という悩みを持った人にタロット・ワークを行つ

たとき、この「死」のカードが出たとしよう。そうしたら、「でも、それを失うのは、人生がバラバラになって、すべての意味を失うようなものなんじゃないの？」というふうに、このカードの視点を示してあげればいいのだ。
　そうすれば質問者は「そうなのよねぇ。やっぱりすごく大事だから、もう少しがんばろうかな……」というように、やけっぱちな気持ちを捨て、現状を落ち着いて見直せるかもしれない。
　このようにカードのパースペクティヴを質問者に伝え、今の状況を違う気持ちから見つめられるように導くことができるのが、この本で紹介しているタロット・ワークの本質なのである。

TEMPÉRANCE

XIV　節制

Card number :
XIV

Card title :
節制
[TEMPÉRANCE/TEMPERANCE]

perspective of card :
「あっちか、こっちか、どちらかを取るではなく、そのふたつの選択肢を混ぜ合わせたところに答えがある」

　このカードのタイトルである「節制」とは、中世ヨーロッパの4つの徳のひとつに数えられているものだ。この「節制」の態度を擬人化した絵柄には、ふたつの壺を持ち、その中身を混ぜ合わせようとしている人物が描かれるのが一般的となっている。
　ふたつの壺に入っている中身は、片方がワインであり、もう片方が水(『タロット大全』P511参照)。「節制」する、つまり「節度を保つ」ためにはワインを水で薄めてアルコールを飲みすぎないようにしなければ！　ということなのだろうか。でも、それだけならば、水とワインを混ぜ合わせなくともよさそうなもの。ワインを飲む量を控えればすむ話である。

そもそも本来、ワインと水とは、逆の作用を持つものである。ワインが酔うためにあるとしたら、水は酔いを醒ますためにある。この「真逆の立場にある存在を混ぜ合わせる」という行為にこそ、このカードの視点を読み解くキーがある。

　ちょっとここで水とワインを混ぜ合わせた飲みものというのを思い浮かべてみよう。それはもはや水でもなくワインでもない中途半端な存在。そんなものを飲むのは、なんとなく気持ち悪くないだろうか？
　この「なんとなく」という言葉は、まさに「あれでもなく、これでもない」という中途半端さを示す表現。たとえば「なんとなく好き」という言い方には「ハッキリした理由はないけれど……」という切れ味の悪さがある。この切れ味の悪さこそ、気持ち悪さの原因なのだ。

　そんな気持ちの悪い状態、中途半端な状態に身を置くことが「節制」なのだと考えれば、「節度を保つこと」の難しさが見えてくるだろう。
　飲みはじめたら止まらない酒豪は、いっそのこと禁酒しようかと考えることがあるかもしれない。そのほうが毎回毎回「飲み過ぎないように、ほどほどに……」などと考え続けながら飲むよりも、よほどスッキリした気持ちになれるからだ。そのとき、この酒豪は「飲み続けるか」「キッパリやめるか」という二者択一の視点から世界を眺めて決断をしようとしている、といえるだろう。でも、このカードが示しているのは「真逆の立場にある存在を混ぜ合わせる」という視点。

　つまり、「節制」のカードの持つパースペクティブは

「あっちか、こっちか、どちらかを取るではなく、そのふたつの選択肢を混ぜ合わせたところに答えがある」

という視点なのである。

「節制」の
パースペクティヴの大切さ

　このカードの視点が受け入れづらいのは、なにかを決めつけてしまいたい気分のとき。事態をハッキリさせたいときだ。
　たとえば、今の仕事を辞めるべきか悩んでいるときは、頭のなかに「辞めるか、続けるか」という選択肢しかないため、「ほどほどに働き続ければいい」といった視点は受け入れがたいかもしれない。
　でも、そもそもその悩みは、辞めたいけれど辞められない、辞められないけれど辞めたい、という矛盾した気持ちが根底にあって生まれてきているはず。そういうときは、人から「辞めたほうがいい」といわれても「続けなさい」といわれても、そうだよなぁと思いつつも、そう簡単には選択しきれないのではないだろうか。
　「節制」のカードのパースペクティヴとは、そんな居心地の悪い、スッキリしない状態に結論を出さず、そのままにしておくことを勧める視点である。

　ここでちょっと話を変えて、他人について「その人はいい人か、悪い人か？」を判断しようとするときのことを考えてみよう。そんなときも「節制」のカードからの答えは「どちらかに決めつけることなく、その人を見つめ続けることが正解だ」というものになる。
　確かに誰にだっていい面と悪い面があるだろうし、場合によっていい人になることもあれば、悪い人になることもあるだろう。そういう不確かさを否定すれば、相手を本当に理解することはできない。
　けれども、わたしたちはつい、相手をある一面だけから判断して、全面的にいい人、あるいは悪い人と決めつけてしまうこ

とがある。特に安心を求めているときはそうだろう。「この人は決してわたしを傷つけたりしない」と思うことができれば、その人とつき合うのはとても楽だから。

　でも、その場合、もしその人がなにか予想外のことをすれば、「どうしてあの人がそんなことをしたの？　まったくわからない！」というように、理解の範囲を超えてしまうことになる。本当は、自分が勝手にその人を「完全ないい人」と決めつけていただけ。「節制」の視点を失ってしまうと、こういうことも起きるわけだ。

　なにもかも「白か黒か」と決定づけず、グレーゾーンを残しておくことの大切さを示しているのがこのカードなのである。

LE DIABLE

XV 悪魔

Card number :

XV

Card title :

悪魔
[LE DIABLE/THE DEVIL]

perspective of card :

「ややこしい事態に感じる不快さは、なにもかもがハッキリしないことに原因がある」

　カードの中央に立つのは、上半身が女性でありながら下半身は男性であり、鳥のような翼と足を持ちつつ、それ以外の部分は人間の姿をしている悪魔である。
　悪魔の立つ台座からのびる紐に首をくくりつけられているふたりを見てみよう。この人たちには、人間にはないはずの尻尾が生えている。

　「上半身が女性でありながら下半身は男性である」というのは異常と見なされる。同じく「人間なのに尻尾を持っている」というのもまた異常なこと。このカードの絵柄がおぞましく見えるのは、この3人（あるいは3匹？）の「異常」な姿のせいなのだ。

ではなぜ、こうした「異常」は気持ち悪く思えるのだろう？　それは、わたしたちの常識の区分が混乱し、ややこしいことになるからだ。

　つい先ほど、この絵柄について「この３人（あるいは３匹？）」と書いたが、それは人でも獣でもない姿をなんと数えればいいかわからないからである。常識に納まらない事柄は、このようにわたしたちを混乱させ、気持ち悪さを感じさせる。

　こういう気持ち悪さを前にするとわたしたちは「節制」のカードのところでも話したように「ハッキリしろ！」といいたくなるものだ。たとえば、不倫相手に「奥さんと別れるかわたしと別れるか、ハッキリして！」と迫る女性のことを考えてみよう。「結婚しているのに自分ともつき合っている」という中途半端な恋愛相手は、「男女が入り混じった姿をしている」悪魔と同じ。人を混乱させ、ややこしい事態を招く存在なのだ。

　でも、なぜこの男性は、そんなどっちつかずの状態を続けているのだろう？　そして、女性のほうもなぜ、そんな「悪魔のような男」から離れないでい続けるだろうか？

　このような「ハッキリさせたくてもできない」という事態は、わたしたちの誰もが陥る状態なはず。それはまさにこのカードの「悪魔の台座からのびた紐に囚われてしまっている人間」の状態である。「悪魔」のカードの絵柄は、中途半端な状態のまま、ややこしい事態から抜け出させないありさまを表現しているといえるだろう。

　そんな状態を示している「悪魔」のカードのパースペクティブは

「ややこしい事態に感じる不快さは、なにもかもがハッキリしないことに原因がある」

という視点を示すものである。

LA MAISON DIEU   XVI 神の家

Card number :

XVI

Card title :

神の家
[LA MAISON DIEU/THE TOWER OF DESTRUCTION]

perspective of card :

「その原因を自分の責任にも他人の責任にもせず、ただあるがままに受け止めて、次に進む」

　現在のタロット・パックでは「塔」というタイトルをつけられているのが一般的だが、マルセイユ・タロットの16番目のカードのタイトルは「神の家」となっている。「塔」というタイトルは19世紀以降に使われるようになった呼び名らしく（『タロット大全』P515）、それは、このカードの絵柄として「塔」が描かれる場合が多かったせいだと思われる。

　このマルセイユ・タロットにも、天からのびるイカヅチのようなものと、それによって破壊される塔、そして地面に落下する人間が描かれている。

　もしこの塔が「神の家」なら、それを壊すのは神自身であるはずは

ない。また、神というのが絶対的な力を持つものなら、それを壊すことのできるものなど、この世にいないはず。
　では、この神の家に一撃をくらわしている炎のような、イカヅチのようなものの正体とはなんなのだろう？「その正体は不明」。そう答えるしかない。

　わたしたちは災いに見舞われたとき、その原因を探ろうとする。恋人にフラれたときは「わたしのどこがいけなかったの？」と考えざるをえないものだ。もし思い当たることがなければ、「他の異性が恋人を誘惑し、自分と別れさせたのかも」というように、その原因を外に求めようとしがちである。
　原因を探るのは、それを見つけることによって「崩れた関係」を元に戻す方法が見つかる、と考えるから。自分に悪いところがあったなら、それを直す。誘惑する異性がいるなら、その相手を排除する。こういう手立てが取れるからだ。
　でも恋人に「君はなにも悪くない」といわれたら？　そして外部にも原因となる異性が見つからなかったら？　だったら仕方がない。原因探しを止め、元に戻ることもあきらめるしかないだろう。
　「原因が見つからない」というのは、そういう意味でとてもつらい。だから、つい原因追究を止められず、「なぜ？」と問い続けたくなるのもわかる。

　だが、たとえば、こんな場合を考えてみよう。楽しみにしていたレジャーの日に大雨が降って中止になった。そんなとき、わたしたちはガッカリしつつも「仕方がないね」といってあきらめる。「これは誰かのせいなのだろうか？」といったことを、延々と考え続けたりはしないはずだ。その計画のことは本当に残念だけれど、仕方がないと観念して、また次のレジャーを計画しはじめるだろう。

　天災が襲いかかってきたかのような「なにが悪いのか、その原因を求めても無駄な状態」を描いている「神の家」のカードは、

「その原因を自分の責任にも他人の責任にもせず、ただあるがままに受け止めて、次に進む」

というパースペクティブを示しているのである。

L'ÉTOILE   XVII 星

Card number :
XVII

Card title :
星
[L'ÉTOILE/THE STAR]

perspective of card :
「なにかのためにではなく、**純粋に、ただその行為を行うこともできる**」

　「星」のカードには、星がきらめく夜空の下で、裸の女性が壺から水を流している様子が描かれている。
　タロットが作られた時代の「地球を中心とした宇宙観」において、星は「不変」の象徴だった（『タロット大全』P523）。地球から月までの天球層は、生成と消滅という変転が起こる「無常世界」であり、その先の星々は「永久不滅の世界」にあると考えられていた。
　一方、「水を流す」という行為からは「無にする」という意味が読み取れる。それは、「もう水に流そうよ」という言い方で、過去のケンカやもめごとを「無かったことにしよう」という意味で使うことからもわかるだろう。

すべてを水に流し、無になったときにも残るもの。それがここに描かれている星であると仮定するなら、この星はなにを意味しているのだろうか。

　水とは「汚れ」を洗い流すもの。シャワーを浴びるのは一日の体の汚れを流すためだし、洗濯は衣類の汚れを洗い流すための行為だ。
　洗剤のコマーシャルには真っ白に洗い上がった洗濯物がよく出てくる。真っ白、つまり「純白」というのは「汚れのない白」のこと。汚れを水で洗い流せば、汚れのない身体や、汚れのない衣類、つまり純粋な状態が残される。「すべてを水に流し、無になったときに残るもの」とは、つまり「純粋な状態」なわけである。

　純粋な状態の対にあるのは不純な状態だ。では、ここで「動機が不純だ」といわれるのはどういうときかを考えてみる。
　たとえばボランティア活動に熱心な企業があるとしよう。でも、そのボランティアが実は「企業の宣伝のため」とバレてしまったら、その会社は消費者から「動機が不純で、やり方が汚い」といわれるだろう。一方、宣伝のためでもなく、人からほめられるためでもなく、ひっそりとボランティア活動をしている会社があったらどうだろう？　きっと感心されるはずだ。

　つまり、純粋な状態とはそれ以外の目的のない状態のこと。「○○のため」という目的や意図を持った行為は純粋とはいえないのである。
　恋においても、「振り向いてもらうために努力をする」というのは純粋な愛と呼べない行為だ。目的を持たず、意味も持たず「ただ好き」という愛情。これが純粋な愛だろう。

　「振り向いてもらう」という目的のために異性にアタックした人が、その相手にフラれたとしよう。そうすれば、その人は相手を好きでいることの「意味」を失うことになる。振り向いてくれない相手を好き

でいることは無駄なこと。けれど、そのとき「もう無理だとわかっているけれど、でもやっぱりあの人のことは好きだなぁ」と感じることはあるはずだ。そのとき、その人はただ純粋に、好きという思いを相手に寄せている状態にあるといえる。

　目的を失えば、好きでいる意味もまた失われる。そこに残るのは純粋な気持ちだけ。そこにあるのは清らかさであり、潔さである。なぜなら、それは見返りを求めない純粋な心なのだから。

　「星」のカードが表しているパースペクティブは、

　「**なにかのためにではなく、純粋に、ただその行為を行うこともできる**」

　という視点なのである。

LA LUNE

XVIII　月

Card number :

XVIII

Card title :

月
[LA LUNE/THE MOON]

perspective of card :

「わからないものはわからないままに留めるしかない」

　古い時代のタロット・パックの「月」には、月と、それを観測する占星術師が描かれていることが多かった（『タロット大全』P521）。このマルセイユ・タロットには占星術師の姿はない。ここに描かれているのは月夜に吠える２匹の犬とザリガニの姿である。
　ザリガニは、月が占星術において蟹座の支配性であることと関連していると思われるが、月に吠える２匹の犬のほうはなにを表しているのか？
　それはおそらく、時代の変遷により、占星術師がもはや「変転の法則を観測し、読み解く者」ではなくなって、「月に向かって遠吠えしている犬」というイメージで見られる人に変わってしまったことを意味しているのかもしれない。

占星術とは、地球を中心にした天動説を土台としていた科学だから、それが崩れ去った時代において、占星術に不信の目が向けられるようになるのは当然のこと。それゆえ、「月」のカードにおける占星術師たちの図像は「未だに月に向かって遠吠えをしている姿」に変えられてしまったのかもしれない。

　占星術に不信の目が向けられた時代とは、「これが真実だ」と信じられていた宇宙観が崩れた時代である。それはたぶん、不安に満ちた時代だったのではないだろうか。

　わたしたちも、たとえば恋人が、あるいは政治家がこれまで嘘をついていた、とわかると急に不安になるもの。ひとつの嘘は「じゃあ、もしかして、あれもこれも嘘だったの？」という、すべてに対する不信感を呼ぶ。過去にその人物がいっていたことのどこまでが本当で、どこからが嘘だったのか。それを見極めるのはもはや困難だろう。さらに不安な気持ちは未来にも広がっていく。この先もまたその人が嘘をつかないとは限らないのだから。
　「あの人が嘘をいっていたとしたら、この人もまた嘘をいっていたのかも……」という気持ちになってくると、不信感はさらに他の人物にまでも向けられるようになる。
　このように、ひとつの信頼が崩れると、不安というのは時間も空間も越えて広がりだす。究極的には自分の存在さえも不安に包まれてしまうだろう。「信じられない」ことがあるとき、わたしたちは自分の感覚までも疑うようになるからだ。そのとき、人は狂気を覚えることになる。

　「月」のカードが表しているのは、そんな不安が伝播していく世界。これは「なにかを疑ってかかるほどに、真実はどんどん遠のいていく」ということを示すカード。
　不安や不信に陥ったとき、人は「確かなもの」を求める。でも、ここまで見てきたように、ひとつの不安はすべてを不安に飲み込んでし

まうもの。「これが真実だよ」と誰かにいわれても、世界への不信が心にある限り、なにも信じられないかもしれない。

だとしたら、わからないものを追求するのは無駄なこと。

「わからないものはわからないままに留めるしかない」

というのが、「月」のカードの示す視点なのである。

LE SOLEIL

XIX　太陽

Card number :
XIX

Card title :
太陽
[LE SOLEIL/THE SUN]

perspective of card :
「固定観念でモノを見るのを止めれば、まったく新しいなにかに出会える」

　このカードに描かれているのは、まばゆい光を放つ太陽と、その光がしずくのように降り注ぐ下で親しげな様子を見せている双子(この双子について、詳しくは第Ⅱ部Ⅱ章を参照)。

　双子というのは「対立するもの」として、多くの神話に出てくるモチーフ。たとえば、ギリシャのカストルとポリュデケウスの神話では、「片方が生きるためには片方が死ななければならない」という宿命を持って、双子は物語られている。

　このテーマを「日常における選択」として考えてみよう。たとえば、今日の夕食は和食にしようか洋食にしようかと迷うとき、和食と

洋食は神話のなかの「対立する選択肢」として存在しているといえる。なぜならその両方を同時に取ることはできないのだから。「片方が生きるためには片方が死ななければならない」状態に、和食と洋食は置かれているわけだ。

　でも、もし和食と洋食を融合させた創作料理を誰かが作ってくれたとしたら？　和食と洋食の対立的な構図はたちまち消え去ることになる。

　本来は共に存在できないはずの双子。それが仲よく描かれている「太陽」のカードの絵柄とは、和食でも洋食でもないヌーベル・キュイジーヌのように「対立から逃れる新たな形」を示しているのだ。

　さて、この新たな形を生み出すのに邪魔なのは固定観念である。「ありえない素材の組み合わせ」を試すシェフとは、固定観念でものを見るのを止めている人。そんなクリエイティブなシェフが生んだ料理を前にすると、人はアッと驚きの声をあげることになる。
　本来は混ざり合うことができないと思われていたものが見事に融合した姿を見るとき、わたしたちは可能性を狭めていたのが自分たちの固定観念であったことに気づかされる。そして、「ありえないものを見た！」という驚愕と興奮に包まれる。

　このカードの双子に降り注いでいる光は、固定観念や規範、先入観といったものを見えなくしてしまう光。暗いところから出た瞬間に太陽の光を浴びる経験をイメージしてみてほしい。そのとき、わたしたちは光のまばゆさのあまり、一瞬なにも見えなくなる。そこにあるはずの風景の輪郭も色彩も強い光によって消し去られてしまうからである。

　そんな光を浴びて、共存している双子の姿を描いた「太陽」のカードは

「固定観念でモノを見るのを止めれば、まったく新しいなにかに出会える」

という視点を示しているのだ。

LE JUGEMENT

XX 審判

Card number :
XX

Card title :
審判
[LE JUGEMENT/JUDGEMENT]

perspective of card :
「過去に意味を失ったものも、なにかの拍子に新たな意味で蘇ることがある」

　このカードには天空からラッパを吹き鳴らす天使と、両手を合わせた裸の人々の姿が描かれている。これはキリスト教における「最後の審判」を描いたものだ。
　「最後の審判の日がくれば、死者もすべて蘇り、天の裁きを受ける」というのがキリスト教の教義。カードの絵柄を見ても、中央の背を向けた人物は墓から蘇った人のように見える。そのため、このカードには多くのタロティストが古くから「復活」という意味を与えてきた。
　さて、ここではまず「死者が蘇る」ということをイメージとして考えてみよう。「まるで死者が蘇ったみたい」という言い方がふさわしいのは、どんなときだろうか？

もう着なくなった洋服をリフォームしてみたら素晴らしい出来栄えで、新品のときのようにご愛用の一着となったとしたら、「死んでいた洋服が蘇った！」という表現が使えるだろう。すっかり廃墟となっていた地帯が再開発などで新たに活用されるようになったなら、「廃墟が息を吹き返した！」といった言い方がされる。
　このように「死者が蘇ったかのよう」という表現には、「無意味になっていたものが再び意味を持つようになる」といった意味が含まれているわけである。
　ただし、ここで大切なのは「蘇ってくるのは、いったん死んだもの、意味を無くしたもの」だという点だ。古い洋服や廃墟は魔法によって時間を巻き戻され、元どおりの姿に蘇生するわけではない。「これはリフォームできるかも」「この地域は違うことに活用できそうだ」というような、過去に囚われない発想こそがカギとなり、新たな形で蘇るのだ。

　「もう終わった」などといわれていた人物が華麗な復活を果たすとき、「まるでなにかが吹っ切れたように」といわれることがある。その人はなにを吹っ切ったのか？　たぶん、それは過去だろう。過去への後悔やわだかまり、未練といったものが跡形もなく消え去ったときこそが新しい出発のときだ。「復活する」というのは、いったんすべてが死に去ったあとに、まったく新たな息吹が生まれることを示すのである。

　もうなんの役にも立たないと思っていたものや、「終わった」と思われていた人物が蘇るのと同じように、「過去の経験」もまたなにかの拍子に「あっ、あれには意味があったんだ！」と蘇ることがある。
　たとえば、子ども時代に習っていたお稽古ごと。なんの役にも立たなくて、「あれは時間の無駄だった」と思っていたとする。次第に当時のことなど思い出すことすらもなくなっていくが、それはその過去があなたのなかで「死んでいく」ということだ。
　ところが、あるとき、そのスキルが思いも寄らぬところで役立ち、

仕事の成功を招く結果になったとしよう。すると、急にその頃の記憶があれこれと蘇ってくるだろう。この記憶の復活と共に、あなたは自分の過去に対して、新たなジャッジを下すことになるはず。「習いごとを続けたことはよかった！」というように。その感覚こそが、「審判」のカードの視点に近いもの。

「過去に意味を失ったものも、なにかの拍子に新たな意味で蘇ることがある」

これが、「審判」のカードのパースペクティヴなのだ。

「神の家」から「審判」までのパースペクティヴ

　各カードのパースペクティヴの説明もそろそろ終盤。「吊るされた男」のカードのところでも少し話したが、タロットの大アルカナのパースペクティヴは一連のストーリーのように追っていくことも可能なものである。最終カードである「世界」に進む前に、ここで「神の家」から「審判」までの流れを、ある人物のストーリーになぞらえて解説してみよう。各カードのパースペクティヴが理解しやすくなるかもしれない。

　長くつき合い、ほぼ婚約状態の恋人がいた女性に、あるとき、その恋人との別れが訪れることになった。それはまるで「神の家」のカードに描かれている、天からイカヅチの一撃が落ちてきたかのようなショックな出来事……。誰の人生にもこのような、自分が望んでいた未来を打ち砕かれる経験はあるものだ。そのときにできるのは「神の家」のパースペクティヴから見るなら、「起こったことをただあるがままに受け止めて、次に進む」ことだけである。この女性も彼との将来をあきらめて、人生を先に進めることに決める。
　とはいえ、気持ちのうえでは、そう簡単に彼を忘れることはできない。もう好きでいても仕方がない、意味がない、とわかっているのに彼が好きな気持ちは消えない。これはまさに「星」のカードが示す状態といえる。
　この女性の場合、彼がスポーツ選手だったため、彼の体調管理に気を遣い、栄養バランスの取れた手料理を作ってあげるのが常だったのだが、別れた今もひとりで料理をしていると、「この組み合わせはバランスがいいかも！」などと無意味と知りつつ考えてしまうのだ。
　そのうち、彼女は気づく。結局、わたしってこうやって、あ

れこれ献立を考えること自体が好きなんだなぁ、と。恋人と別れた今となっては、そんなことをしても彼から感謝されるわけでもないし、なにかの役に立つわけもない。でも「星」のカードのパースペクティヴが示すように、「**なにかのためにではなく、純粋に、ただその行為を行うこともできる**」わけで、今の彼女はそんな純粋な心境になってきているわけだ。

　とはいえ、献立作りを純粋に楽しんだり、彼との思い出をあれこれと懐かしんだりする時間を過ごしつつも、「自分はこれからどうなるのか」と考えると不安に襲われてしまう彼女。長いあいだ、彼との結婚だけを未来に思い描いてきたため、それが崩れ去った今、彼女には自分の未来に確定要素がまったくないわけで、これは「月」のカードが描く「信じられる確かなものがなにもない」状態を示しているといえる。

　信じていたものが消え去ったあとは、このように誰もが不安に陥るもの。そんなときに思い出すべきなのは「**わからないものはわからないままに留めるしかない**」という「月」のカードの視点だ。あれこれ未来を妄想しても、不安が不安を呼び込むだけだ。

　彼女はこのあとしばらく、不安のなかに身を置いて日々を過ごし続ける。ときには新しい恋を探すために、異性との出会いの場に足を向けてみたりもするけれど、どうもそれを楽しめない。恋を探しに出掛けるよりも、料理や栄養学の本をあれこれ読んでみたり、元恋人と同じようなスポーツ界にいる選手たちの活躍を追いかけて過ごしたりしているほうが、今の彼女には心落ち着くようだ。

　ただ、「こんなことをしていても意味がないし、将来が少しも見えてこない」と思ってしまうことも多い。そもそも彼女は「好きな人と結婚して、その人のためによき妻として生きる」ことが自分に合っているのだと、これまで信じて生きてきたのだから。自分の天職を見つけることなど考えもしなかったし、まして独身のままで生きることなど想像もしていなかった。

けれども、最近の彼女は、そういう自分に対する思い込みや決めつけが消えてきつつある。「ひとりでいるのも悪くないのかも」と思うこともあるし、「結婚ではなく仕事を探してみるというのもありかな」という考えも頭をよぎるようになる。

これは彼女の心が「月」のカードの状態から少しずつ、「太陽」の段階へとシフトしはじめていることを示している。「太陽」は、ありえない組み合わせがもたらす創造的な可能性を示唆するカード。彼女の場合、「自分＝結婚して良妻になる」という固定観念が消えはじめたゆえ、「自分＝独身をキープ」とか「自分＝天職を見つけて活き活き働く女性」などの、これまでは「ありえない」と思っていた可能性が、自分のなかに芽生えてきたわけだ。

「固定観念でモノを見るのを止めれば、まったく新しいなにかに出会える」というのが「太陽」のパースペクティヴ。この視点に気づいた彼女は、だんだん自分の未来にさまざまな可能性が開けているように思えてきて、ワクワクした気持ちを味わいはじめる。自分にできることをいろいろとやってみたいという思いから、献立ブログを立ち上げてみたり、栄養士の資格を取る方法を検討してみたりなど、活動的な日々がはじまった。

そんな日々のなかで、彼女の過去に埋もれていたさまざまな経験が蘇り出す。これは「審判」のカードの段階である。ブログを書くうちに、「わたしって、人になにかを説明するのがうまいって、よく人にいわれたっけ……」なんていう思い出が蘇り、自分の埋もれた才能に目覚めだす彼女。また、結婚のためにコツコツと頑張ってきた貯金が、ここにきて役立ち、栄養士の勉強に投資することもできた。「このお金がこんなふうに使えるなんて！」と、少し不思議な気持ちになる彼女だが、これも**「過去に意味を失ったものも、なにかの拍子に新たな意味で蘇ることがある」**という「審判」のパースペクティヴを示す好例だろう。

こうやって、新たな可能性に開けた未来を歩み出した彼女の

物語は、このあとジ・エンドへと向かう。物語の最後に待つのは、絶妙なタイミングでやってくる「チャンスをつかみとるための切り札」と、それを得て、これまでのすべてが報われるラスト・シーン。このあと説明する「世界」のカードは、そんな最終段階を暗示するものだ。

LE MONDE　　　　　　　　　　　XXI　世界

Card number :
XXI

Card title :
世界
[LE MONDE/THE WORLD]

perspective of card :
「最終的に重要なのはタイミング。まるで世界と自分がピッタリと息が合っているように感じられるときなら、すべてがうまくいく」

　「世界」というタイトルのついたこのカードは、1番目の「奇術師」からはじまったタロット・カードの並び順における最終カードである。楕円型の輪の中央に立つのは運命の女神フォルトゥーナ（『タロット大全』P535参照）。この女神は「気まぐれな運命」を象徴する存在だ。

　「運命の女神が微笑む」という表現があるが、これは「自分ではどうすることもできない、そのときの運」が自分に向かって微笑んでいる、つまり極上の運に恵まれるという意味で使われる言葉。女神フォルトゥーナの描かれた「世界」のカードを引き当てるということは、まさにこの「運命の女神があなたに微笑むだろう」ということを暗示

していると考えられないだろうか。タロット・カードがゲームに使われていた時代、この「世界」のカードは最強の切り札であり、このカードが手元に巡ってくるというのはすなわち、勝利を意味していた。

　ここで改めて「運命の女神が微笑む」という状況を考えてみよう。わたしたちはできれば、いつだって運に恵まれていたいと思うもの。だが、本当に大切なのは「ここ１番」というときに最強の運が巡ってくることであるはず。だから、思いもしないところで強運がもたらされると、「なにもこんなところで運が巡ってこなくても……」「この運のよさが、あのときに来てくれればよかったのに……」などという思いが湧いてきてしまう。

　来てほしいときには来ないのに、望んでもいないときにツキが巡ってくるのは気まぐれな運命の女神の成せる技……。運に対して、そんなふうに感じるのがわたしたち人間だ。でも、そんな気まぐれさを持つ運命だからこそ、わたしたちは抜群のタイミングで訪れた強運には感動することになる。

　ここぞという瞬間に、まさに望んでいたものがやってくれば、そのタイミングのよさに思わずガッツポーズが出ることもあるだろう。このとき、無意識のうちに作られる握りこぶしが意味するのは「この手に運をつかんだ！」という感覚なのかもしれない。

　「世界」のカードが表している強運とは、このような「欲する瞬間に表れたツキのよさ」であり、自分の力だけではどうにもならない偶然が「自分の思い」と一致する状態だ。その瞬間、わたしたちは、この世界が完全に自分に味方しているように感じる。
　自分の外の世界と、自分自身とがまるで見事なダンスを踊っているような調和に満ちた状態に置かれるとき。それがわたしたちの最も幸運なときであり、自分の力だけでは成し遂げられないことを達成できるとき。

そのような状態を暗示する「世界」のカードは

「最終的に重要なのはタイミング。まるで世界と自分がピッタリと息が合っているように感じられるときなら、すべてがうまくいく」

という視点を示している。
　それは自らの力だけで引き寄せることのできない偶然の運がもたらすもの。でも、だからこそ、わたしたちは絶妙のタイミングで訪れたツキの到来に心からの幸福を感じられるのだろう。

LE MAT   愚者

Card number :

Card title :

愚者
[LE MAT/THE FOOL]

perspective of card :

「そんなことで悩むことに本当に意味があるの？　ときが経てばそれも笑い話じゃない？」

　まず、カードの上部を見てもらいたい。他のカードと違い、「愚者」にはナンバーがない。このカードの1番の特徴とは、この「ナンバーがついていない」点にある。
　ナンバーのない「愚者」とは、タロット・カードの並び順に関係しない「はみだし者」。秩序やルールの適用を免れた存在なのである。

　このカードは古い時代には「狂人」というタイトルがついたこともあった。狂人というのはまさしく社会のなかで「はみだし者」として扱われる存在。たとえば、罪を犯しても、狂っている人ならば罰せられないことがあるのを思い出そう。それは狂人が社会のルールから除外された存在だからだ。

このように「はみだし者」をイメージさせる「愚者」の視点とはなにか。簡単にいってしまえば、「すべてどうでもいい」というのが、このカードの持つ世界観といえる。
　なにせ「愚者」は世のなかの「はみだし者」。社会のルールや秩序から除外された存在だ。「なにが正しくてなにが間違っているか」とか、「どれが価値あるもので、どれが価値のないものか」といった問題は「愚者」の視点からみれば、すべてどうでもいいこと。
　そんな「愚者」は他人の悩みを笑い飛ばす存在でもある。「だからなんだ？　そんなこと、どうでもいいじゃないか！」というように。

　このカードに描かれている「愚者」は道化の格好をしている。道化とは中世ヨーロッパの宮廷に雇われていた、現代のコメディアンにも通じる「人を笑わせるプロ」のこと。彼らは他人のシリアスな悩みさえ、まるで「そんなことで悩んでいるのは愚かなこと」といわんばかりに笑い飛ばす存在である。
　あなたにも他人の悩みを聞いているときに、「そんなの別にどうでもいいじゃん」と思うことはないだろうか？　それはあなたが悩みを持つ当人ではない、つまり、自分には関係がないからだ。そのときあなたは、タロット・カードのなかの「はみだし者」である「愚者」と同じように、無関係な立場から他人の悩みを見ているわけで、これこそが「愚者」の視点なわけである。

　「どっちにしたらいいと思う？」というように、自分の迷いを他人に打ち明けたところ、「別になんでもいいんじゃない、そんなこと」といわれてしまった経験を思い出そう。「わかってくれない！」と憤慨することもあったはずだが、でも、ときには「まぁ、そういわれればそうなんだけど……」と、妙に納得してしまうということもあったのでは？　そういうときのあなたは、たぶん、そのひとことによって自分の悩みごとを「愚者」の視点から捉えなおすことができたというわけだ。
　「これが他人ごとであれば、自分だってやっぱり、どうでもいい、

どっちでもいいかって思うかも……」と思うと、シリアスになっていた自分が急にバカバカしくなってしまうことさえある。

「そんなことで**悩む**ことに**本当に意味があるの？**　ときが経てばそれも笑い話じゃない？」

というように、ちょっと離れた視点からの助言をくれるのが「愚者」のカードなのである。

Ⅳ章 リーディングのメソッド

■リーディングのスタイルについて

　タロットをどのようにリーディングするか。その具体的なメソッドを解説するのが本章での目的である。
　あらかじめ断っておくと、タロット・リーディングにおいて、「これが絶対的に正しい方法だ」といえるものは、そもそも存在しない。そこにはさまざまなアプローチがあってしかるべきである。実際に、熟練したタロティストであるならば、それぞれ独自のノウハウを持っていることだろう。
　しかしながら、リーディングのスタイルという観点から、さまざまなメソッドを見てみると、そのほとんどが以下のふたつのどちらかのスタイルに含まれるように思われている。

　① カードの「意味」を前提としたリーディング
　② カードの絵を見てひらめいたことを答えとするリーディング

　ここでそれぞれのリーディング・スタイルについて簡単に解説しておこう。
　まず、①のリーディング・スタイルでは、占う前にある程度カードの占い上の「意味」を覚えておく必要がある。あるいは、本に書いてある占い上の「意味」を見ながらリーディングすることになる。たとえば、「女帝」のカードは「妊娠」を意味するとか、「教皇」のカードは「結婚」を意味するなど、タロットの本に書いてあるそれぞれのカードに割り当てられた「意味」をあらかじめ覚えておく。そして、実際に占ったときは、その「意味」をもとにして質問の答えを考えていく。
　一方、②のリーディング・スタイルは、カードの絵を見て、そのとき感じたことや浮かんだことなどが、そのまま答えとなる。この場合

は、①のスタイルとは異なり、カードの占い上の「意味」を覚えておく必要はない。というよりも、むしろカードの「意味」を固定させて覚えてしまうことは、リーディングの際の自由な連想を働かせる邪魔になってしまうことにもなるだろう。

　ちなみに、②のスタイルでリーディングをする場合、タロットに描かれた具体的な絵柄自体は、本質的に重要なものではない。また、つきつめて考えてみれば、占いのツールとしてタロットを使用することにこだわる必要性自体はなく、むしろ、より抽象的な形で結果が現れるもっと単純なツールのほうが、その本来の特性を発揮するには適しているはずである（たとえば茶葉の形で占うタッセオマンシーなど）。というのも、タロットの絵のような具象的なものよりも、抽象的な形となって結果が現れるもののほうが、固定化されたイメージの制限がないため、より自由な連想を働かせることができるからだ。

　このような①と②のリーディング・スタイルは、実は本書のスタイルとは異なるものである。これから本書で解説しようと思っているのは、カードの意味を覚えるやり方とも、自由な連想を働かせていくやり方とも違った第３のリーディング・スタイルだ。次節からは、本題である本書のこのスタイルを解説していく。

　ただ、この第３のスタイルを理解していただくためには、一般的なタロット占いの本には登場することのない、「リヴィジョン」、「イメジャライズ」といったコンセプトを順に説明していかなければならない。

　その手はじめとして、まず「イメージ」ということについてお話しておこう。

■イメージとは？

　イメージという言葉自体は、日常的に誰もが使っているものだと思う。たとえば、「イメージで捉えると……」、「わたしのイメージでは……」、「イメージ的には……」などといったように。こういった場合、イメージというのは、ものごとをなにか漠然としたもの、あるい

はおおまかに捉えた状態を指す言葉として用いられているといえるだろう。

　しかしながら実はイメージは、単にものごとを曖昧に捉えた状態を指しているだけではなく、そのものごとの背後にある秘められたなにかを捉えていることも、ときとしてある。どういうことかひとつ例を挙げてみよう。

　たとえばわたしたちは、ある人の発言を聞いていると、確かにそのいっている内容自体はよいことだけれども、そこになんとなく信頼を置けないように感じるときがある。では、わたしたちがそのときに感じる「なんとなく」という感覚は、いったいどこから来ているものなのだろうか。

　もちろん「なんとなく」という感覚は、表面的に見えているその人物の姿に由来するものではない。なぜなら、表面的に見えているその人物の姿が「信頼置けない」というなら、そもそも「なんとなく」ではなく、「明らかに信頼置けない」というはずだ。

　従って「なんとなく」というのは、表面的に見えている姿ではない「なにか」を、あるいはこういってよければ、直接目には見えない「なにか」を、わたしたちが感じ取っているときに使われる言葉である。

　わたしたちはその「なにか」を、しばしば「雰囲気」や「ムード」ということもある。実際に、わたしたちは日頃、「なんかあの人、雰囲気よくない……」とかいう言い方をしたりもすることを思い出していただきたい。

　ところで、「雰囲気がよくない」という言い方に対して、わたしたちは「よくないって、どうよくないの？」とか「それってどうして？」と尋ねたらどうだろう。それに対して、目には見えない「なにか」を感じ取っている当人は、その感じを表現するために、たとえば「なんていうのかな……あの人、ちょっと詐欺師っぽい感じがする」などといったりするかもしれない。

　ここで、この「詐欺師っぽい」という言い方に注目してほしい。実はこの「○○ぽい」という言い方は、わたしたちが「イメージとし

て」ものごとを捉えているときの典型的なひとつの例なのである。

　こうして見てくるとイメージとは、その人なり事物なりから感じられる「雰囲気」や「ムード」を、事物や人物などの視覚的ななにか（先ほどの例だと「詐欺師」）に喩えて表現したものだともいえる。

　しかも、最初のほうで述べたように、イメージは「そのものごとの背後にある秘められた姿を捉えている」場合もしばしばあるものだ。語られている内容だけ聞いていると立派な人なのかもしれないけど、自分にはその人物がどうも「詐欺師っぽい」感じがすると思っていたら、やっぱり本当に詐欺師だったというようなケースは、直観的な洞察力が、「背後にある秘められた姿」をイメージとして捉えているひとつの例だといえるのかもしれない。

　この後、少しずつ話していくことになるが、本書のタロット・リーディングは、このような「雰囲気」や「ムード」という目に見えない「なにか」、またそれらの視覚的な喩えであるイメージの世界と深い関わりを持っているものである。

　こうして「イメージとはなにか」ということを改めて論じるとなると、なかなか面倒な説明をしなければならなくなってしまう。とはいえ、日常的なレベルにおいてわたしたちは、ものごとをなにげなくイメージ的に捉えていることも事実である。前にも指摘したように、わたしたちがなにげなく「○○ぽい」という言い方や、あるいは「○○みたい」といった言い方するときが、まさにそれである。たとえば、ある若い男女のカップルを見て「なんだか彼女って、彼のお母さんみたいじゃない」とか、あるいは怪しげな男の人を見て「あの人ってなんか詐欺師っぽいよね」といったように。

　この「お母さんみたい」とか「詐欺師っぽい」というのは、その人物に対するイメージを表現するときのなにげない言い方だ。こういった言い方が、日常ごく普通に使われていることからも、わたしたちは日頃、自分ではあえて意識せずとも、イメージとしてものごとを捉え、表現していることがわかるだろう。

　ではイメージということからいったん離れて、次に本書のタロット・リーディングの最も要となる「リヴィジョン」というコンセプト

について説明しておこう。

■リーディングの視点のポジション

「リヴィジョン」というのは、本書のタロット・リーディングの最も要となるコンセプトである。
　まずはここで図1-4をご覧いただきたい。

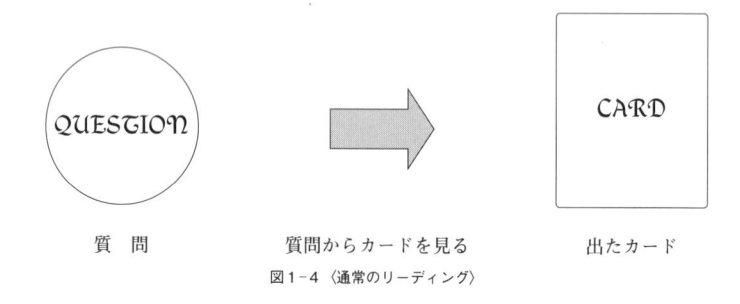

QUESTION　　　　　　　　　　　　　CARD

　　質　問　　　　質問からカードを見る　　　出たカード
　　　　　　　　　図1-4〈通常のリーディング〉

　これは占い上の「意味」をもとにした通常のタロット・リーディングのあり方(すなわち、前に述べた①のスタイル)を図式化したものだ。この場合、質問に対する答えを見つけるために、図の矢印のように質問からカードを眺めることになる。つまり、たとえば「結婚できますか？」という質問であれば、その答えを求めるために「このカードは結婚できることを表しているのか、あるいは結婚できないことを表しているのか？」という視点からカードを見る。そして、各カードに割り当てられている占い上の「意味」をもとにして、答えを作っていくことになる(あるいは、その占い上の「意味」そのものが、答えになる)。
　具体的な例をあげると、「結婚できますか？」という質問に対して、「教皇」のカードが出たとしよう。多くのタロット占いの本を見ると、「教皇」のカードの意味のひとつに「結婚」という意味が書かれている。この場合の答えは簡単だ。すなわち、「結婚」を意味する「教皇」のカードが出ているから、「あなたは結婚できるでしょう」といった

答えになる。

　もうひとつ例をあげてみよう。今度は、同じ「結婚できますか？」という質問に対して、たとえば「悪魔」のカードが出たとしよう。この場合、「教皇」のときよりも少々答えを見つけるのは難しくなる。というのも、たいがいどのタロット占いの本を見ても、「悪魔」のカードに「結婚」と関連した意味は書かれていない。そこにあるキーワードは、「腐れ縁」、「病気」、「肉体関係」、「誘惑」といったようなものだ。この場合、「結婚できますか？」という質問に対する直接的な答えではないので、カードをどうリーディングするか、少々頭を悩ませることになるかもしれない。とはいえ、「悪魔」のカードの意味は、どれもあまりよい意味ではないので、きっと質問者にとっては好ましくない結果なのだろう、と判断できなくもない。そのことから、「今のままでは結婚は難しいかもしれない」といった答えが導き出されることもあるだろう。

　「悪魔」のカードならまだしも、たとえばこれが同じ質問に対して、「正義」のカードが出ていた場合はどうだろうか。多くのタロット占いの本によれば、「正義」のカードは、「法的なこと」、「裁判」、「真理」といった意味が書かれている。すなわち、「正義」のカードも「悪魔」のカードと同じく、直接的に「結婚について」の質問と結びつくような意味は割り当てられていない。先ほどの「悪魔」のカードだったら、きっと「悪いんだろう」ということから、「結婚は難しい」という答えを作ることはできたが、「正義」のカードの場合は、なかなかそうもいかないだろう。そこで多くのタロティストは、これは「結婚できることを表しているのだろうか、それともできないことを表しているのだろうか」とカードを見つめながら、判断に迷うことも珍しくはない。

　以上は、通常の視点からのリーディングのプロセスの例を描いたものだ。カードの意味をもとにせず、絵柄から自由な連想を働かせて答えを得るタイプのスタイル（すなわち前述の②のスタイル）も、「質問からカードを眺める」という点では、図1-4の図式が当てはまる。つまり、リーディングにおける視点のポジションという意味では、こ

れらのスタイルは共通している。

　一方でこの後すぐに解説する本書でのスタイルは、図1-4の矢印とはまったく逆の視点を取る。「質問からカードを眺める」のではなく、「カードの視点から質問をリヴィジョンする（見直す）」というのが、第3のリーディングの視点のポジションの取り方だからだ。

　では、それがどのようなものなのか、次に説明してみよう。

■リヴィジョンとイメジャライズ

　今度は図1-5をご覧いただきたい。

　　　QUESTION　　　←　　　CARD

　　　　質　問　　　カードから質問を見る　　　出たカード
　　　　　　　　　　図1-5　〈リヴィジョン〉

　ここでは矢印が図1-4とまったく逆になっている。これは「質問の視点から」カードを見るのではなく、その逆で「カードの視点から」質問をリヴィジョンする、すなわち見直すというプロセスを示している。これこそが本書のリーディング・スタイルの要となる「リヴィジョン」という方法である。

　ここで前章の最初に説明したパースペクティヴというコンセプトを思い出してほしい。すなわち図1-5が示しているリヴィジョンというのは、それぞれのカードのパースペクティヴから質問を見直してみることなのである。

　では、先ほどと同じ「結婚できますか？」というような質問は、このやり方の場合、どのようなものになるのだろう。先ほどと同じように「正義」のカードが出た場合、どのような感じになるか、少し説明

してみよう。

　簡単にいえば、図1-5のように「正義」のカードの視点から「結婚できますか？」という質問自体をリヴィジョンする。このとき大事なのは、あくまで「正義」のカードのパースペクティヴから見ると、その質問者にとっての「結婚」というテーマが、どのようなものとしてイメージされるかということになる。

　ここで前に述べたように「イメージ」というのが、そもそも「～みたい」、「～ぽい」という言い方で表されるものだったということを思い出していただきたい。ということは、この場合のリヴィジョンは、「結婚」というテーマに関連する質問者の状況が、「『正義』のカードみたい」、あるいは「『正義』のカードっぽい」というようにイメージされることになるわけである。

　こういった質問者の状況を、カードのパースペクティヴからリヴィジョンし、イメージ化することを「イメジャライズ」と呼ぶ。そして、このイメジャライズこそが、本書のリーディングの目指すところなのである。

　実際にやってみるとわかると思うが、イメジャライズは、質問者に気づきや新たな洞察をもたらすきっかけとなる。このことについては後ほど、Ⅴ章のサンプル・リーディングのところで、具体的な事例を通して詳しく見ていくことになるだろう。

　以上、リヴィジョン、イメジャライズについて説明してきた。このスタイルのリーディングのためには、前述の①や②のようによく知られたタロット占いのスタイルとは視点を逆にする必要がある。従って、最初はなかなかその感覚自体がつかみづらいかもしれない。しかし一度、この視点の転換が行われたとき、わたしたちのイマジネーションのもとに立ち現れる世界は、その都度のカードのパースペクティヴに応じた多様な姿を見せはじめるだろう。

　次章のサンプル・リーディングでは、いくつかの実例を出しながら、それぞれのカードのパースペクティヴからいかに質問をリヴィジョンし、イメージ化するかを見ていくこととする。

V章 サンプル・リーディング

■リーディング・スタイル

　この章では、カードの実際的なリーディング例を紹介する。
　とはいえ、ここで扱うのは、他のタロット解説書の実例とは少し違っているかもしれない。Ⅳ章で説明したように、この本でのリーディングのスタイルは一般的な「カードごとの意味を、それぞれの質問に当てはめて答えていく」形ではないし、また「カードの絵柄から自由に連想を働かせて答える」形でもないからだ。
　「カードのパースペクティヴから質問をリヴィジョンする」のが、ここでのリーディング・スタイルである。そのリヴィジョンの結果、イメージされてくるもの（イメジャライズ）が質問への答えである。その答えは悩みに囚われている状態の質問者をその囚われから解放し、視点の転換を促すものとなる。
　このスタイルを具体的な形で示していくことが、この章の目的である。

　ただ、このリーディング・スタイルには「パースペクティヴ」「リヴィジョン」「イメラジャイズ」など、一般的なタロット・リーディングにおいて使われていない言葉が多い。これらを理解してもらうために、まずは「奇術師」から「教皇」までのカードを用いて、そのカードのパースペクティヴを要約したひとことから質問をリヴィジョンする具体例を示していくことにしよう。こうして「リヴィジョン」という作業に少し慣れてもらってから、さらに深いリーディングの段階を説明していく。
　なお、ここでのリーディングはすべてⅡ章で紹介した「フィフス・エレメンツ・スプレッド」の中央の一番上に出たカードを読む形を取っている。

■質問をリヴィジョンする①　「奇術師」のリーディング例

　まず、基本的なこととして、カードのパースペクティヴについての説明を、ここで少し繰り返しておく（詳しくはⅢ章を参照）。
　カードのパースペクティヴとは、そのカードの視点のことであり、そのカードの視点から見えてくる世界のことだ。
　古い話になるが、「photo is ……」というフレーズと共に、さまざまな写真が流れるカメラのコマーシャルをご覧になったことはあるだろうか？　この「photo is ……」というフレーズには「あなたにとって写真とはなに？」という問いかけが含まれている。その答えは人によって違うだろう。「写真は記録だ」という答えもあれば、「写真は芸術だ」「写真は思い出」「写真はコミュニケーションだ」など、さまざまな答えがあるはずだ。
　それは、人によって写真というものを違う視点から見ているからである。視点が変われば、答えも変わる。タロット・リーディングにおける「カードのパースペクティヴから質問に答える」というのは、この「photo is ……」の「……」にあたる述語部分を各カードの視点から述べるようなものなのだ。

　では、さっそく「奇術師」のカードで、この述語部分を述べる練習を開始しよう。

「奇術師」

「奇術師」のカードのパースペクティヴとは、「**存在自体に善悪があるのではなく、活用の仕方次第でその価値は変わる**」というものだった（Ⅲ章参照）。以下の質問に、このパースペクティヴから答えてみてほしい。

・薬はいいものか、悪いものか？
・お金はいいものか、悪いものか？
・競争はいいことか、悪いことか？

どうだろう？　今、あなたがこのカードの視点から質問を眺めているなら、これらの質問すべてに「**よくも悪くもない**」という答えが出せたはずだ。

薬もお金も競争も、マジックに使われるタネのようなもの。薬やお金は、使い方次第でよくも悪くもなるものだし、競争もやり方次第でいいことにも悪いことにもなるはずだ。「奇術師」のパースペクティヴは、このようにどんな質問にも当てはめることができるわけである。

では、もう少し占いの質問に近い以下の問いにも答える練習をしてみよう。

・この恋はうまくいくか？

もちろん、答えは同じである。それはやり方次第。その恋自体には、いいも悪いもない。うまくいくかいかないかは質問者のやり方次第で変わってくることだ。もし、わかりづらければ、その「恋」はマジックのタネのようなものだとイメージすればいい。その恋がうまくいくかどうかはマジシャン、つまり質問者の腕次第ということ。これが「奇術師」の視点からの答えである。

もし、あなたがうまく答えられなかったとしたら、それは「質問のほうからカードを眺める」という通常のやり方をしようとしたためだ

ろう。通常のやり方というのは、Ⅳ章で説明した「質問からカードを眺める」スタイルのことである。

　これを行うと、「恋がうまくいくか？」という問いに、「うまくいくだろう」か「うまくいかないだろう」のふたつの答えのどちらかをカードの意味から推測し、答えようとすることになる。だが、「いいか悪いか」という二分法で世界を区分けしようとするのは、この世を見つめるときのひとつの視点に過ぎないし、それは「奇術師」の視点とは明らかに違っている。

　「カードのほうから質問を眺める」というのが、この本のスタイルであることを忘れないでほしい。

　これを押さえたうえで、もう一度やってみよう。次の質問に「カードの視点から」答えてもらいたい。

　　　　　・転職したら、どうなるか？

　「その転職は薬やお金、マジックのタネと同じようなもの。その転職自体には吉も凶もない。その転職が満足のいくものになるか、よりよい働きができるかどうかは質問者次第だ」

　こういうふうに答えられたら、あなたはもうリヴィジョンのコツをつかんでいる。そのカードのパースペクティヴで質問を見直すこと。簡単にいえば、これが「リヴィジョン」という作業なのだ。

■質問をリヴィジョンする②　「女教皇」のリーディング例

今度は「女教皇」のパースペクティヴで、次の質問に答えてみよう。

・お金はいいものか？　悪いものか？

「女教皇」

先ほどの「奇術師」のパースペクティヴでこれに答えると、「それは使い方次第」ということになった。でも、この「女教皇」の視点から答えるなら「あなたがいいと思うか、悪いと思うかを大切にしなさい」ということになる。「**自分のなかにある絶対的な基準によって、常にものごとは判断されるべき**」というのが「女教皇」のパースペクティヴだからである。

もし他の人が「お金は最高にいいものさ！」と答えたとしても、あなたが「お金は人を狂わすものだ」と思うなら、それが正解なのだ。それはあなたのなかにある絶対的な基準から導き出された答えなのだから。

では続いて、次の質問に進もう。

・彼と別れるべきですか？

一般的なリーディングなら、この質問に「別れたほうがいい」、あるいは「別れなくていい」と答えるところだろう。それは、先ほどの

「奇術師」のところでも説明したように、質問の側からカードを眺めるやり方だ。

でも、カードの側からこの質問に答えるなら、「**それはあなたのなかにある基準に従って決めるべき**」ということになる。そういわれてもわからないようなら、「もし、別れるべきだ、といわれたら、どう感じるか？」を考えてみるといい。「そうかなぁ」と思いつつも、モヤモヤ、ムカムカとどこか腑に落ちない気分になるとしたら、Ⅲ章で説明したように、それは質問者が「その答えは間違っている気がする」と思っているからである。だとしたら、その質問者にとっての答えは「別れるべきではない」ということになるだろう。

どのカードが出たときにもいえることだが、リーディングで肝心なのは、質問にイエス、ノーで答えることではない。その質問に対して出たカードのパースペクティヴを質問者に返すことが大切だ。

「女教皇」のカードの場合は、「**その答えはもう、あなたのなかにあるはずですよ**」と指摘してあげるといいだろう。

■質問をリヴィジョンする③　「女帝」のリーディング例

「女帝」のカードが出たときは、「**無理をしたり、がんばったりする必要はない。あなたはありのままのあなたでいい**」というパースペクティヴを質問者に提案してあげればいい。ここで練習してみよう。

・彼と別れるべきですか

「女帝」

これは「女教皇」で使ったのと同じ質問だが、ここでもやはりイエス、ノーを答えようとする必要はない。「女帝」のパースペクティヴを質問者に投げ返してあげよう。たとえば「**無理をしてがんばる必要はない、とカードはいっていますよ**」と答えればいいだろう。

出たカードのパースペクティヴを伝えるのは、質問者にそのパースペクティヴで自分の質問を見直してもらうためである。質問者は自分で自分に最適な答えを見出すだろう。この場合なら、「ということは、無理に別れなくていいんだ」と考えるかもしれない。あるいは「だったらこれ以上、無理をしてつき合うのはやめよう」と思うかもしれない。答えは人それぞれでいいのだ。

けれども、このカードの「**ありのままのあなたでいいのだ**」というパースペクティヴを質問者がうまく飲み込めないと、「それってどうするのが正しいんですか？ わたしはどうするべきでしょう？」と聞き返されるかもしれない。特に、質問者が「がんばらなければならない」とか「正しい選択を人に教えてもらいたい」という視点に強く囚われている場合、「女帝」の視点は受け入れるのが難しい。

そういうときは、あなたが「女帝」になったつもりで、質問者のかたくなになっている視点をほぐしてあげよう。

「バカンスに出掛けているときみたいに、あるいは、赤ん坊に戻ったみたいに、なんにも考えないでリラックスしてみましょう。どうするべきか、そんなことは考えないでいいんです。あなたが楽になれる道を進めば、それでいいのでは？」

このように、「女帝」の視点を示してあげれば、質問者は現状を見直すことができるようになるかもしれない。

・どうすれば出会いがありますか？
・天職はどうしたら見つかりますか？

こんな質問には、なんと答えればいいだろうか。具体的な方法をあなたが考える必要はない。それは質問の側からカードを眺めて、適切な意味を見つけようとすることだからだ。

どんな質問でも、ややこしく考えず、カードのパースペクティヴをそのまま提示しよう。「**自分を変えたり、無理にがんばったりする必要はない。ありのままの自分で、ただ待っていればいい**」というのが「女帝」の視点から見たリーディングの回答である。

■**質問をリヴィジョンする④　「皇帝」のリーディング例**

「自分自身こそが自分の運命の支配者なのだ」という「皇帝」のパースペクティヴで質問に答えてみよう。

・天職はどうしたら見つかりますか

「皇帝」

先ほどの「女帝」の視点からこの質問を見た場合、「ありのままのあなたで待っていればいいのでは」という答えがでた。そこには「待っていれば運命の導きがあるだろう」というような響きもある。

でも、「皇帝」の視点から答えるなら、「**求めるものを与えてくれるのは運命ではない。ものごとを決めるのはあなた自身だ**」ということになる。

「天職」というものがどこかであなたを待っていて、運命がそれに巡り合わせてくれるという視点からものごとを見るのではなく、自分が天職を選ぶのだというふうに考えてみよう。「これを自分の天職としよう！」という意志こそが今、必要なもの。どの仕事を選ぶのかは質問者の自由だが、どの仕事であれ、コツコツと努力することなく、それを「自分のモノ」にすることはできない。でもこの質問者には天

職を選ぶ自由がある。ものごとを決めるのは運命ではなく、本人の固い意志なのだから。

このカードでのリヴィジョンのポイントとなるのは運命論に縛られた視点を打ち破ることだ。「定められた運命がある」と決めつけている視点からの質問には、それに引きずられないようにしたい。これは「他人に自分の運命を握られている」と思い込んでいる以下のような質問も同様である。

　　　・この人と結婚したら幸せになれますか？
　　　・この仕事で成功できますか？

これらの質問は、他人任せ、運命任せの響きがある。この人はわたしを幸せにしてくれるか？　この仕事はわたしを成功に導いてくれるか？　つまり、この質問者は相手や仕事に自分の運命をゆだねてしまっているように聞こえる。

でも、「皇帝」の視点から見れば、相手があなたを幸せにしてくれるわけでもないし、その仕事があなたを成功に導いてくれるわけでもない。

「あなたを幸せにするのはあなた自身。あなたを成功に導くのもあなた自身。どんな恋でも、どんな仕事でも、あなたがその状況を常に支配していこうとすれば、幸せや成功を手にすることができるはず」。

こうした視点を質問者に与えればいいだろう。

■質問をリヴィジョンする⑤ 「教皇」のリーディング例

「教皇」のパースペクティヴとは「**信じることが先であり、そこからすべてははじまる**」というものだ。自分の進んでいる道が正しいかどうかがわからなくても、まずは進んでみる必要があることを、このカードの視点は示している。

では早速、以下の質問に答えてみよう。

・彼のプロポーズを受けていいですか？
・この仕事に就いても大丈夫ですか？
・習いごとをはじめようか
　迷っているんですが……

「教皇」

新たな状況に飛び込むことへのためらいを含むこうした質問には、すべて同じように答えることが可能だ。失敗を恐れず、「**まずははじめてみること。よき未来が待っていると信じてみること**」。それが今の段階では必要なことだというのが、このカードの視点からの答えになる。

それでは、以下のような質問はどうだろう？

　　　　・天職はどうしたら見つかりますか？

これは「女帝」と「皇帝」のリヴィジョン例でも使った質問だ。もちろん「教皇」の視点からリヴィジョンするときも、「どうしたら見つかるか」という具体的な方法をカードの意味に照らし合わせて見つけようと苦労する必要はない。

このカードの視点から質問を見直してみれば、この質問者は今、学びの段階にあるはず。カードの絵柄を、質問者の状況をあてはめてみるとわかりやすいだろう。教皇の教えを聞いている後ろ姿の信者らし

き人。これが今の質問者の立場である。このような学びの段階で大切なのは考えることではなく、与えられた指図を正しいと信じて、まずそれを吸収することだ。目の前にある仕事をこなし続けること、そこから学び続けること。それこそが天職に辿り着くために必要なことであると、このカードがいっているように見えないだろうか。

　さて、ここまで5枚のカードを例にして、「カードのパースペクティヴを要約したひとことから質問をリヴィジョンする」具体例を示してきた。だが、この本のリーディング・スタイルの最終段階は、パースペクティヴを要約したひとことに頼らなくても、カードの絵柄からイメージされてくるものに現状を重ねる「イメジャライズ」という地点にある。
　ここまでの説明ではこの「イメジャライズ」という言葉を使わずにきた。それは複数の耳慣れない単語を一度に使うと、混乱するかもしれないと考えたからである。
　だが、ここまでのリーディングにも、イメジャライズは含まれている。たとえば、「奇術師」のリーディング例では「その『恋』はマジックのタネのようなものだとイメージすればいい」と書いたが、これがイメジャライズということなのだ。つまり、イメジャライズとは簡単にいえば、現状をカードの視点のイメージで捉えるということである。
　次の例では、この「イメジャライズ」を意識してリーディングを進めていくことにする。

■質問をリヴィジョンする⑥ 「恋人」のリーディング例

　では、さっそくパースペクティヴを要約したひとことからではなく、カードの絵柄からイメージされてくるものを頼りにリヴィジョンをやってみよう。例として扱うのは、以下の質問に「恋人」のカードで答える例だ。

・今の仕事を続けたほうがいいか？

「恋人」

　まず「恋人」のカードの絵柄を見てほしい。そこに描かれているのは、ふたりの女性のあいだに立たされている男性と、その頭上で弓を引くクビドーの姿である。
　Ⅲ章の説明を思い出してほしい。この男性は「意志」の求めるものと「心」惹かれるものとのあいだで迷っているわけだ。そんな彼の頭上にいる「心」を暗喩しているかのようなクビドーの存在は、最終的には彼が心惹かれているものに逆らえないことを示している。
　では、この質問をした人の現状を、このカードの絵柄のイメージで捉えてみよう。質問者は今、意志と心の葛藤状態にあるこの男性のような状態にあるはずだ。でも最終的に心が惹かれるものには逆らえそうにない。そんな状態が浮かんでこないだろうか。「**自分の意志で進むべき道を選び、そこに進もうとするのではなく、心が導く方向に従っていくしかない**」。これが、このカードの視点から見た質問への答えだ。

　さて、この答えはカードのパースペクティヴを要約したひとことからでも同じように導きだせるものだ。けれども、あえてここで絵柄の

説明を入れたのは、質問者に自分の現状をカードに描かれていることに重ね合わせてイメージ化してもらうためだ。
　質問にひとことで答えてあげることも大切だが、それでは質問者がその答えを受け入れられないこともある。そんなときこそ、このイメジャライズ（つまり、質問者の現状をカードのイメージで示すこと）が役立つ。たとえば次のようにいってみるといい。

　「このカードの真ん中の男性はね、ふたりの女性のどちらを選ぶか迷っているところなんです。ひとりは、『こちらの女性にすべきだ』と彼の意志が考えている女性。もうひとりは『でも、こちらの女性に心が惹かれてしまう……』と感じる女性です。今のあなたも、この男性のように、『こうすべき』と思うことと、『こうしたい』と思うこととのあいだで揺れているのでは？」

　このように、カードの絵柄に質問者の状況を重ね合わせて話すと、質問者は自分の現状を、今タロティストに話してもらった視点から眺めはじめるはずだ。つまり、それは「恋人」のカードの視点である。そして、その視点から自分の質問を見直しはじめるだろう。要するに、質問者自体もワークによって自分の状況をリヴィジョンしはじめるわけである。
　すると、たとえば次のような話になっていく。

質問者：「そうですね、今の仕事よりやりたい仕事はあります。でも、今の仕事をやめるべきじゃないとも考えていますから、それは確かに当たっています。でも、どうすればいいですか？」
タロット・リーダー：「このカードの上にはクビドーがいるでしょう？　これは恋の神様とかキューピットなどと呼ばれる存在で、このクビドーの矢を射られると、人は勝手に恋に落ちるんです。つまり自分の意志ではなく、心が惹かれたほうに向かってしまうことになるんです」
質問者：「じゃあ、やりたい仕事に進めるということですか？」
タロット・リーダー：「進むことができる、というより、進まずには

いられなくなる、といったほうがいいかもしれませんね」
質問者：「つまり、今の仕事を続けないほうがいいんですね？」
タロット・リーダー：「あなたの心が惹かれる仕事じゃないんですね、今の仕事は？」
質問者：「心が惹かれているのは……違う仕事です。確かにわたしはそっちをやりたいんだと思います。どうして今まで真剣に考えなかったんだろう」
タロット・リーダー：「今まさにあなたは分岐点に来たんじゃないですか？　このカードの男性みたいに」
質問者：「そうか、そうですね。今が分岐点なんだって気がしてきました」

　このように話していくうちに、質問者は自分の状態を、どんどんカードの視点から捉えられるようになるはずだ。イメジャライズとはこのように質問者の視点の転換を促すものなのである。

■自分のことを占う①　「戦車」と「隠者」のリーディング例

　ここまでは、架空の質問者を想定したリーディング例を書いてきたが、今度は自分自身のことを占う例を示すことにする。

　「自分自身のことは他人のことより占いづらい」という話をよく耳にする。その理由として多いのは「主観が入ってしまうから」という意見である。自分自身のことは客観的に見られないということだろうが、それだけではないはずだ。
　どういうことかは、とりあえず次の例を見てほしい。

・この恋を続けたほうがいいかどうか？

「戦車」

これがあなた自身の質問だとしよう。結果には「戦車」が出たとする。

普通のリーディング・スタイルなら、「これは勝利を意味するカードだから、この恋を続けた場合、いい結果になりそうだ！」などと読むかもしれない。

だが、結果が「隠者」や「死」「悪魔」といったネガティヴなタイトルのカードだと、たちまちリーディングにキレがなくなる。「あまりよくないカードのようだから、この恋は続けないほうがいいようだ」と考えて、納得する人もいるだろう。だが、そのように自分の未来について悲観的な結論をリーディングで出すのは勇気がいるものである。だからなんとかして、そのカードのポジティヴな意味を探ろうとしたり、日を置いて占い直してみようと考えてしまいがちになる。「自分で占うと、結果が読みづらい」という感想が出てくるのは、こんなときではないだろうか？

ポジティヴな意味が出れば問題ないが、ネガティヴな意味を含むカードだと読みづらい、という人は、この本のリーディング・スタイルを是非とも取ってみてほしい。吉か凶かをカードから読むのではなく、「カードの視点で問題を捉え直す」ということを意識して、リーディングに臨むようにするのがポイントだ。

では、実際に「戦車」が出たら、どうリーディングするか？　カードの絵柄になにが描かれているのかを思い出し、そのイメージを自分の現状だと考えればいい。

「戦車」に乗っているのは「未知の冒険に出て、帰ってきたヒーロー」だ。彼がヒーローなのは、戦いに勝利したからではない。どういう結果になるかわからない冒険に勇敢に挑戦したその行為こそが、彼のヒーローたるゆえんである。

このヒーローに自分を重ね合わせてみよう。あなたも今まさに先の見えない状況に置かれているはずだ。その恋を続けてみるのは、冒険のようなもの。うまくいく保障はどこにもない。むしろ、ここで止め

ておいたほうが傷つかずに済むかもしれない。だが、このカードが示している視点とは、**「結果ではなく、やってみるという行為、挑戦こそが大事」**というもの。今のあなたは、冒険の途上にいるヒーローなのだ。「その恋を貫いてみること」。それが今のあなたにとって、なによりも大切なことだと、カードがいっているように感じられないだろうか？

次に、同じ質問で「隠者」が出た場合をリーディングしてみよう。

・この恋を続けたほうがいいかどうか？

「隠者」

このカードに描かれているのは、周囲が当たり前と思っていることに疑問を感じ、世間から身を遠ざけている隠者の姿である。今のあなたも、この隠者のような状況、心境なのかもしれない。今までは「これでいい」と思っていたことに疑問を感じるようになっていたり、なにが真実か、なにが幸せなのかがわからない気分になっていたりするのだろうか。では、**「自分にとっての本当に価値あるものを見つけるには、人と距離を置き、ひとりで探求してみるべき」**という隠者のパースペクティヴから、質問を見直してみよう。その恋を続けたほうがいいかどうかは、いくら人に聞いても納得のいく答えは出ないかもしれない。それは、自分自身でゆっくりと考えて、決めるべき問題なのだろう。少なくとも、「戦車」が示す視点のように、「とにかくやってみよう！」というイメージは、このカードの絵柄からは微塵も感じら

れないはずだ。

■自分のことを占う②　「正義」のリーディング例

　吉か凶かを読み解こうとしてタロット・リーディングを行うと「自分を占うのは難しい」ということになりやすい。こうした問題も、このリーディング・スタイルならうまくいく、という話を先ほどの例では示した。ここでは、その反対に「他人に占ってもらうときの難しさ」について考えてみたい。

　タロティストのところに占いに行く前に、自分の質問を要領よくまとめることに苦心した経験はないだろうか。自分の置かれている状況がややこしく感じられるほど、「なんと説明しようか？」「どういう質問をすれば、的確な答えをもらえるだろう？」といったことに頭を悩ませる質問者は多いはずだ。
　また、最近のタロット解説書には「質問を絞ることが大切」と書かれているものが多い。あいまいな考えのままにカードを引くとリーディングが難しくなる、と考えているタロティストはかなり多いようだ。
　これらのことから思い浮かぶのは、占ってもらうほうも占うほうも、共に「キチンとした質問を立てなければ、正しい答えは返ってこない」という考え方が浸透しているらしいということだ。
　だが、この本でのリーディング・スタイルにおいては、的確な質問を用意する必要性はまったくない。もちろん、カードに問いかけたい質問がハッキリと決まっているなら、それでいいのだが、うまく質問がまとまらないなら、その状態のままでワークを開始しよう。これでも十分に成り立つのが、このスタイルの強みなのだ。
　では、そのリーディング例を、「正義」のカードを使って紹介してみることにする。

今、あなたが漠然と抱えているのは、恋の悩みだとしよう。状況は複雑だ。あなたには恋人がいる。だが、その恋人との関係には、いろいろとうまくいかない点が増えてきている。他に少し気になる異性もいるのだが、恋人と別れてまで、その相手に向かいたいという強い気持ちではない。
　「恋人がもう少し、自分のことを考えてくれるようになったらいいのに」と思う。でも、そんな自分がワガママなのだろうか？　それとも、そもそもふたりの相性が悪いのだろうか？　だったら、他の人とつき合うほうが幸せになれるのかも。それにしても気になる相手は、こちらのことをどう思っているのだろう……。
　次から次へと疑問が浮かぶ、このような状態でワークをした結果、出たカードが「正義」だったとする。
　このカードには「等しさ」を量るための天秤と、感情や憶測といったあいまいなものを切り捨てるための剣を持った「正義を成す人」が描かれている。まず、今のあなたを、この絵柄の人に重ね合わせてみよう。
　今のあなたは、正義を成そうとする裁判官のようなものだ。裁判官の仕事は、目の前の現実を冷静に見つめ、感情に流されることなく、正しい判断を下すこと。
　「恋人が変わってくれればいいのに」という願望は、ここでは切り捨ててしまおう。「気になる彼の気持ち」を憶測することも、「正義」の視点から見れば無意味なことだ。事件の当事者のような主観的な視点で自分の現状を見るのは止めてみたほうがいい。客観的なジャッジの目線で、恋人や気になる相手、そして自分自身を見つめ直してみること。そういう必要があると、このカードは告げているのではないだろうか？
　「努力に見合う結果を与えられて当然だ」というのが「正義」の視

「正義」

点である。恋人に尽くしているのに見返りがないと思うなら、正当な要求として、彼に「もっと大切にしてほしい」といってみてはどうだろう。一方、気になる異性に対しては、なんのアプローチもしていないのだから、相手からの反応がないのも当然のこと。もし、その相手と恋をしたいなら、それなりのアクションを起こさなければならないだろう。

　このように、自分の悩み、現状を今までとは違う視点から見はじめると、今までは考えつかなかったことが浮かんでくるものだ。「どうしたものかわからないけれど、とにかく現状に悩んでいる」という状態から、抜け出す一歩を与えてくれるもの。それが、ここでのリーディング・スタイルなのである。

■同じ質問を占い直す時期について
「運命の車輪」のリーディング例

　同じ状況、質問をタロット・ワークで占い直すとしたら、いつが最適か？　これについてのタロティストの意見で多いのは、次のようなものだろう。
　「同じことを繰り返し占うことは避けたほうがいい。なにか状況に変化が起こってからにすべきである」
　でも、状況に変化が起こったかどうかは、どうやって決めればいいのだろう？　それこそが難しい点だ、と感じる人は多いはずだ。
　だが、はっきりとした質問を定めないスタイルなら、こうしたことに悩む回数も減るだろう。わたし自身のワークを実例に、それはなぜかを紹介してみよう。

この本の執筆が難航し、完成予定がどんどん遅れていたとき、わたしは「どうしたものか……」と頭を抱えていた。「気合が足りない！」と自分を責めたり、「本の内容をもう少し簡潔にしようか」と考えたり、「急な予定が入ってくるから悪いんだ！」と人のせいにしてみたり。いろいろな考え、感情が浮かぶが、解決策は見当たらない。

　ふと、それについてタロット・ワークをしてみることを思いつく。的確な質問は作らず、自分の仕事の現状について、というおおざっぱな問いでワークを行ってみた。

　そこで出たカードは「運命の車輪」。

「運命の車輪」

「あーだ、こーだと考えても仕方ないか」というのが、このワークをしたわたしの感想だ。

「なるようにしかならないんじゃないの？」と、このカードはいっている気がしたからである。今の自分は、このカードの車輪の周りをグルグル回っている獣のようなもの。そう思うと、あがく気持ちは失せ、とりあえず自分にできる範囲のペースで、コツコツと書き続けることに集中できるようになった。

　数週間後、望みどおりの他の仕事が突然、幸運にも回ってきたときも、わたしの頭のなかには、このワークの結果が残っていた。そのため、この出来事もわたしは「運命の車輪」の視点から眺め、「うまくいくものは放っておいてもうまくいくものだな、本当に」と思ったし、相変わらず進んでいない執筆のほうは「こっちはうまくいかないなぁ。がんばってはいるんだけれど……」と、ため息をついただけだった。「運命の車輪」のパースペクティヴから見れば、努力と結果が釣り合うとは限らないわけだから、こういうことも十分に起こりえると納得がいったのである。

だが、その数日後には、そんな悠長な気持ちは消えはじめる。新たに入ってきた仕事が予想以上に時間を割くものとわかり、それに手をつけたら、本の執筆がますます遅れるに違いない、と思えてきたのだ。
　再び、気持ちが混乱してきた。「こっちの仕事はやはり断るべきか？」「執筆のスピードを上げる方法はないか？」「それにしても疲れた。少し休みたいのに……いや、そんなことをいっている場合じゃない！」というように、思考も乱れてくる。どうやら「運命の車輪」が与えてくれた視点から自分の状態を見つめるのは難しくなってきたらしい。そこで、ようやく再びワークをしてみることに決める。それが自分には必要だと感じたからである。

　つまり、わたしにとって同じ問題（ここでは、おおざっぱな仕事全般について）を占い直すのは、その必要性を自分が感じたときだということ。それを伝えるために、これを書いた。
　あなたもわたしと同じようにすべきだとは思わない。それについては、自分のスタイルを少しずつ見つけていけばいいだろう。ただ、有効だろうとわたしが思うのは、その問題に対する自分の視点が定まらなくなってきたときだ。前回のワークで得た視点では現状を見つめづらくなってきたときや、「この状況をどう捉えればいいのだろう？」と感じるようになってきたときは、特に現状に変化がなくても再びワークをしてみればいい。新たな視点をカードが与えてくれるはずだ。

■定まった質問と定まっていない質問

　質問がハッキリしていない場合のリーディング例をいくつか見てきた。ここからは再び「聞きたいこと」が定まっている場合のリーディング例に戻りたいと思う。
　その前に、「質問がハッキリしないとき」と「質問が定まっているとき」の違いはなにかを考えてみたい。

　まず、前者について考えよう。さまざまな思いや複雑な状況がからまっていて、質問を定めるのが難しいときというのは、「自分の現状をどういう視点で捉えていいかがわからなくなっている状態」なのではないだろうか。言い換えれば、「この状況は自分にとって○○である」という、○○の部分を埋める言葉、イメージが浮かんでこない状態といえるだろう。
　こういうときに行うタロット・ワークは、この○○という部分を埋めるパースペクティヴを質問者に提供してくれるものとなりえる。
　ワークで定まったパースペクティヴを得れば、質問者は現状をその視点からフォーカスして見つめることができる。それによって思わぬ解決策が浮かぶこともあれば、なにかが吹っ切れることもあるだろう。いずれにしても、モヤモヤした心境からは抜け出せるに違いない。「正義」や「運命の車輪」のリーディング例で示したのが、これに当たる。

　これに対し、「質問が定まっているとき」というのは、どういう状態だろうか？　たとえば、ある人が仕事がうまくいかないことに悩んでいるとする。「上司が変わってくれれば」「自分もガマンしなければ」「ああ仕事が嫌だなぁ」など、いろいろな思いがしばらくは浮かぶ。だが、なんともいえないモヤモヤした心境がやがて「もう辞めようかなぁ」という思いに集結していき、それがだんだん強くなっていく。
　この時点で、この人は自分の現状をすでに固定的なパースペクティ

ヴから見つめはじめているのがわかるだろうか？　モヤモヤしていたころは、まだ定まっていなかった視点が、仕事を辞めることを考え出したころから、「辞めるべきか、続けるべきか？」という視点に固定されてしまったわけだ。

　こういう状態で行うワークは、質問者に今とは違う視点を与えるものとなる。仕事を辞めるべきか、続けるべきかを答えるというより、その問い自体を見直すキッカケを与えること。それがワークのポイントだと考えたほうがいいだろう。

　だが、固定した視点に囚われているときのわたしたちは、他の視点を受け入れるのが難しいことも多い。そんなときは、まず今、質問者が囚われている視点はなにかを考えてみるといい。

　これをワークの前段階や途中で行えば、違う視点を受け入れるのが楽になることもあるはずだ。その例を次に挙げてみよう。これはここまでの上級編ともいうべきリーディング例である。

■質問者が囚われている視点を考える　「神の家」のリーディング例

　ここでのリーディング例と、ここまでの例との違いは、「その質問がどういう視点から下されているか」を考えながら進める点にある。どういうことかは、以下の質問を実例として示しながら説明しよう。

　　　・彼と別れてよかったのか？

　これは、恋人に別れを告げたあと、それについて占ってほしいと求めてきた女性からの質問だ。

　つき合っていたときは、さんざん彼に振り回されていて、悲しい思いもたくさんした。だから、自ら別れを決めて実行したが、まだなんとなく「それが正しかったのか」と考えてしまう。それでワークを試してみようと、彼女は思いたったらしい。

　ワークに出たカードは「神の家」。

最も簡潔にいえば、「**その出来事をただあるがままに受け止めて、次に進む**」というパースペクティヴを示すカードだ。「もう振り返っても仕方ないんじゃない？」と、カードはいっているように見える。

ひとまず、それを伝えてみるが、彼女はこのワークの結果にスンナリとは納得できない。自分の決断が正しかったのかどうか。それを知りたい気持ちに今の彼女は囚われているし、それがわかるまではスッキリできない、先に進めないと、彼女は思いこんでいる。

「神の家」

このときの彼女は、どういう視点で「恋人との別れ」を見ているのだろう？　これが、ここで考えてみようとしている点だ。22枚の大アルカナが示す22のパースペクティヴ。そのなかのどのパースペクティヴが、彼女の視点に近いだろうか？

たぶん、これは「正義」のパースペクティヴである。自分の行いは客観的に見て正しかったのか。今の彼女はこの問いを秤に載せ、イエスなのかノーなのか、あいまいな部分を剣でバッサリ切り落としたかのような、きっぱりした答えを欲しているのだ。

それがいいとか悪いという問題を、ここで語りたいわけではない。そうではなく、「正義」のパースペクティヴから現状を見ている今の状態を少し変えてみてはどうか、ということを彼女に伝えたいのだ。

もう一度、改めて「神の家」のカードのパースペクティヴでリヴィジョンし、現状をイメージ化してみよう。今の彼女は、この絵柄の神の家から落下していく人間のようなもの。神の家に一撃を与えているのは、誰かが与えた罰や、誰かの起こした不始末などではない。それはいわば天災なのだ。今、彼女は「自分が決断を下したから、ふたりの関係は崩れ去った」と考えているし、「自分には他の選択肢（別れないという決断）もできたはず」と思うのだろうが、このカードのイメージから見直せば、「ふたりの関係が崩れ去ったのは、天災に襲わ

れたがごとく、避けられないものだった」ように見えてくる。
　このカードがもたらすイメージを聞いた彼女は、「確かにそうかもしれない」といい出した。
　「結局、わたしたちはいつか別れるしかなかったんだろうとも、確かにときどき考えることはあります。わたしのほうが切り出したのも、わたしの決断というより単に、もうふたりの関係が限界に来ていたせいなのかもしれません。……ただ、他にもできることがあったんじゃないかって、別れを切り出す以外に、自分にできることはなかったんだろうかって。最近は、そればかり考えてしまうんです」
　自分が囚われていた視点に気づきはじめた彼女に、最初と同じ言葉をもう一度、かけてみる。
　「でも、もう振り返っても仕方ないんじゃない？」
　「そうなんですよね。結局、もう終わってしまったんですもんね、彼とは……。前を見なきゃいけないかな。だってわたし、そのために別れたんですから！　そうですね、振り返るのはやめてみます。少しスッキリしました」

　彼女がスッキリしたのは、自分が聞きたかった答えを聞けたからではないのは確かだ。でも、違う視点から自分の状況を捉えてみたら、いろいろなことに納得がいったのだろう。

　ワークにおいて、「質問者の聞きたがっている答えを出さなければ」と焦り、カードから無理やり答えを引っぱり出そうとしがちな人は、このリーディング例を心に留めておいてほしいと思う。カードのイメージを誠実に伝えること。それを目指せば、たとえそれが質問者の望む答えになっていなくても、ワークの結果は質問者にとって、きっと価値あるものになるはずだ。

■その他のカードのリーディング・ヒント

　最後にここまでの例で紹介できなかったカードについて、リーディングのヒントや注意点となることを挙げて、リーディング例を締めくくることにする。それぞれのカードについて書いたヒントや注意点は、他のカードが出たときのリーディングでも参考になることがあるかもしれない。

「力」

　自分よりも明らかに強い存在であるライオンに、ひるむことなく向き合っている女性。その姿に、自分（あるいは質問者）の現状を重ね合わせてイメジャライズを行ってみるといいだろう。「ライオンのような自分より強い存在を前にしても、逃げ出すのではなく向き合うこと。今は、そういう強さが必要な状態なのだ」と気づけば、現状を突破するカギが見つかるだろう（コラム『「力」のパースペクティヴの日常例』（P63）を参照）。そういうイメージで質問を見直してみるといい。

「吊るされた男」

　宙吊り状態で、手も足も出ない状態に置かれているのが、このカードのもたらすイメージ。リーディングでは、自分（あるいは質問者）の現状は、そういう感じなのかもしれないと考えてみるべき。そうすれば、今はあがいてみても仕方がないということを気づけるかもしれない。それが質問の解決策にならないとしても、そもそもこのカードは「身動きできない現状に気づくしかない」というパースペクティヴを示すもの。事態を静観するというのも、悩みに対する対処法のひとつであるはずだ。

「死」

一般的には不吉な意味合いを与えられがちなカードだが、「死」のカードをリーディングする際の注意点は、コラム『「死」のパースペクティヴの示し方』（P71）に書いたとおりである。「かけがえのないものを失えば、すべてがバラバラになってしまうのだ」という視点を質問者に投げかけてみれば、質問者はコラムのリーディング例のように、現状を違う視点から見られるようになるだろう。

「節制」

　このカードのパースペクティヴが受け入れづらいのは、早く結論を出したいのに、中途半端な状態に置かれているのが苦しいときである。それについては、コラム『「節制」のパースペクティヴの大切さ』（P75）でも書いた。

　このカードが示す「ふたつの選択肢を混ぜ合わせたところに答えがある」というパースペクティヴが受け入れづらいときは、「その結論は今すぐ出さずに保留にしておくこともできる」という視点を質問者に提供してみるといい。イエスかノーかの答えしかないと考えてしまっている質問者は、その中間点である「ほどほどに」という視点を忘れているものだ。

「悪魔」

　腐れ縁とか、悪いものに引きずられる、といった意味が一般的に広がっているカードだが、そういう解釈はひとまずしないこと。「今の状態は、半分人間、半分獣として書かれた、この絵柄の悪魔のようなもの」というパースペクティヴで現状を捉え直してみるといい。このカードにはⅢ章でコラムをつけなかったので、補足としてここに簡単なリーディング例を、タロティストと質問者の会話として載せておく。

質問者：「今、関係がある異性とのことを占ってほしいのですが」
タロット・リーダー：「今のあなたは、この絵の男でありつつ女でもある悪魔のように、すべてが中途半端な状態にあるのかもしれませんね」
質問者：「やっぱりわたしがまだ以前からの恋人と完全に別れていないせいですよね。だから、彼もわたしに中途半端な態度を取ってくるんですね。でも、別れるのがすごく難しい状態なんです。どうしたらいいんでしょう？」
タロット・リーダー：「あなたは今この絵の、悪魔の鎖が首にくくりつけられた人間みたいなものなのでしょう？」
質問者：「そのとおりです。でも、どうしたら抜け出せますか？」
タロット・リーダー：「今はハッキリさせたくても、できないんじゃ

ないですか？」
質問者：「そうですね。わたしからはできません。待つしかないかな、どちらかの彼がなにかいってくるのを……。自分はなにもできないんだから、それしかないですよね」

　このリーディング例でも、解決策は出なかったが、質問者はそれなりに納得している。とりあえず自分の状況を改めて見定められたおかげで、この質問者は腹をくくれたのだろう。
　もし、通常のリーディング・スタイルのように「腐れ縁を断ち切らなきゃダメね」という答え方をしたら、質問者に「どうやって断ち切ったらいいんですか？」と聞かれても、カードに答えは見つからないだろう。そういったときに、タロティストのなかには「もっと精神的に強くならなきゃ」とか「あなたは意志が弱すぎる」などと、一般論をいい出す人もいる。だが、それはもはやリーディングを超えた、そのタロティストの考えを述べているに過ぎない。質問者は、そんなことはいわれなくてもわかっているだろうし、その手のアドバイスなら、ただの友だちでもしてくれるだろう。タロット・ワークでは、あくまでカードのパースペクティヴを語ることを心がけてほしい。

「星」

　もしあなたが、これまで一般的なカードの意味を覚えてリーディン

グするスタイルを取っていたなら、このカードは注意が必要だ。なぜなら、「星」のカードでよく提示されている意味は「希望」というもの。質問に対して、「希望はある」と答えるのは、この本で示している「星」のカードの視点をゆがめるものとなってしまいかねない。
　恋にしても仕事にしても、希望があるならがんばる、という姿勢は純粋とはいえない状態だ。「なにかのためにではなく、純粋に、ただその行為を行うこともできる」というパースペクティヴを忘れないように。よく理解できなければ、もう一度、Ⅲ章の「星」のページを読み返してみるといいだろう。

「月」————————————————————————

　このカードのパースペクティヴとは、どこまでいってもわからないものはわからない、という不確定さを示すものである。先の見えない状況から抜け出したい気持ちに質問者が囚われている場合は、「それは、まるで闇に向かって遠吠えする犬のように無意味な行動だ」というように、このカードのイメージを伝えてみるといい。無意味な行為を止めて、自分にできることに専念するうちに月夜は明けていくかもしれない。

「太陽」

「対立する選択肢」を象徴する双子。その上に降り注ぐのは、あらゆる境界線を見えなくしてしまうような、まぶしい太陽の光。このカードは、これまでの自分（あるいは質問者）が「こうであるはず！」と思い込んでいた固定観念が取っ払われていくかのような状態を示している。「思い込みを捨てることで、考えもしなかった可能性が開けてくる」ということを、このカードは質問者に伝えようとしているのだと考えてみてもいいだろう。

「審判」

廃墟が再開発で蘇るように、あるいは着なくなった洋服がリフォー

ムで生まれ変わるように、死んでいたもの、無意味になっていたものが息を吹き返し、新たな意味を帯びて蘇ってくるイメージを、このカードは表している。そんな視点から現状を捉え直してみるといい。それによって、過去の出来事や自分の現状に対して、これまでとは違うジャッジ（判定）を下せるかもしれない。

「世界」

気まぐれな運命を象徴する女神が描かれたこのカードを引いたときは、まさに今、運命の女神が自分に微笑もうとしている瞬間をイメージしてほしい。たとえるなら、それはチェスにおけるチェックメイトのときや、将棋における王手のときのイメージだ。つまり、これまでの駒が、すべてこの瞬間の勝利のために配置されてきたことを感じ取る瞬間である。そんなイメージで、イメジャライズを行って現状を捉え直してみよう。

「愚者」

　このカードについては、リーディング例の総まとめの意味を込めて、以下に実際のリーディングの会話例を載せたので、これをヒントにしてもらいたい。この本のリーディング・スタイルがどういうものかをさらに具体的に感じていただけるだろう。
　リーディングを行う側がいかにして質問者にカードのイメージを提供し、現状をそのイメージで見直すように促していくか、という意味でも、これは参考になる一例だろう。
　会話中には、タロティストが「質問者が今、囚われている視点」を他のカードを見せることで示すシチュエーションも出てくる。それが質問者にどういう効果を示すかも実感できるはずだ。

　「好きな女性がいるんですが、彼女とどうなるか占ってください」
　これが質問者からの依頼である。ワークに出たのは「愚者」のカードだ。

タロット・リーダー：「その質問の答えは聞いても意味ないかもよ。そんなのどうでもいいかもっていう感じのカードだから、これ」
質問者：「え、ちょっとふざけないでくださいよぉ。オレ真剣に知りたいんです。かなりいいところまで進んではいるんですよ！　ただ、どうも彼女の気持ちが読めなくて。向こうは真剣なのかなぁ……」

タロット・リーダー：「んー、そういうの、どうでもいいんじゃない？　というカードなんだけれどなぁ」
質問者：「いや、だから、どうでもよくないんですって！」
タロット・リーダー：「でもね、たとえば明日、あなたが他にもっとステキな子に出会ってしまって、その子とすぐに両思いになれちゃうとしたら、どう？」
質問者：「ええっ！　そうなんですか！　ホントに？！　え、どんな子ですか？」
タロット・リーダー：「ほら、どうでもよくなったでしょ？」
質問者：「は？　あ、騙したんですか？　ヒドイー！！」
タロット・リーダー：「いや、騙したんじゃなくて、たとえばそういうことが起こったら、今の悩みはどうでもよくなってしまうかもしれないじゃないっていう話。このカード見て。ほら、これ道化師だよ」
質問者：「道化師ってお笑いみたいなヤツですか？　えー、オレ笑われてるわけ？」
タロット・リーダー：「あなたが笑われてるんじゃなくて、あなたのその悩みが笑われているというか……」
質問者：「アホちゃうか？って感じですか、もしかして」
タロット・リーダー：「あはは、まぁ、そういう感じかな」
質問者：「えー、なんでだろう？　明日、出会いが本当にあれば許すけど、そうじゃないなら、ちょっとやってらんないよなぁ」
タロット・リーダー：「うーん、そうだよねぇ……。さっき、彼女の気持ちが読めないっていってたっけ？」
質問者：「そうなんです。っていうか、この前別れたのがスゴイ嘘つきな女で、そのせいもあるんですけどね。なんか、女ってなに考えてんだろう、とか思えちゃって」
タロット・リーダー：「それは、これだね、この『月』のカードのイメージ」

　　（ここで、タロティストはカードの束のなかから「月」を取り出し、質問者の前に置く）

質問者：「なんですか、それ？」
タロット・リーダー：「なにかひとつ疑い出すと、他もすべて怪しく思えてくるっていうカード」
質問者：「まぁねぇ……確かに今好きな子は前の彼女とは違うとは思いつつ、なんか疑っちゃうんだよなぁ。またウソつかれたりしたらつらいしなぁ……」
タロット・リーダー：「そうやってあれこれ考えるのがこれ」

（「愚者」のカードを指差す。）

質問者：「バカバカしい？」
タロット・リーダー：「そういうこと」
質問者：「うわー、なんかわからなくなってきました」
タロット・リーダー：「それはこっち」

（「月」のカードを指差す）

質問者：「もうちょっと説明してくださいよ！」
タロット・リーダー：「だから、今のあなたはこっちの『月』のカードのイメージみたいに、先が見えなくて、相手が信じられなくて、占い師のいうこともわけがわからなくて、っていう状態にあるわけ」
質問者：「まさに」
タロット・リーダー：「で、そういうあなたに対して、こっちのカードが、まぁ全てどうでもいいじゃん、そのうち、全部笑い話になるよ、というふうにいっているように見えるわけね」
質問者：「笑い話かぁ。だったらいいけど。うーん、明日、いい出会いあるかなぁ！？」
タロット・リーダー：「とりあえず不安は消えた？」
質問者：「いや、どうですかね。明日、出会いがあるかのほうが気になってきた気もする」
タロット・リーダー：「じゃ、今好きな子の気持ちはどうでもよくな

147

ってきたか！」
質問者：「いやいやいや、そういうわけじゃなくて！　だって気にしてもしょうがないんでしょう？」
タロット・リーダー：「というより、あとになって、それを気にしても意味なかったな、ってことになりそう、という話ね」
質問者：「なんか、わかったようなわからないような、なんですけど。でも、とりあえず、無駄に心配するのはやめてみるかな。笑い話になるならいいか。それに、今ここで彼女はあなたが好きなはず、とかって結果が出ても、それはそれで疑わしい気持ちになった気もするし。やっぱり今のオレ、（『月』のカードを差して）これです、これ」
タロット・リーダー：「でも、まぁいいかと思えるようになったんなら、もう気分はこっち（『愚者』のカード）に近いでしょ？」
質問者：「そうですね。結果を聞く前のビクビクした気持ちは消えましたから。まさか、どうでもいいじゃんなんていわれるとは思わなかったけど！　あはは、ちょっと笑えてきたかも。顔が硬直してましたよね、オレ、最初」
タロット・リーダー：「うん」
質問者：「なんか、カッコわるぅ！　もうちょっと気楽になろっと」
タロット・リーダー：「じゃ、気楽にいこう」
質問者：「はい、ありがとうございました！」

　これを読んでわかったと思うが、この本のリーディング・スタイルは決して難しいものではない。基本的にはタロティストは質問者にカードの視点を率直に示しているだけである。それがうまく質問者に伝わらないときは、「たとえばね……」という言い方や、「○○みたいに……」という喩えを使って、質問者の理解を手伝うようにすればいいわけだ。

■リーディングにつまずいたら

　さて、これで本章を終わるが、もしあなたが実際のリーディングでつまずいたときのための注意点を最後に並べておく。リーディングに詰まるときは、このうちのどれかが当てはまるはずだ。

① 質問の答えをカードから読み取ろうと気負わないこと

　質問に対する答えをカードから読み取ろうと気負ってしまうと、「カードの視点から質問を眺める」という基本を忘れてしまう。はじめのうちはこれに気をつけよう。
　なにかしらの悩みに囚われている状態の質問者に対して、質問者をその囚われから解放し、違う視点を与えることをリーディングの最終目的だと考えてみること。
　もし、これが難しく感じるのなら、「この質問の答えをカードが教えてくれるはず」と思うのを止めてみるといい。正しく行えば、タロット・ワークは「この答えを見つけなければ！」という考えに囚われているあなたを、その囚われから解放してくれるものだ。これを念頭に置きながら、ワークをやってみよう。

② カードに描かれていることを覚えてしまうこと

　最初のうちは、この本を手元に置いておき、リーディングでカードを引くたびに、Ⅲ章のカードごとのパースペクティヴを読み直そう。そこになにが書かれているのかを覚えていないと、「えーっと、悪魔っていうのは悪いヤツを示しているんだっけなぁ……」というふうに、まったく勝手な解釈をはじめてしまいがちだからだ。
　この本のスタイルは、カードの絵柄から自由に連想を膨らませていくやり方とは違う。カードごとのパースペクティヴを覚えてしまうまでは、本を片手にゆっくりとリーディングの練習をするほうがいい。

③ 「〜みたいに」「〜のように」という表現を使ってみる

イメジャライズがうまくいかないなら、ひとまず、カードの絵柄をこうした表現を使って口にしてみるといい。

もっと簡単にいうなら、カードの絵柄を説明するひとことを思い浮かべ、そこに「〜みたいに」「〜のように」という言葉をつけ加えてみてほしい。たとえば奇術師であれば「マジックのタネみたいに……」と表現できるだろう。皇帝であれば「世界を掌握している皇帝のように……」というふうに表現できるはずだ。

そのひとことからなにかがイメージされてきたら、リーディングを開始できるかもしれない。あるいは、そのひとことこそ、カードからのメッセージだと考えてみるのもいいだろう。

この章では、各カードのリーディングに対してこうした表現をたくさん使っている。そこに注目して何度も読み直していけば、リーディングのヒントを得られるはずだ。

④ 質問をおおまかにしてワークをしてみる

自分のことを占う場合、「恋人と別れるべきか？」「転職したほうがいいか？」など、ハッキリした質問を心に決めてからワークをすると、その質問に囚われてしまって、カードの視点に立ちづらいときがある。そういうときは、その質問をいったん保留し、「恋について」とか「仕事について」といったおおまかな質問でワークをやり直してみよう。そのほうが、カードの視点がすんなりと受け入れられ、その結果、今の自分が囚われていた視点に気づける場合がある。

たとえば、「恋人と別れるべきか？」という質問を保留にして、「とりあえず恋について」という質問でワークをした結果、「星」のカードが出たとしよう。カードの絵柄は、あなたに「すべてを水に流すみたいに……」という視点を伝えようとしているようだ。これはどういうことだろう？　そこから思いを巡らしていけばいいのだ。

その先の答えに正解はない。リヴィジョンによってイメージされて

きたことをもとに自分なりに結論を出せばいい。

　もうひとつ肝心なことを。なにごともそうだが、最初からスラスラとうまくできることを期待するのは、つまずきの最たる原因になる。
　たとえばパソコンの操作だって、マニュアルを読んですぐにスラスラと進むはずがなく、使ってみることで自分がまだわかっていない点に気づいたり、初歩的な間違いをしていることに気づかされたりしつつ、だんだん慣れて上手にできるようになるものだ。実際に使わない限り、上達は難しい。
　リーディングも同じこと。実践しながら、少しずつ理解を深めていけばいいので、わかりづらいことや、うまくリーディングできないカードがあっても、とにかく繰り返し実践してみてほしい。
　ここで紹介しているリーディング・スタイルが身につけば、どんな悩みを抱えても、その悩みにはまり込んで、答えを出せずにもがくことなど無くなってしまう。22枚のカードの視点の理解が深まれば、ワークをしていないときにだって、「この人は今、あのカードの視点でものごとを見ているのだな」とか「この事件、この問題は今、このカードとこのカードの視点から討論されていて、それぞれの視点が違うために平行線になっているのだ」というようなこともわかってくるようになる。そんな地点に到達するには、結局のところ実践を繰り返すしかないだろう。

VI章 「タロット占い」をリヴィジョンする

　前章では、パースペクティヴ、リヴィジョン、イメジャライズといった本書のタロット・リーディングの鍵となる基本概念を、具体的な事例をとおして見てきた。
　本章では、それらについてもう少し詳しく見ていくことで、タロット・リーディングの意義そのものを考え直してみたい。

■「地」と「図」の反転

　まずはパースペクティヴということを考えてみよう。ここで図1-6をご覧いただきたい。

図1-6　ルビンの壺

　これはゲシュタルト心理学の説明でよく使われる絵だが、本書でこれまで述べてきたパースペクティヴという考え方を補足するのにも有効である。
　絵をよく見ていただきたい。あなたの目には、この絵がなにを描いたものとして見えているだろう。ある人には、これが向かい合ったふたりの横顔を描いたものとして見えるはずだ。しかしその一方で、別の人にとっては、これを壺の形を描いたものとして見えるに違いない。すなわち、このひとつの絵は、人の横顔にも見えるし、壺の形のどちらとしても見ることができるものなのである。
　さて、ここで注意すべき大事な点は、わたしたちはこの絵を、同時

にふたつのものとして認識することができない——すなわち、人の横顔として見えているときは壺の形として見ることができず、逆に、壺の形として見えているときは人の横顔として見ることは不可能だということだ。

ここには、いわゆる背景となる「地」と前面に浮上してくる「図」の関係がある。つまり、人の横顔が見えているとき、壺の形は背景の「地」として後退する。逆に、壺の形が見えているときは、「地」と「図」の関係は反転し、人の横顔のほうが「地」となり背景へと後退してしまうのである。

このことは、これまで本書で述べてきた意味でのパースペクティヴにも、まったく同じことが起こる。それを次のような2点としてまとめることができるだろう。

① わたしたちは同時に複数のカードのパースペクティヴから世界を眺めることはできない。
② わたしたちは世界をあるカードのパースペクティヴのもとに眺めるとき、それ以外の可能な21枚のカードのパースペクティヴは背景へと後退してしまう。

このことが、わたしたちのタロット・リーディングにおいて、どのような意味を持つかは、この後で少しずつ明らかになっていくはずだ。ここではひとまず、パースペクティヴの変換には、常に「地」と「図」の反転が伴うものだということをおさえておいていただきたい。

■パースペクティヴなしの知覚は存在しない

パースペクティヴということに関して、さらに掘り下げて考えてみよう。

日常のなかでわたしたちが、なにかを認識しているということは、必ずなんらかのパースペクティヴから世界を眺めている。言い換えるなら、パースペクティヴなしに、世界の認識は成り立ちえないという

ことだ。このことを考えるにあたって、以前に、例として持ち出したティーカップの喩えを再び思い出していただきたい（P24）。

　ティーカップという物体を知覚するとき、わたしたちは必ずある一定の視点から眺めなければならない。いうまでもなく、視点を持たない知覚はありえない。つまり、ティーカップに目を向け、それが知覚されるということは、その際の自分のポジションというあるひとつの視点からそれを眺めるということが前提となっているのである。

　このティーカップの例のように、わたしたちが世界を認識するということは、必ずなんらかのひとつのパースペクティヴから世界を眺めていることを意味する。

　このことを、パースペクティヴについての3つ目の考え方としてまとめるなら次のようになる。

③　わたしたちの認識している世界は、必ずなんらかのパースペクティヴから眺められたものである

■「囚われ」への「気づき」

　ところでパースペクティヴについて、この段階でひとつ指摘しておきたいことがある。それは通常、わたしたちが自分のパースペクティヴに対して無自覚、あるいはあえて意識することがないということだ。しかも、自らのパースペクティヴに完全に無自覚であるとき、しばしばわたしたちはそれがひとつのパースペクティヴに過ぎないということを忘れ、他のパースペクティヴがありうる可能性を閉ざしてしまうこともある。その結果、自分のパースペクティヴは絶対的なものとなり、それが唯一の世界の見方であるかのように思い込んでしまうことにもなりかねない。そのとき、わたしたちは自分が生きている世界をあるがままの「現実」だと思い込み、さらにその「現実」なるもののなかへと「囚われ」、そのなかを生きていかなければならなくなる。

　ただし注意して欲しいのは、「囚われ」というと、それを単に否定

的なニュアンスとしてのみ捉えられてしまいがちだが、必ずしもそうではないということだ。

　「囚われ」自体が、悪いわけではない。自分の生活がうまくいっているときならば、そこに「囚われ」ていることは、なんら問題とはならない。むしろ、問題となるのは、自分の今の状態がどうやってもうまくいかないような状態のときだ。そのとき、「囚われ」に気づくことは重要な意味を持つことがあるだろう。というのも「囚われ」に気づくこと自体が、「現実」そのものを変えることへとつながっていくからである。どういうことかを少し説明しよう。

　そもそも、「囚われ」への「気づき」とは、わたしたちが別のパースペクティヴから世界を異なるものとして眺めることができたときにやってくるものだ。そのとき、「現実」と思っていたものは、ある特定のパースペクティヴから眺められることによって現われてくるひとつの表象としての世界に過ぎないということに、わたしたちは「気づく」ことになる。そしてわたしたちが、新たな別のパースペクティヴから世界を眺めることができたならば、これまで「現実」だと思っていた世界は、一気に力を失い色あせていくことだろう。

　「囚われ」への「気づき」は、それまでこうでしかあり得ないと自らを限界づけていた「現実」からの「解放」へとつながる。すでに見た本書のタロット・リーディングの鍵であるリヴィジョンとは、世界を別のパースペクティヴから見直すことで、この「気づき」と「解放」をもたらすものなのである。

■パースペクティヴの変換としての「解放」

　しかしながら、ここで「囚われ」からの「解放」ということに関して、つけ加えておかなければならないことがある。それはここで語られているのが、「囚われ」からの完全なる永遠の「解放」ではないということだ。

　たとえば、偽りの世界への「囚われ」へ「気づき」、そこから「解放」され永遠で絶対的な真実の世界へと至る哲学を夢想した古代ギリ

シャの哲学者プラトン。わたしたちが劣った物質的な世界へ「囚われ」ていることへと「気づき」、それによる真の目覚めという「解放」という救済を信じたグノーシス主義者たち。それらと同工異曲の最終的なゴールを想定するその他の神秘主義的な教義が語る「解放」の道は、ここで述べられているものとは本質的に異なる。

むしろ、わたしたちのパースペクティヴ主義からすれば、そのような崇高なる神秘主義的な物語も、ひとつのパースペクティヴに過ぎない。あえて言うなら、唯一の絶対的な真実を想定する物語すべては、救済を説く「教皇」というカードのパースペクティヴによって想像されたヴァリエーションだということになる。

従って、ここでの「囚われ」からの「解放」とは、神秘主義的な伝統が語る至高の高みにある唯一絶対的で永遠の真実へと至る道を目指す物語ではなく、それは単に、パースペクティヴの変換、あるいは移行に過ぎない。そもそもここでの「解放」とは、先ほど述べたように、これまでのパースペクティヴとは異なる別のパースペクティヴから世界を眺めることができるようになったときに訪れるものだからだ。だから、「解放」とは、よくて単なる次のパースペクティヴへの「囚われ」へと至るまでのほんの刹那のこと、あるいは次のパースペクティヴへの「囚われ」によって作り出される新たな「現実」がはじまるその狭間というべきだろう。

「囚われ」を単に否定的なものと捉えるとき、わたしたちはそこからの完全なる「解放」を希求してしまうことになる。しかし、前にも述べたように、「囚われ」は、それ自体として必ずしも否定的なものになるわけではない。問題となるのは、絶対化された「現実」が作り出す宿命的な物語を、その人が選択の余地なく生きざるをえなくなってしまうときだ。本書のタロット・リーディングとは、「現実」と呼んでいる今の状況を、それまでとは異なるパースペクティヴからリヴィジョンすることで、違ったものへと変えていくメソッドである。そして、それによってわたしたちは、書き換えられた別の物語のなかで、新たに自分の人生を生きていくことが可能となるのである。

■「現実」が変わるということ

　ただし、誤解のないようにいっておくと、リヴィジョンによって「現実」を違ったものへと変えていくというのは、なんでもものごとが自分の思いどおりになるということを意味するわけではまったくない。
　リヴィジョンは、「願えば叶う」という信仰でもないし、「思考の在り方、あるいは潜在意識を変えれば、人生は思いどおりになる」といったプロスペリティ・コンシャスネスを唱えるポジティヴ・シンカーたちの教義とも異なる。
　いうまでもなく、異なるパースペクティヴからリヴィジョンしたからといって、即座に病気が治るわけでもないし、貧乏からお金持ちになったりできるわけではない。
　リヴィジョンによる「現実」の変容とは、まるで文字どおり魔法が利いたかのように、目の前のものがまったく別のものとなるということではなく、より正確に言えば、それの持つ「意味」や「価値」がまったく別のものとなるということだ（それについての具体例は、すでにサンプル・リーディングのところで述べているので、ここでは繰り返さない）。
　要するに、パースペクティヴを変換したからといって、目の前のお金が増えたり減ったりするわけではなく、そこで起こることは、その人にとってのお金の持つ「意味」や「価値」がまったく異なるものへと変容する。言い換えるなら、同じものであるはずのお金が、これまでとはまったく別のものとして見えてくるということである。そして、その先に待っているのは、これまでとはまったく異なるパースペクティヴから開かれてくる新たな人生の物語なのである。
　「ポジティヴな未来を潜在意識のレベルで思い描けば、未来は自分の思い描いたとおりのものとなる」。つまり、現在の自分の在り方が未来を創っていくという未来志向型の「成功哲学」が、古典的なポジティヴ・シンカーたちの信条である。また彼らは、自分の夢や願望を実現させるために現在を変えようとする。言い換えると、それは自分

の欲望を実現するために、現在を未来へと奉仕させることである。

　それに対してリヴィジョンは、自分の夢、願望、欲望の実現を目指すことよりも、しばしばそれらそのものを変容させてしまうことすらある。なぜなら、わたしたちの夢、願望、欲望といったもの自体は、ある特定のパースペクティヴの枠組みのなかで生み出されているものだ。たとえば、老いることへの恐れ、そしてそれに伴う若返ることへの欲望は、「戦車」のパースペクティヴへの「囚われ」によって生み出されるものである。一方、老いること自体への価値を認める「隠者」のパースペクティヴからは、老いることへの恐れ、そして若返ることへの欲望はもはや存在しない。

　パースペクティヴは、わたしたちの思考や感情の在り方さえも方向づける。だからこそ、リヴィジョンによるパースペクティヴの変換は、ときとして思考の限界をブレイクスルーさせ、思いもつかなかった新たな洞察へとわたしたちを導くことにもなりえるのである。

■意味のある「偶然」

　ところで、これまで述べてきたリヴィジョンによるパースペクティヴの変換による「囚われ」からの「解放」というプロセスは、実を言えば、なにもタロット・リーディングのなかでのみ起こりえることではない。それはごく普通の日常のなかでも、しばしば無自覚のまま行われている。

　たとえば、どうすることもできない悩みを抱えている人に対して、わたしたちが「そんなことないよ。きっとそれってこういうことだよ」と助言をし、相談に乗ってあげるときのことを思い出してほしい。そのときわたしたちは、実際のところ、その状況をリヴィジョンするように別のパースペクティヴから語っているのである。しかしながら、こういった日常の悩み相談とタロット・リーディングの間には、本質的に大きな違いがある。

　まず、日常の悩み相談をするとき、そこで提示されるパースペクティヴは、あくまでその問題に対する助言者の個人的な見解にもとづく

ものである。

　だが一方で、タロット・リーディングにおいて提示されるパースペクティヴは、助言者の個人的な見解でなく、あくまでその質問に対して出てきたカードのパースペクティヴである。すなわち、助言者は自分の個人的な考えをいったん括弧に入れ、カードのパースペクティヴからその問題をリヴィジョンしたら、それがどのように見えてくるかということを語ることになる。

　ここで面白いのは、質問に対して出てきたカードというのは、あくまで「偶然」に出てきたカードに過ぎないということ。そして「偶然」に出てきたに過ぎないカードが、その質問に対するヒントとなるように思われること。そこにタロット・リーディングの面白さがある。

　そのいわば「意味のある偶然」と思われる事態に対して、タロティストたちのなかには、目に見えないオカルト的な力の働きとして説明したり、ユング心理学の「シンクロニシティ」という言葉で語ったり、量子論などを持ち出し、かつてのニューエイジ・サイエンス的な言説で理論武装したりしようと試みる人たちもいるだろう。ここでそれらの諸説をひとつひとつ紹介するつもりはない。というのも、それらはすべて「なぜ意味のある偶然が起こるのか」を説明しようとしているものだが、そういった理論はいかなる意味でも、わたしたちのタロット・リーディングで起こっていることとは関係がない。

　そもそもここで「偶然」と言っているのは、質問をしたことと、それに対して出てきたカードには、通常の意味での因果的なつながりはまったくないということを意味している。そのまったく関係のないもの同士の「無意味」な偶然の出会いから思いもかけない「意味」を投げかけるイメージが創造される。それこそがタロット・リーディングの極意なのである。

　それは言うならば、詩作にも似ている。たとえば、人の心情と海。これらふたつは、まったく本来関係のない別のものである。しかし詩人は、「海のように深い愛」と自らの心情を海のイメージに重ね合わせて語ることで、本来は目に見えないはずの心情というものをイメー

ジ化する（これを本書ではイメジャライズと呼んでいたことを思い出して欲しい）。

それと似て、タロット・リーディングにおいてわたしたちは、質問に対して「偶然」に出てきたカードを重ね合わせていく。たとえば、「今の仕事の状況」という質問に対して出たカードによって、「女帝のようだ」とか、「隠者のようだ」といった具合に、その語りのなかでイメジャライズしていくのである。

従って、本書でのタロット・リーディングを説明するにあたって、「なぜ意味のある偶然が起こるのか」という問いは無用であり、ましてや「この宇宙のものすべてには意味がある。単なる偶然などない」といった形而上的な教義を持ち出す必要もない。

そもそも「偶然」とは、本質的にわたしたちに思いもよらない出来事のことをいう。そういった意味で、「偶然」とはわたしたちの予見を超えたものである。だからそこには、これまで思いもつかなかったものが創造される可能性の種子が秘められる。従って、カードをシャッフルするとき、わたしたちが執り行っているのは、いわば創造性の源である「偶然」を導き入れるための儀式なのである。

■問いの背後へ

ここまで読んできていただいた方は、本書でのタロット・リーディングが、通常、「占い」ということから連想されるものとは異なるものであることにお気づきかもしれない。

というのも、仮に「占い」とは、未来を予知するためのものだと言うならば、本書のタロット・リーディングはその意味で「占い」と呼ぶことは難しくなる。リヴィジョンは、決定的な未来を予知するためのものではない。

しかしながら、そもそも未来を占いで予知するとはどういうことだろう。ここで考えていただきたいのは、占いで未来を完全に予知することが可能であるためには、未来は決まっているということが、原理的に前提となるということだ。だが、本当に人の未来、あるいはこの

宇宙の未来は、今の時点ですべてあらかじめ決定されていることなのだろうか？　残念ながら、それに対しての答えはわたしにはない。
　しかしながら、本書で提示したパースペクティヴ主義から少なくともいえることは、そもそもわたしたちのあらゆる問いの背後には、なんらかのパースペクティヴがある。従って、「未来は決まっているのか、決まっていないのか？」という問い、あるいは「未来を知りたい」という欲望、あるいは「未来は決まっているはずだ（あるいは決まっていない）」という観念、それらひとつひとつが、ある特定のパースペクティヴから生まれてくるものだということ。それをここで指摘しておきたい。
　このようにパースペクティヴ主義は、あらゆるものごとの背後に回り込み、そこにあるものを洞察する。そして、さらにリヴィジョンによるパースペクティヴの変換によって、問いそのものを、しばしば抹消してしまうことも珍しくはない（たとえば、サンプル・リーディングの「愚者」のカードの例など）。
　「占い」という語の「占」の語源のひとつには、「事のウラ」という意味があるともいわれている*5。すなわち、物ごとの表ではなく裏、そこにあるものを洞察するのが「占う」ということだとするなら、本書のタロット・リーディングとは、少なくともそういった意味での「占い」だと言えるだろう。
　最後につけ加えるなら、リヴィジョンとパースペクティヴを中心にお話をしてきた本章自体のパースペクティヴが、従来の「タロット占い」に対してのわたしたちの「囚われ」からの「解放」、そしてその見直し（リヴィジョン）となるならば幸いである。

Ⅶ章 大アルカナの構造を学ぶ

■大アルカナの配列について

　大アルカナをどのように理解すべきか？　ここで問いているのは、単に個々のカードを1枚1枚ばらばらに捉えていくだけではなく、全体としてそこに首尾一貫した意味や構造を見つけることはできないのだろうか、ということである。

　実際のところ、これまでも多くのタロティストによって、カードをさまざまなパターンに配列し、大アルカナをシステマティックに捉えようとする試みが行われてきた。

　たとえば有名なものをひとつ例にあげるなら、図1-7や図1-8のようなものがある。前者は19世紀末の魔術結社、黄金の夜明け団によるもので、後者は現代のアメリカのタロティスト、イレーヌ・キャドによるものだが、両者はいずれも、ユダヤ教神秘主義カバラの生命の樹のパスへと各カードを配列したものだ[6]。

　もちろん配列の仕方は、他にもさまざまあるのだが、残念ながらそれらをひとつひとつ紹介するゆとりはない。拙著『タロット大全』のなかでは、20世紀のタロティストが行ったいくつかの試みを紹介しているので、興味のある方はそちらを参照していただきたい[7]。

　ここで念のためにいっておくと、「さまざまな配列の方法のうち、いったいどれが正しいのだろうか」というのは、そもそも適切な問いではない。というのも、そもそも大アルカナは、本来、そのような配列に置かれることを意図して作られたわけではないからだ[8]。

　しかしながら、それらの試みに、まったく意味がないわけではない。むしろ、ある一定の構造のもとに配列された大アルカナは、互いのカードとの関係性のなかから、それぞれを個々別々のものとして捉えるなかでは決して見ることのできない新たな意味が生まれてくる。言い換えるなら、大アルカナを一定の秩序づけのもとで眺めることで、全体がひとつの有機的な関係性を持つ、いわばホリスティックな

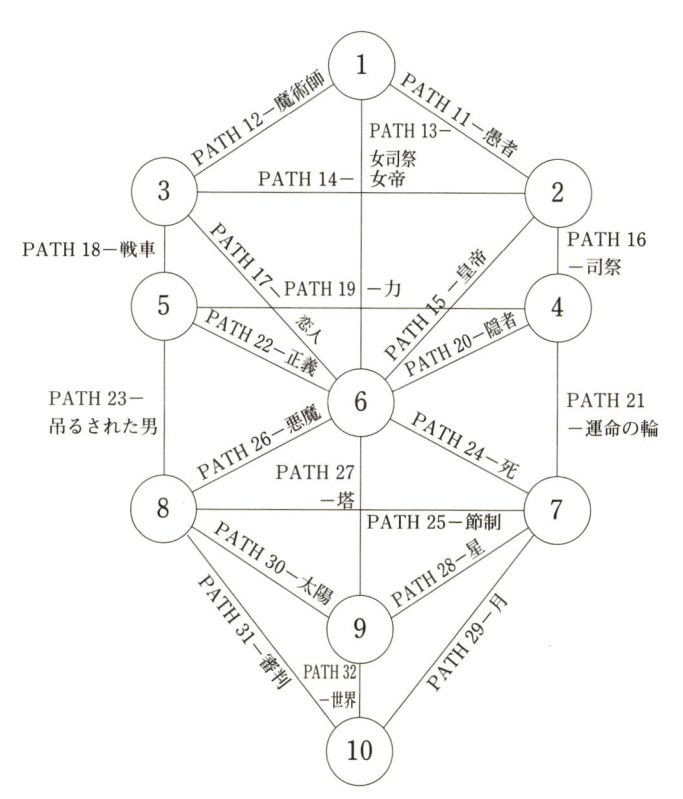

図1-7　黄金の夜明け団による大アルカナと生命の樹の関係

ものへと、個々のカードはその姿を変えていくのである。

　従って本章でも、大アルカナへのホリスティックなアプローチとして、次節でひとつの配列方法を提案してみたい。ただし、以下の配列方法をすべて詳細に説明するためには、もう1冊本ができあがるぐらいの紙数を要するため、ここではあくまで全体の構造の大雑把な素描にとどめざるをえない。したがって今回は、その大枠をごく簡単に紹介するだけのイントロダクションとし、実質的な解説はまた別の機会にしたい。

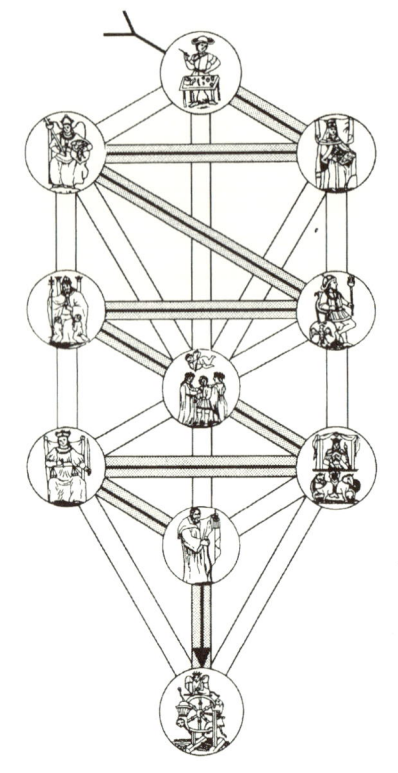

図1-8　イレーヌ・ギャドによる大アルカナと生命の樹の関係

■上昇と下降

まずは図1-9をご覧いただきたい。

図1-9

ここでは1から9までのカード、及び11から19までのカード、すなわち10、20、21のカード、及び番号なしの愚者のカードを除く18枚のカードが、左右対称になるように並べられている。

まず注目していただきたいのは、前半の1から9までのカードは、下から上に向かって3枚ごとに段を昇る形で並べられているということ。その一方で、11から19までのカードは、上から下に向かって3枚ごとに段を降りる形で並べられているということ。すなわち、1から9までの「上昇」していくカード、11から19までの「下降」していくカードという形でふたつのグループに分けられている。かりにこれらのカードの連続から、ひとつのストーリーを作るとするなら、1から9までのカードは、物語の前半部分に当たり、11から19までは物語の後半部分となる。

どのような物語となるかを、残念ながらここでは具体的に説明するゆとりはないので、簡単にヒントとなるものだけを述べておくと、前半は人が「自分とはなにか」というアイデンティティの獲得と、外なる世界の支配を目指す道。一方後半は、自分とは異質な「他者なるもの」、あるいは自己の内へと取り込むことの不可能な絶対的な「外なるもの」と直面する。その結果、自らのアイデンティティのなかへとどまることができず、自己の根本的な変容を迫られることになる。すなわち、ひとことで言い換えれば、「上昇カード」と「下降カード」は、それぞれ「同一性」と「他者性」という対比的なテーマを持つものとして見ることができる（図1-10）。

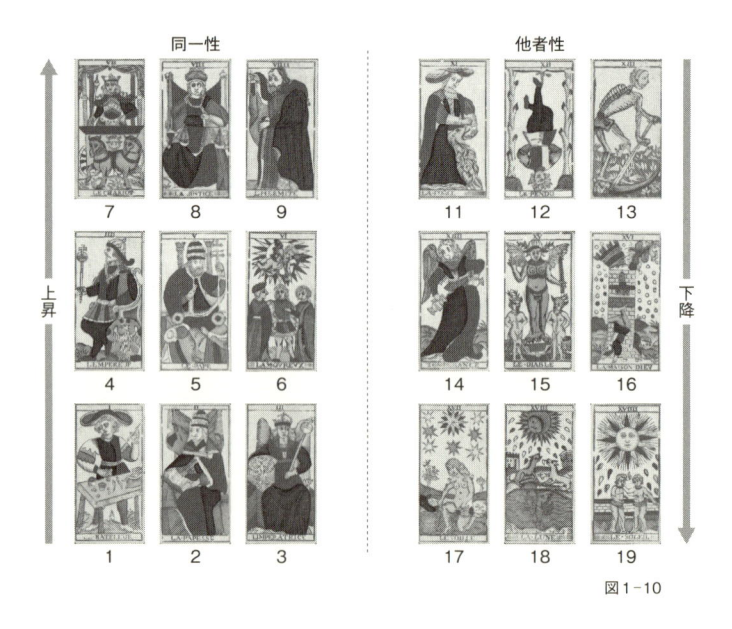

図1-10

■ 3つの階層

次に同じ配列を、別の観点から見てみたい。

図1-11

　図1-11のように今度はカードを、横のつながりとして3つの階層のもとにグループ分けすることができる。そして、それぞれの階層に属するカードのグループは、「身体」、「心」、「精神」、あるいは「感覚」、「感情」、「思考」と呼んでいるテーマと関連している。

　すなわち、第1階層に属する1、2、3、17、18、19のカードは、いずれも「身体」、及び「感覚」の領域と関連し、第2階層に属する4、5、6、14、15、16のカードは、いずれも「心」、及び「感情」の領域と関連し、第3階層に属する7、8、9、11、12、13のカードは、いずれも「精神」、及び「思考」の領域と関連することになる。

　この各階層の持つ意味がどういうことなのかを示すために、わかりやすいところを少しだけ説明してみよう。

　「教皇」のカードは、「善」と「悪」を主題とするが、それは「精神＝思考」のレベルでも、「身体＝感覚」のレベルでもなく、「心」のレベルの問題である。そう、いうまでもなく「善」と「悪」の葛藤は、

頭のなかで起こるのではなく、あくまで「心」のなかで起こるドラマなのである。

　一方で、「教皇」の上の階層、「思考」のレベルにある「正義」のカードを考えてみよう。「正義」のカードの主題である「正しさ」とは、今度は「心＝感情」のレベルでも、「身体＝感覚」のレベルではなく、「思考」のレベルの問題である。たとえば、日常生活のなかでわたしたちは、なにかの選択に迷ったとき、どのようにして「正しい」答えを見つけ出そうとするのだろう。おそらく通常わたしたちは、選択肢を冷静に比較し検討するはずである。それこそ、あたかも「天秤」にかけるかのように。あるいは、会社を辞めるべきか、それとも続けるべきかを迷ったときはどうだろう。会社を辞めた場合、続けた場合、それぞれのリスクを「秤」にかけて、「正しい」選択を見つけようとするのではないだろうか。すなわち、「天秤」として表現される「正義」のカードが示す「正しさ」とは、できる限り「感情」を排し、あくまで頭で冷静に考えて見つけ出す「思考＝精神」のレベルでの問題なのである。

　さらに「教皇」の下の階層、「身体＝感覚」のレベルにある「女教皇」のカードを考えてみよう。このカードが示す「身体＝感覚」のレベルの判断様式というのは、「思考＝精神」や「心＝感情」のレベルよりも、わたしたちにとってより根源的なものである。「思考」のレベルでそれをすべきだと命じていても、または「心」のレベルでそれをしたほうが善いと感じていても、わたしたちは一切の理屈抜きで、文字どおり身体的なレベルでの拒否反応を示してしまうことがある。少々大げさな言い方に聞こえるかもしれないが、それは絶対的なタブーとしかいいようがないもの、あるいは決して侵してはならない「聖なるもの」、あるいは、わたしたちの倫理感の根底を支える境界線であり、それこそまさしく「聖なる書物」にあらかじめ記されているかのような戒めなのである。

■オポジショナル・カード

さらに図1-12をご覧いただきたい。

図1-12

この図1-12は、同じ階層に属するけれども、上昇カードと下降カードの関係にあるカード同士のペアとなる関係を示している。

たとえば、同じ身体・感覚の階層に属する1と19、2と18、3と17は、いずれも対比される関係にある。このような関係にあるカード同士を、オポジショナル・カードと呼ぶ。ちなみにそれらのカードの番号はいずれも、足して20になる関係となっている（図1-13）。

図1-13

ここでもオポジショナル・カードの関係がどのようなものかを示すために、わかりやすいところを少しだけ説明してみよう。
　たとえば、「奇術師」のカードと「太陽」のカード（図1-14）。

1　　　　　　　　　19
　　　　　　　　　　　図1-14

　「奇術師」のカードには、ひとりの男がテーブルの上の道具を操る姿が描かれている。これが意味するのは、「わたし」という「主体」が、テーブルの上の道具という「客体」を操作するという、いわば「わたし」と「もの」、「主体」と「客体」の関係である。それに対して、「奇術師」のオポジショナル・カードである「太陽」のカードでは、仲のよさそうなふたりの子どもが描かれている。ここに示されているのは「奇術師」のカードのような「わたし」と「もの」の関係ではないし、「主体」と「客体」の関係ではない。「太陽」のカードにおいて、もはや「わたし」には、ものを操作するという「主体」の特権的な立場は与えられていない。そこにあるのは、見つめ合うまなざしの交錯であり、相互の触れ合いであり、いうならば主体であると同時に客体であり、客体であると同時に主体であるような関係である。

もうひとつ「皇帝」と「神の家」のオポジショナルな関係を例にあげてみよう（図1-15）。

　　　　　　4　　　　　　　　16
　　　　　　　　　　　　　　　図1-15

　「皇帝」のカードに描かれているのは、すべてのものを支配下に置く権力者である。玉座に腰を掛ける「皇帝」があたかも世界の安定と秩序を示しているだとすれば、権力のモニュメントであるかのような塔が天からの直撃で崩される「神の家」が示すのは混乱と無秩序である。「皇帝」のカードにおいて、世界はすべて支配者である「わたし」の手のなかにある。たとえなにかが起こったとしても、すべては「想定内」であり驚かされることはなく、なにもかもが計画の内なのである。その一方で、「神の家」のカードが示すのは「想定外」の驚きのありようであり、計画はすべて崩れ去り、呆然自失、つまり支配者であったはずの「わたし」自身が無へと喪失してしまうといった事態なのである。

　以上、非常に簡単ではあるが、大アルカナ全体の構造のフレームについて、若干の具体例を交えながら説明してきた。
　Ⅲ章で述べたそれぞれのカードの持つパースペクティヴも、これらの配列を通してカードを眺めることで、さらに理解を深めていくことができるだろう。また、単独では見えてこない、カードの相互の関係性に関しても、より明確なアウトラインを得ることもできるはずだ。

本章の最初にも述べたように、ここでの配列に関する詳細な解説は、また別の機会に改めて行いたい。

第 II 部

イコノグラフィー編

I章 マルセイユ・タロットについて

　第Ⅱ部では、本書で使用したマルセイユ・タロットの大アルカナの図像についての解釈を行う*9。

　まずⅠ章では、図像解釈をする上で予備段階として、そもそもマルセイユ・タロットとはどのようなものであるか、その基本となることを簡単に述べておきたい。

　そしてⅡ章では、Ⅰ章の内容を踏まえたうえで、実際の図像解釈を試みてみたい。

■複数のヴァリエーションが存在するマルセイユ・タロット

　「はじめに」でも触れたように、現在、世界で最もポピュラーなタロットのひとつは、間違いなくマルセイユ・タロットである。

　まずはここで、マルセイユ・タロットに関する意外と知られていない点や、誤解されがちなことも含めて基本となる事柄を、改めて整理しておこう。

　そもそもカードのタイトルになっている「マルセイユ」というのは、フランス南東部プロバンス地方にある都市名である。そのことからマルセイユ・タロットというと、マルセイユのみで作られていたカードと思われがちであるが、実際のところそうではない。

　今日、マルセイユ・タロットと呼ばれているものは、18世紀を中心として、マルセイユ、パリ、ベルフォール、アヴィニョンなどで作られていた、ある特定の類似する図像のパターンを持った複数のタロット・パックのことを指す*10。

　また、それら各地域のマルセイユ・タロットは、それを制作したそれぞれのカード・メーカーにより、デザインの細部が異なる。すなわち、「マルセイユ・タロット」とひとことでいっても、1種類のみが存在するわけではなく、複数のヴァリエーションが存在するのである。

となると、ここでひとつ疑問が浮かぶ。すなわち、マルセイユ・タロットは、マルセイユだけでなく、他のフランスの地域でも作られていたにも関わらず、なぜ「マルセイユ・タロット」と呼ばれているのだろうか。

■ 20世紀になって作られたマルセイユ・タロット

その理由は、20世紀に入ってから、フランスのカード・メーカーであるグリモーの社長ポール・マルトーによるネーミングに端を発する[*11]。

1930年代にマルトーは、18世紀のマルセイユのカード・メーカー、ニコラス・コンバー（Nicolas Conver）が製作していたタロットの絵を、現代的な見やすいパターンとして調整したタロット・パックを出版した。その際、その商品につけられたタイトルが「マルセイユのタロット（Tarot de Marseilles）」だった。

その後、ニコラス・コンバーのタロット・パックとほぼ同じような図像のパターンを持つ同時代のフランスのタロット・パックは、マルセイユ以外で作られていたものも含めすべて「マルセイユ・タロット」と呼ばれるようになり、今日にいたるわけである。

ちなみに今日、「マルセイユ・タロット」として最も広まっているのは、このグリモーのヴァージョンである（図2-1）。

図2-1　グリモーのヴァージョンのマルセイユ・タロット〈大アルカナ〉

図2-1　グリモーのヴァージョンのマルセイユ・タロット〈小アルカナ〉

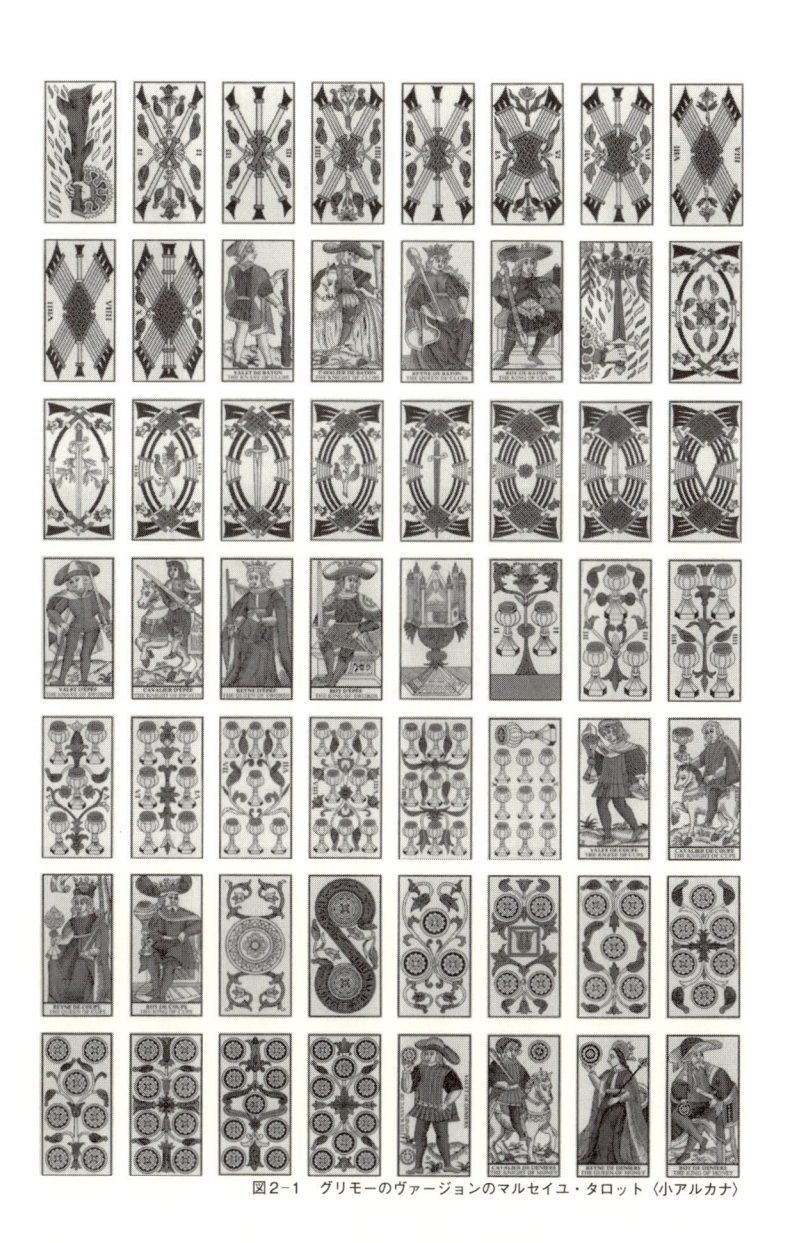

■イタリアからやってきたマルセイユ・パターン

　さらに、「マルセイユ・タロット」という名称から、誤解されがちな点をもうひとつ指摘しておこう。

　それはマルセイユ・タロットの図像が、マルセイユのカード・メーカーによって考案されたものだと考えられてしまっている点だ（本書では以下、マルセイユ・タロットと呼ばれているものに共通して見られるデザインのことを総称して、「マルセイユ・パターン」と呼ぶことにする）。

　実際のところ、マルセイユ・パターンは、おそらくマルセイユで考案されたものではない。というのも、マルセイユ・パターンを特徴づけるいくつかの基本的な構図は、マルセイユ以外の場所で作られた、より古い時代のタロット・カードにも見つけられるという事実がある。

　図2-2をご覧いただきたい。これは、現在イェール大学のベイネッキー・ライブラリーに所蔵されている切り離される前のタロット・シートだが、ここには明らかにマルセイユ・パターン独特の特徴的な図像を見つけることができるだろう（以下、このシートのことを「ケーリー・イェール・シート」と呼ぶ）。たとえばひとつ例をあげるなら、ここでの「星」のカードには、天空に星が輝き、池に水を注ぐ裸の人物が描かれているが、こういった構図は、マルセイユ・タロット独特の特徴とされているものだ。

　では、このケーリー・イェール・シートが作られた時代と場所だが、フランスではなく、15世紀末のイタリアのミラノではないかと推定されている[*12]。ということは、マルセイユ・パターンの起源は、マルセイユどころか、そもそもフランスの伝統に由来するものではなく、ミラノ発のモードだった可能性がある。

図2-2 ケーリー・イェール・シート
ケーリー・イェール大学ベイネッキー・ライブラリー所蔵、15世紀末

実際に、マルセイユ・パターンがイタリア起源であることを裏づける証拠がある。というのも、マルトーが「マルセイユ・タロット」とネーミングする以前、かつてそれらの呼び名は「イタリアン・タロット」だったのである[*13]。

　ここで図2-3をご覧いただきたい。これはジャック・ヴィーヴィルによって、1643年から1664年の間にパリで印刷されていたタロット・パックである[*14]。一見、「マルセイユ・タロット」のように思えるかもしれない。しかし、これは完全なる「マルセイユ・タロット」ではない。というのも、全体的にマルセイユ・パターンと非常に似ているものの、明らかにまったく異なる図像がいくつか含まれている（たとえば「神の家」、「星」、「月」、「太陽」のカードなど）。

　マルセイユ・パターンと類似した特徴を持ちながらも、完全に同一の図像ではなく、しかもより早い時代に制作されていたこのジャック・ヴィーヴィルのタロットや前述のケーリー・イェール・シートは、後に定型化するマルセイユ・パターンのデザインのルーツだったと考えられる。従って本書では、これらのタロットのことを、「プロト・マルセイユ・パターン」と呼ぶことにする。

　では、完全なるマルセイユ・パターンを備えたタロット・パック、すなわち「マルセイユ・タロット」と呼ぶことのできるタロット・パックは、いつ頃から作られるようになったのだろうか。

　あくまで現存するものとしてではあるが、最も古いマルセイユ・パターンとして知られているのは、17世紀半ばのジャン・ノブレ（Jean Noblet）のタロット・パックである（現存する枚数は73枚）[*15]。このジャン・ノブレのタロット・パックも、マルセイユではなくパリで作られていたものである（図2-4）。

図2-3　ジャック・ヴィーヴィルのタロット、17世紀半ば、パリ

図2-4　ジャン・ノブレのタロット、1659年、パリ

■グリモーのマルセイユ・タロットにおける図像の修正

　ここでやや細かい話になってしまうが、マルトーによってエディットされたグリモーのマルセイユ・タロットの図像を、その元になったニコラス・コンバーのヴァージョンと比べてみると、実はふたつの間に、いくつか微妙に異なる点があることに気がつく。そう、前に「デザインをマルトーが調整した」と述べたとおり、グリモーのマルセイユ・タロットは、もとになっているニコラス・コンバーの完全なコピーではない。

　たとえば、「星」のカードを見比べてみよう（図2-5）。

〈ニコラス・コンバーの　　〈グリモーの　　　図2-5
　ヴァージョン〉　　　　　ヴァージョン〉

　ニコラス・コンバーのヴァージョンでは、裸の女性の左の膝は薄い水色に塗りつぶされたなかに入っている（水のなかに入っているようにも見える）のに対して、グリモーのヴァージョンでは、彼女の左の膝は大地の上にある。さらにもっと大きな違いは、絵に対する配色である（本書の図版はモノクロなので、ここでは直接確認できないが）。わかりやすい点を指摘すると、ニコラス・コンバーのヴァージョンで薄い水色が塗られているところが、グリモー版では濃いブルーとなっている。また、真ん中の大きな星の下にある小さな星は、ニコラス・

コンバーのヴァージョンでは薄い水色なのにも関わらず、グリモーのヴァージョンでは黄色となっている*16。

ちなみに、これまで本書で使用してきたマルセイユ・タロットは、1995年にミラノのカード・メーカー、スカラベオによって出版されたリプリント版のマルセイユ・タロットである。これは、もとのニコラス・コンバーのタロット・パックに手を加えず、複写することでオリジナルの姿を再現したものである*17。

ここで念のために断っておくと、ニコラス・コンバーのヴァージョンが、すべてのマルセイユ・パターンの基本形だというわけではない。すでに述べたように、マルセイユ・パターンと分類されるタロット・パックは複数存在する。しかも繰り返すが、その図像のプロトタイプは、現存するものから判断する限り、前述のミラノのケーリー・イェール・シートに由来する。

では、なぜ本書では、複数あるマルセイユ・タロットのなかから、ニコラス・コンバーのヴァージョンをベースとすることにしたのか。それは前にも述べたとおり、今日最もポピュラーとなっているのはグリモーの「マルセイユ・タロット」である。そして、そのもとになっているヴァージョンこそが、ニコラス・コンバーのヴァージョンだという理由による。

マルセイユ・タロットに関しての解説は以上である。では、さっそくそれぞれのカードの図像解釈に入っていくといいたいところである。だが、図像解釈を行うにあたって、タロットの歴史の概略、及びカードの絵自体の歴史的変遷についても、多少の前提となる知識が必要となる。従って、そのことについても、ここで簡単にお話しておかなければならない。

■タロット・カードの歴史的変遷

タロット・カードの絵は、時代や地域によって非常に多様なデザインを生み出してきた。しかし、それらを時間軸に沿って、大きくいくつかのトレンドとして分類することが可能である。

まずは以下の年表をご覧いただきたい（図2-6）。

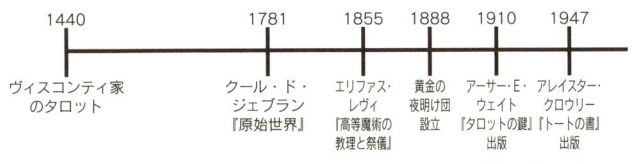

```
 1440        1781    1855  1888  1910  1947
  |           |       |     |     |     |
ヴィスコンティ家  クール・ド・  エリファス・ 黄金の  アーサー・E・ アレイスター・
のタロット     ジェブラン   レヴィ   夜明け団 ウェイト     クロウリー
           『原始世界』  『高等魔術の 設立  『タロットの鍵』『トートの書』
                    教理と祭儀』      出版      出版

  ヒストリカル・タロット  エソテリック・タロット  モダン・タロット
                                   トランスフォーメーション・
                                         タロット
```

図2-6　タロット・タイム・ライン

　これは、タロット・カードの変遷を、大きく4つの時代区分としてまとめたアメリカのタロティスト、シンシア・ジャイルズのカテゴライズをベースにしながら作成したものである[*18]。ここでは、表の4つの時代区分——「ヒストリカル・タロット」、「エソテリック・タロット」、「モダン・タロット」、「トランスフォーメーション・タロット」に従って、タロット・カードの歴史的変遷を、おおまかにまとめてみたい。

① ヒストリカル・タロット

　ジャイルズの分類の仕方を借りると、まず15世紀前半からおおよそ18世紀後半は、ヒストリカル・タロットと呼ばれる時期にあたる。

　この15世紀前半というのは、タロット誕生の時代である。実際に、現存する資料から判断する限り、タロットの発祥の地は、15世紀前半の北イタリアであるとみて、ほぼ間違いないと思われる。あるいは、異論の余地の出ることのない控えめな言い方をするなら、現存する最も古いタロットは、15世紀前半のイタリアのミラノ公のためのものである[*19]。

　また、当時のイタリアでのタロット・カードの使用目的は、実際のところ占いのためのものではなかった。記録からは、当時のタロット・カードが、ゲームのためのツールであったことは明らかである[*20]。

その後、15世紀末から16世紀初頭にかけて、イタリアからフランスへとタロットは伝播していく*21。そして、このフランスでの初期の時代におけるタロットも、あくまでイタリア発祥の「ゲームとしてのタロット」であり、決して今日知られているような「占いとしてのタロット」ではなかった。

　その後、18世紀末までのヒストリカル・タロットの時代におけるタロットは、常にゲームを目的として作られたカードだった。本書で扱っているマルセイユ・タロットも、このヒストリカル・タロットの時代に誕生したものであり、あくまでゲームのためのカードとして使用されていたものなのである。

② エソテリック・タロット

　一方、今日知られているようなタロット占いのメソッドが広まっていったのは、18世紀末から19世紀にかけてのことである。ちょうどそれは、ジャイルズが「エソテリック・タロット」と呼んでいる時代のはじまりに重なる。

　エソテリック・タロットのトレンドをひとことでいうならば、それは文字どおり、タロットの秘教化である。そして、その端緒となったものこそ、1781年に刊行されたクール・ド・ジェブランの著書『原始世界』の第8巻に記された「古代エジプト起源説」だった*22。

　遥か昔へとタロットの起源を位置づけるこのド・ジェブランの説は、今日の実証的なタロット史の観点からすると、けっして認めることのできないものである。しかし、ロマンと空想をかきたててやまない古代エジプト起源説は、後のタロティストたちにとって、大きなインスピレーションの源となったのである。

　ド・ジェブランの説にインスパイアされ、今日のタロット占いの基となるメソッドを確立したのは、同時代のパリの占い師エテイヤである。彼にとって、タロットとはもはや単なるゲームのツールではない。それはまさしく古代の叡智の結晶に他ならない。そして彼は、1枚1枚のカードの絵自体を、秘教的な教義が記されたものと考え、そこに過剰な深読みともいうべき解釈を加えていく。今日、わたしたち

の目の前に、その姿を表している「神秘のタロット」のイメージは、まさしくこのド・ジェブランからエティヤへの流れによって作られたエソテリック・タロットの時代からはじまったのである。

また、このエソテリック・タロットの時代において忘れてならない人物は、フランスにおける近代オカルティズムの復興者エリファス・レヴィである。レヴィはタロットとユダヤ教神秘主義のカバラを本格的に結びつけることで、後のタロティストへと非常に大きな影響を与えた。ヘブライ文字とタロットを関連づけることで、その絵解きを行った2巻からなるレヴィの『高等魔術の教理と祭儀』(1854-55) は、タロット史のなかで永遠に語り継がれるに値する画期的論考であることは間違いない。

③　モダン・タロット

さらに、ジャイルズのカテゴライズに従うなら、19世紀末から20世紀半ば頃までは、「モダン・タロット」と呼ばれる時代に入る*23。

この時代のはじまりは、エリファス・レヴィの子どもたちともいうべき、フランス、及びイギリスのオカルティストたちが、それぞれタロットの秘教化を、その極限へと進めていった時代でもある。しかしながら、モダン・タロットの時代を特徴づけるのは、すでに秘教化されたタロットをベースとしながら、その名のとおり、それをよりモダンな表現へと前進させていったという点にある。

そもそもエソテリック・タロットの時代においては、「本来、古代の叡智を表現していたはずのタロットの絵が、長い歴史のなかで大きく変化してしまった」ということが前提として信じられていた。従って、エソテリック・タロットのパラダイム内においては、古代のタロットの絵のオリジナルな姿を復活させることが求められた。

確かに、モダン・タロットの時代も、その信条のベースには、エソテリック・タロットの時代と同様、古代からの秘教的な教義が置かれている。しかし、タロットの絵の実際の表現のスタイルは、オリジナルの復元を主張することなく、洗練されたモダンさを求め、よりアーティスティックな作画へと向かうことになる。

モダン・タロットの時代における最も成功したタロットは、1909年にロンドンで出版されたウェイト－スミス・パックである。レヴィの影響を色濃く受けた神秘主義者アーサー・E・ウェイトのディレクションのもと、画家パメラ・コールマン・スミスによって描かれたこのタロット・カードは、もはや古代のタロットの姿を再現しようという意図の下に作られてはいない（図2-7）。イギリスで正式に出版されたはじめてのタロットであったということ。そして親しみやすさと同時に、見るもののイマジネーションをかき立ててやまない素晴らしい絵柄であること。おそらくそれらの要因によって、今日にいたってもなお、ウェイト－スミス・パックは、最もスタンダードなタロットとして、世界各地でその不動のポジションを確立している。

　また、ウェイト－スミス・パックとは、まったくテイストは異なるものの、傑作タロットとして今なお多くのファンを持つトート・タロットも、モダン・タロットの時代を代表する見事な作品である（図2-8）。

　トート・タロットは、レヴィの生まれ変わりを自称するアレイスター・クロウリーによるディレクションのもと、1947年に画家レディ・フリーダ・ハリスによって描かれた。絵をご覧になってわかるように、その作画はもはや伝統的なタロットのデザインから完全に逸脱したものとなっている。トート・タロットの絵の持つ独創性とそのアーティスティックなテイストは、後の時代に生み出されることになるオリジナリティの表現や芸術性を志向するタロットのまさに先駆である。

図2-7　ウェイト＝スミス・パック〈大アルカナ〉

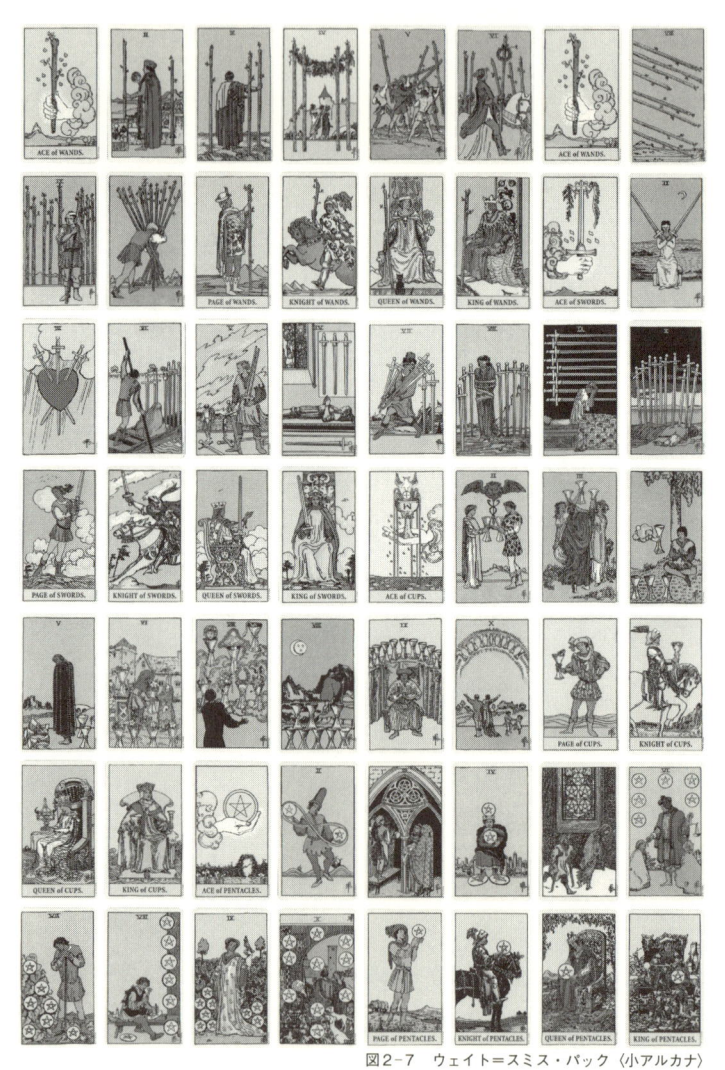

図2-7　ウェイト＝スミス・パック〈小アルカナ〉

図2-8　アレイスター・クロウリー、トート・タロット（リプリント版）

④　トランスフォーメーション・タロット

　ジャイルズのカテゴライズとして最後にやってくるのは、「トランスフォーメーション・タロット」の時代である。

　これはモダン・タロットの終わりのほうの時期と重なる形でやってくる。ちょうど、前述のクロウリーとレディ・ハリスによって作られたトート・タロットは、年表の上ではこのふたつの時代の重なり合う場所に記されている。従ってトート・タロットとは、実のところ、モダン・タロットの時代の終わりを飾ると同時に、トランスフォーメーション時代のはじまりを告げる象徴的な役割を担ったものだということになる。

　モダン・タロットからトランスフォーメーション・タロットの時代への移行は、一気に起こったのではなく、少しずつ進行していった。実際に、本格的なタロットの変容（トランスフォーメーション）の大きな潮流が押し寄せるのは、1970年代に入ってからのことである。ちょうどこの時代は、アメリカを中心とした欧米の先進国で、「ニューエイジ」と呼ばれるスピリチュアリティを探究するムーヴメントの隆盛と重なり合う。

　ニューエイジの最大の特徴は、まったく異なる文脈から取られたさまざまな思想や実践——西洋のオカルティズムやスピリチュアリズム、仏教、ヒンドゥー教、スーフィー、タオイズム等の東洋の宗教や神秘思想、ネイティヴ・アメリカンの叡智、そしてヒューマン・ポテンシャル・ムーヴメント、ユング心理学、及び人間性心理学などを、スピリチュアリティ探究という目的のために折衷し統合しようとしたところにある。こういったニューエイジの雑食性のもとでタロットも、ニューエイジャーの目的であるスピリチュアルな「自己成長」や「自己変容」のためのツールとして活用されるようになっていく[*24]。

　ニューエイジの時代に生み出されたタロット・カード、すなわちトランスフォーメーション・タロットの特徴は、これまでのタロット史上、最も大胆な伝統破壊がやすやすと行われていることだ。そこでは、もはや「古代のオリジナルのタロットの復元」が夢想されることもなく、その一方で、過去のヒストリカル・タロットの図像に使われていたモチーフの継承にも価値が置かれることはない。むしろ、新た

に創造されるカードの絵のためのモチーフは、ヨーロッパの伝統とはまったく異なるところから拾ってくることがひとつのトレンドだったといっても過言ではない。場合によっては、複数の思想的・文化的なソースからサンプリングした多様なモチーフを、タロットという名のもとでコラージュし共存させることすら、決して突飛なことではなくなっていく（図2-9）。こうして、「再想像（リイメイジング）」、あるいは「モダン・タロット・ルネッサンス」とも形容されるこの時期には、タロットの絵が、完全に自由な表現を得ると同時に、ニューエイジ思想の折衷性を反映した驚くべき異形のタロットが数多く生み出されるようになったのである。

　こういった流れと同時に、タロットの絵の解釈自体も、もともとのタロットの図像の生み出された時代背景などのコンテクストは、ほとんど無視されるようになっていく。逆に、ある意味、自由で開かれた創造的で多様な解釈、あるいは言い方を変えると単なる恣意的な解釈が、当然のごとく行われるようになる。その結果、今日の市場を流通する多岐にわたるカードの意味を解説した無数のタロット本が、続々と生まれてくることになったのである。

　少々長くなったが、以上が大きな4つの時代区分としてみたタロット・カードの歴史的変遷のアウトラインとなる。

図2-9　ヴォイジャー・タロット

■ **本書での図像解釈について**

　本章の最後として、この後実際に行っていく次章での図像解釈の目指すところについても述べておこう。
　まずはっきりと断っておかなければならないのは、これから行おうとしていることが、先ほど述べたエソテリック・タロットの時代に流行したようなカードの秘教的解釈ではないということだ。
　エソテリック・タロットの時代の秘教的解釈とは、改めていうなら、タロットとはもともと単なるゲーム用のカードではなく、「わかる人だけが、その謎を解くことのできるように、絵のなかに古代の叡智が巧妙に記されている」といったことを前提にして、その意味を解き明かしていこうとするものだ。
　秘教的解釈は、それ自体としてみれば確かに面白いものだ。そこでは、すべてのカードの絵のモチーフは、秘教的シンボリズムとして読み換えられ、最終的にそれは、門外漢を寄せつけない謎めいたオカルト哲学の書であるがごとく変貌していく。
　一方、次章で試みるのは、マルセイユ・タロットが作られた時代の枠のなかで、可能な限りそれぞれのカードの寓意を解釈してみる、といったある意味、地味な作業である。また同時にそれは、エソテリック・タロットの時代以降の秘教的解釈、及びトランスフォーメーション・タロットの時代を象徴する恣意的解釈、それぞれのフィルターによって見えなくなりがちな、それ以前にカードが持っていたかもしれない意味を浮かび上がらせてみようとするものでもある。もちろん、その結果として、カードの図像に、錬金術や新プラトン主義といったカードが作られた時代に知られていた秘教的な思想が込められているのが、逆に発見されるかもしれない（あるいはしないかもしれない）。
　いずれにせよ、エソテリック・タロット時代の秘教的解釈では、すでに前提としてある自らのオカルト思想を当てはめていくために、カードの絵自体を大胆に「修正」することが提唱された。一方、ここで目指すのは、カードの絵自体を修正することではもちろんなく、可能な限り当時の文化的背景から、それ自身の意味を浮き上がらせること

にある。従って、(かりに見つけることができたとしての) 秘教的意味は、あくまでその結果なのである。

実は、すでにわたしは、『タロット大全』の第2部において、同様のことを試みている。ただしその際は、あくまで中心はイタリアの初期タロットの図像であり、マルセイユ・タロットのカードについては、話の流れ上で、いくつか若干触れる程度でしかなかった。

一方で今回の解釈は、マルセイユ・タロットの図像を対象とする。従って、逆に『タロット大全』のほうで論じたイタリアの初期のタロットに関しては、重複を避けるため、そこで触れられなかった部分、あるいは論の展開上でどうしても必要となる最低限の内容のみ言及することとする。

さらに、ここで誤解のないように断っておくと、次章で述べるものこそが、間違いなくカードの本来の意味であったと主張するつもりはない。そもそも読んでいただけるとわかるが、カードによってはその図像の意味についての最終的結論を出すことができず、残念ながら保留のままになってしまっているものもある。

あくまで次章での論述は、日本の熱心なタロット・ファンの方々の間における、今後のマルセイユ・タロットの図像解釈への関心の高まりと、いくばくかの示唆となることを願ってのものである。

II章 マルセイユ・タロットの
　　　イコノグラフィー

I. 奇術師 The iconography of Major Arcana "LE BATELEUR"

　22枚の大アルカナの最初に位置するこのカードは、日本のタロットの解説書をみると、一般的に「魔術師」と呼ばれている。しかし、このカードは、「魔術師」という日本語から普通に連想される意味合いよりも、むしろ「奇術師」、もしくは「詐欺師」という呼び方が適切である。

　実際にその絵のイメージは、「魔術」の使い手というよりも、「奇術」を行う大道芸人を思わせる姿として描かれている。結論からいうと、テーブルの上の細々とした道具を操り、巧みなトリックで見るものを欺く「奇術師」、というのがこのカードに描かれた人物の姿なのである。

　ここで、図2-10、及び図2-11をご覧いただきたい。これらの絵はタロットではない。だがそこに描かれている小道具が、マルセイユ・タロットの「奇術師」のモチーフと類似したものであることに注目してほしい。

　まず、図2-10は15世紀の木版画で、「惑星の子どもたち」と題された一連の作品のなかのひとつである。一方の図2-11は、有名なオランダの画家ヒエロニムス・ボス（1460-1561）の作品である。このふたつは、いずれも「カップと玉」と呼ばれる奇術を行っている様子を描いたものである[25]。

　「カップと玉」では、その名のとおり、カップの下で玉が消えたり、気がつかないうちにカップからカップへと玉が移動したり、あるいはカップのなかで玉が大きくなったり、別のものに変わったりする。これは今日の奇術ファンの間でも、おなじみの古典的トリックだが、中

世、ルネサンス、近世のヨーロッパにおいて、すでに奇術の代表的なレパートリーのひとつだったのである*26。

図2-10 「惑星の子どもたち」、15世紀

図2-11 ヒエロニムス・ボス、「奇術師」、1600年頃

ところで、図2-10、図2-11の奇術師には、いずれもその腰もとにカゴがついているのがおわかりだろうか。こうした奇術師たちのカゴは、いわば奇術のタネのポケットであり、カップの下から出現させる品物なども、そこからひそかに取り出されていたのである。

カードの絵の他のモチーフにも目を向けてみよう。まず、テーブルの上のさまざまな小道具のなかに、バッグのようなものが描かれているのがおわかりだろうか。おそらくこれは、奇術の道具一式を持ち歩くためのものなのだろう。ちなみに、図2-11の奇術師の足元にも、バッグは描かれている。

また、マルセイユ・タロットの「奇術師」は、1本の棒を手に持っ

198　Reading The Tarot

ているが、これも、当時の奇術師たちの大事な用具のひとつである。たとえば、手に隠し持った玉をカバーするのに使われたり、あるいは魔法をかけるジェスチャーをしたりなど、棒は当時の奇術では非常にポピュラーな小道具だったのである[*27]。この奇術の棒は、やはり図2-10、図2-11にも描かれている（図2-11では、棒はテーブルの上に置かれている）。

　いかがだろうか。こうして21世紀のわたしたちからすると一見謎めいたタロットの絵も、それが制作されていた中世から近世にかけてのヨーロッパという文化的コンテクストのなかにおいてみると、そこに描かれているモチーフがなんであるかは、自然と浮かび上がってくるのである。
　もちろん、タロットの絵の細部に対して、想像力豊かな秘教的解釈を覆いかぶせていくことは、いくらでも可能であろう。ただし、それは前章でも述べたように、本章の目的とするところではない。あくまで、ここでは過剰な深読みをなるべく控え、モチーフを素直に解説していきたい。

　最後に改めて、図2-10「惑星の子どもたち」のほうに注目していただきたい。上方の円のなかには女性がいるが、彼女は「月」の擬人像である。すなわち、ここでの奇術師は「月」の支配のもとにおかれた月の「子ども」のひとりなのである。
　かつて、タロットの秘教化が行われた過程で、それぞれの大アルカナは、占星術の星座や天体と1対1で対応させられて考えられるようになった。その際に「奇術師」のカードには占星術の「水星」が対応させられ、今日のタロットの入門書にまで、その伝統は引き継がれている[*28]。しかしながら、図2-10の木版画が示しているように、中世のヨーロッパの「惑星の子ども」としての「奇術師」は、「水星」の「子ども」ではなく「月」の「子ども」だったのである。

II. 女教皇 The iconography of Major Arcana "LA PAPESSE"

「女教皇」というカードの呼び名からもわかるように、絵に描かれている人物は、女性の教皇である。しかし、ここでカトリックの歴史を考えてみれば、「女教皇」というそのタイトルについて、首をかしげずにはいられない。というのも、カトリックの頂点である教皇というポジションを、女性が務めたという事実は歴史上存在しないからだ。

では、なぜ存在したことのない「女教皇」が、タロットの絵のモチーフとして描かれているのだろう？ このことをめぐって、これまでタロット研究家たちの間では、いくつかの意見が述べられてきた。

なかでも、最も説得力のある仮説を述べているのが、初期のイタリアのタロットの本格的な図像解釈に関する先駆的な研究を残したガートルード・モークリーである*29。モークリーは、女教皇という人物の存在が、なにを意味しているのかということについて、ふたつの興味深い説を提示している。ひとつは、中世の異端の宗派グリエルミティの女性教祖マンフレッダを、もうひとつは中世の伝説上の女教皇ジャンヌを、描いたものではないかというものだ。

モークリーの説については後述するとして、いったんここで図2−12をご覧いただきたい。この絵は、1499年のヴェネツィアで出版されたフランチェスコ・コロンナの『ポリフィロの夢』と

図2−12 フランチェスコ・コロンナ、『ポリフィロの夢』の中の木版画、1499年

題された神秘主義的恋物語の挿絵である。このシーンは、物語の最後のほうで、ポリフィロとポリアのふたりの恋人が結ばれ、女神ヴィーナスの女司祭の前に現れたところを描いたものである*30。

さて、この絵をひと目見てわかるように、三重の冠を被り、長いローブを身につけた女司祭は、タロットの「女教皇」の姿と非常に似てはいないだろうか。

実はこれは、アメリカのタロティスト、ロバート・M・プレイスが、2005年に出版した著書のなかで、前述のモークリーのふたつの説とは異なる、新たな説として提示しているものである*31。

このプレイスによる、いわば「ヴィーナスの女司祭説」は、注目すべきものであることは確かである。ただし、この絵の類似性から、タロットの「女教皇」が異教の女司祭を描いたものであることを手放しで認めることは難しいだろう。なぜなら、この古代の異教の女司祭の姿のほうこそ、明らかにこの本が書かれた時代のカトリックの教皇の服装に模して描かれたものだからである。

では、「女教皇」の正体はいったいなんなのか？　それについてのわたし自身の意見を述べるなら、さしあたって前述のモークリーのふたつの説のうち、後者の女教皇ジャンヌ説が妥当なのではないかと思う。その理由については、すでに『タロット大全』のほうで述べているので、あえて詳細は繰り返さない*32。とりあえずここでは、女教皇ジャンヌにまつわる物語というのが、どのようなものであるかをあらためて紹介しておこう*33。

くどいようだが、あらかじめいっておくと、女教皇ジャンヌはあくまで伝説の人物である。しかしながら、年代記作者によって記述された彼女の伝記によって、中世後期にはその実在が広く信じられていた。

彼女の話を最初に記したのは、アナスタシウス・ビブリオテカリウス（？-886）、そしてその次がマリアヌス・スコトゥスだといわれている。スコトゥスの年代記では、彼女が「西暦854年、ロタール1世治世の14年目」に「教皇レオ4世のあとを継いで、2年5か月と

4日間教皇位についた」と記されている[*34]。

　後に彼女の物語には、細部がつけ加えられるようになり、たとえばマルティヌス・ポロヌスの年代記では、次のように語られるようになる[*35]。

**　まだ少女の頃に、男性の服装をして恋人に連れられてアテネにやってきた。そこで彼女はさまざまな分野の知識を身につけ、並ぶ者もないほど博識となった。ローマで3年間勉強したのち、偉大な師となり、学生や聴衆を集めた。そして、その生活ぶりと博識が市中で評判となり、広く支持を受けて教皇に選ばれた。ところが、教皇在位中に、愛人の子どもを身ごもり、正確な出産予定日がわからなかったため、ラテラノへ向かう途中、聖クレメンテ教会とコロッセオのあいだの路地で陣痛に襲われ、子どもを産んだ。出産により絶命し、その場に埋葬されたといわれている。それ以降、教皇がこの道を避けるのは、この犯罪に対する嫌悪だからとされる。また、彼女が教皇の一覧に名前を記されることがないのは、その性別にくわえて、この不名誉な出来事のゆえとされている。**

　はたしてカードに描かれた女性は、本当にこのような伝説からなる女教皇ジャンヌなのか。確実な断定はできないものの、今のところ、これに取って変わり得るより有力な説はないように思われる。

　最後に、マルセイユ・タロットの「女教皇」の絵の細部にも目を向けてみよう。まず、目につくのは、手もとにある1冊の書物である。

　この書物は、キリスト教への信仰を表すものとして『聖書』を描いたものなのだろうか。あるいは、「女教皇」がジャンヌだとするなら、その書物は、前述の物語にも記されている彼女の深い学識を象徴するアトリビュートだったのではないかとも考えられなくはない。

　また、「女教皇」の頭には三重になった冠が描かれているが、これは「ティアラ」と呼ばれるものである。これは後に説明する「教皇」のカードで同じものが出てくるので、そちらで改めて触れるが、カト

リックの教皇が被る冠として、中世の頃からの伝統となっているものである。

III. 女帝

The iconography of Major Arcana "L'IMPERATRICE"

　王冠を被った女性が椅子に腰掛けている。このカードに描かれているのは、そのタイトルどおり「女帝」であり、次の4番の「皇帝」のカードと並び、世俗の世界の権力者であり支配者である。

　しかしながら、現代の多くのタロットの本では、このカードの女性を単に文字どおりの「女帝」としてみるのではなく、すべての女性のなかにあるとされる「母性」を象徴するカードとして解釈するのが一般的になっている。

　特に、ユング心理学的にタロットを解釈する人たちの間では、このカードの女性を「グレートマザー」の象徴として見なすのが普通である[*36]。ユング心理学では、人間の心の深層には、人類すべてに共通する普遍的な基本イメージのパターンがあると考え、そのことを「元型(アーキタイプ)」と呼んでいるが、グレートマザーはそのなかのひとつである。

　現代のタロティストたちによって、「母なるもの」と結びつけられたこのカードの解釈が一般的になっていった大きな要因のひとつとして、20世紀になって作られたウェイト＝スミス・パックの「女帝」のカードの人物イメージがあるのは間違いない。

　図2-13をご覧いただきたい。クッシ

図2-13　ウェイト＝スミス・パックの「女帝」のカード

ョンに背をあずけ、ゆったりと腰掛ける女性。そしてその背景には流れ落ちる水と穀物の実り。こういったウェイト-スミス・パックの「女帝」のカードのデザインは、大地に自然の実りをもたらす「穀母神」、あるいは「地母神」を連想させるものだ。従って、このカードの絵を「母なるもの」の元型的イメージとして見なすのは、誰の目にも、ごく自然のことのように思われるだろう。

　ここで改めて、マルセイユ・タロットの「女帝」の絵の細部に目を移してみよう。彼女の腕は、盾を抱えているが、そこには黒い鷲の紋章が描かれている。こういった鷲の紋章は、ヨーロッパ世界において皇帝権のシンボルであり、古くは、古代ローマの頃から皇帝のアトリビュートとして用いられていたものだ。
　また、彼女は杓を手にしているが、その先には十字のついた球体がついている。これも伝統的に皇帝権を象徴する「宝珠」として知られているものだ*37。
　鷲の紋章、及び宝珠は、次の「皇帝」のカードにも描かれているので、改めてそちらで詳しく述べることにする。

IV. 皇帝　<small>The iconography of Major Arcana "L'EMPEREUR"</small>

　カードに描かれているのは、横を向いた「皇帝」の姿である。ごく自然に眺めるならば、その図像自体にさしたる謎があるわけではない。
　しかしながら、ここで「皇帝」を「女帝」のカードに対して、向かって右側に並べてみると、それらはまるでなにか意味ありげなシンメトリーを形づくるかのようにも見えなくはない（図2-14）。
　まず「皇帝」は「女帝」のほうを向いた

図2-14 「女帝」と「皇帝」のカード

姿となる。さらに「女帝」の抱えている盾のなかの鷲と「皇帝」の足元にある盾のなかの鷲は、お互いに向き合う形となる。しかも、それぞれの鷲の翼は、意味深にも異なる方向——すなわち、「女帝」のほうの鷲の翼は上方へ、「皇帝」の鷲の翼は下方へと向けられている。

こういった「対立物のペア」を連想させる細部に注目していると、「王と女王の聖なる結婚」といったような錬金術的な主題が、実はそこに秘められているのではないかと秘教主義者やオカルティストならずとも、思わず考えたくもなるものだ[*38]。

しかし、ここは秘教的解釈への誘惑は留め置き、まずは細部のモチーフを見ていくとしよう。

まず、「女帝」のカードのところでも述べたように、「鷲」の紋章は、古代ローマの伝統に遡るものである。後のヨーロッパでは、ハインリヒ4世、オットー4世、フリードリヒ2世らによって採用され、およそ12世紀の半ば以来、神聖ローマ帝国のシンボルとされるようになった[*39]。

ちなみに、神聖ローマ帝国での鷲は、古代ローマでは見られなかった双頭の鷲の形（図2-15）として描かれている。双頭の鷲は、東西ローマ帝国の結合の意味を込めて用いられるようになったといわれているが、歴史的には皇帝ジギスムントが1401年、皇帝代理の時代

図2-15　神聖ローマ帝国の紋章

に印章を制定し、1433年に紋章化されたものである。

ところで、こういった鷲の紋章が「女帝」、及び「皇帝」のカードのなかに描かれるのは、なにもマルセイユ・タロットに限ったことではなく、すでにイタリアの初期のタロットでもみられるものだ。図2-16は、15世紀半ばにイタリアのミラノで作られたタロットだが、ここでは「皇帝」の被りものに、ひとつ頭の鷲が描かれている。

そもそも図2-16のタロットは、当時のミラノ公ヴィスコンティ家、及びその後を継いだスフォルツァ家のために作られたものだ[*40]。話のついでに述べておくと、実は、鷲の紋章自体は、当時のミラノ公にもゆかりのあるものだった。歴史的なことを述べると、1395年にジャンガレアッツォ・ヴィスコンティは、当時の神聖ローマ皇帝ヴェンツェルに、フロリン金貨を支払うことでミラノ公の称号を授かった[*41]。そしてこのときから、ガレアッツオは自身の盾に、もともとヴィスコンティ家の紋章であった「蝮」と並べて、皇帝権の象徴としてひとつ頭の鷲の紋章をつけることになったのである。

図2-16　ピアポント・モーガン＝ベルガモ・パックの「皇帝」のカード、15世紀半ば、ミラノ

さらに話のついでとなるが、ガートルード・モークリーは、このミラノ公のためのタロット・パックのなかの「皇帝」のカードの人物は、神聖ローマ帝国の皇帝フリードリヒ3世（在位1452-93）を描いたものではないかと推測してい

る*42。このことについては、すでに『タロット大全』のほうでもごく簡単に触れておいたが、ここではもう少し詳しくお話しておこう。

フリードリヒ３世がローマで教皇ニコラス５世から戴冠されたのは1452年。すなわち、フリードリヒ３世は、図２-16のタロットが作られた15世紀半ば、その時代の皇帝である。またフリードリヒ３世は、当時のミラノ公フランチェスコ・スフォルツァの妻ビアンカ・マリアの叔父にあたる人物でもある。こういったことを考え合わせると、スフォルツァ家のために作られたタロットのなかに、婚姻関係にあるフリードリヒ３世が、その人物のモデルとして採用されたと考えるのは、きわめて自然なことだろう*43。

では、かりに「皇帝」のカードの人物がフリードリヒ３世だと認めたとしよう。そうすると３番の「女帝」のカードは、1452年にフリードリヒ３世と結婚したポルトガルの王女エレオノーレだということになるのだろうか*44。

こうした初期のタロットのなかの人物が誰をモデルにしたものなのかは、確たる証拠があるわけではないので、あくまで推測の域を出るものではない。というより、実のことをいえば、そもそも実在のモデルが存在するのかどうかということ自体、明らかではない。

しかしながら、そのモデルが誰であろうとも、タロットの「女帝」と「皇帝」が、それぞれ男性と女性の世俗の権力者・支配者を描いたものであることに変わりはない。

V. 教皇 The iconography of Major Arcana "LE PAPE"

「教皇」というカードのタイトルからわかるように、このカードはカトリックの最高位の聖職者を描いたものである*45。

ここでは、さっそく実際のカードの図像に目を向けてみよう。

まず、頭にかぶっているのは、すでに「女教皇」のときに見た「ティアラ」と呼ばれる三重冠である。そして手には三重の十字架を持っている。

ティアラは、中世ヨーロッパにおいてカトリックの教皇の冠を意味していたが、その3段になった構造は、3統治（Triregium）、すなわち天上界、地上界、地下世界の3領域を治めることを象徴していたともいわれている。また歴史的には、教皇の冠が三重冠になったのは、教皇ウルバヌス5世（在位1362-70）からのことである*46。

図2-17 グランゴヌール・パックの「教皇」のカード、1460-1490年頃、フェラーラ

「教皇」は両手に十字の印のついた「手袋」をはめているが、特にその右手は、足元に描かれているふたりの人物に向けて、祝福のサインを形づくっている。中世のキリスト教では、伸ばした2本の指と親指は聖なる三位一体を、残りの2本の指は人であり神であるキリストの二重性を意味していたといわれている*47。

また、「手袋」に関していえば、中世の初期より、高位の聖職者の装身具として用いられていたものだ。中世史家、池上俊一の『身体の中世』によると、手袋は「9世紀初頭からはドイ

ツ、フランス、イタリアで、徐々に典礼において不可欠の用具」となり、「10世紀半ばにいたって、司教の職票としての地位を公的に獲得した」。また手袋の持つ意味は、「神の恩寵の可視的な印なのであり、また、それをはめる者のこころの純潔の象徴」だそうである*48。

「教皇」の下方に描かれているふたりの人物の髪型は、中世の聖職者や修道士には一般的だった剃髪、すなわち王冠型あるいはドーナツ形に髪を残すスタイルとなっている。この剃髪の慣習は、ガリアで6世紀後半に登場し、7世紀のうちにスペイン・イタリア、そしてイングランドへと伝播し、8世紀にはヨーロッパ中に行き渡ったといわれているが、それがなにを意味するかは次のようなふたつの説がある。

ひとつは、キリストの荊冠の置き換えで、聖職者につねに苦悩を受け入れ自己犠牲の精神を思い起こさせるためであり、またそれは謙譲の印だといわれている。

もうひとつは、神に選ばれた神聖な職務をになう聖職者の栄光と威厳、勝利と権力のシンボルだともいわれている*49。

ところで、マルセイユ・タロットの「教皇」のカードには描かれてはいないが、古いいくつかのタロット・パックの「教皇」のカードでは、大きな鍵が描かれているものもある。たとえば15世紀後半に製作されたグランゴヌール・パックをご覧いただきたい（図2-17）。ここでは「教皇」が2本の鍵を持った姿として描かれている。

この鍵は、伝統的に教皇のアトリビュートとして知られているものである。カトリックのなかの伝承においてこの鍵は、この世とあの世の統治権を象徴するものだといわれている。その由来は、「わたしはあなたに天の国の鍵を授ける」という「マタイ福音書」の16章19節にあり、実際に十二使徒のひとりであるペテロが、直接イエス・キリストから受け取ったもので、それが歴代の教皇へと受け継がれてきたものだとされている。こうしたイエスからペテロへの鍵の授与が、実際の史実であるかどうかは別として、歴史上、イエス・キリストから授かったとされる「鍵」を、カトリックが自らの教会の権威を正当化するために用いてきたのは事実である。

以上、「教皇」のカードに使われている細々としたモチーフを見て

きたが、いずれもそれらはカトリックの伝統に由来するものである。

VI. 恋人
<small>The iconography of Major Arcana "L'AMOUREUX"</small>

歴史のなかで、ほとんどその姿が変わることなく伝統的に引き継がれてきた図像もある一方で、カードによっては、もとのものから大きく変化してしまい構図やモチーフ自体、もはや別のものとなってしまったものもある。その後者のひとつの例となるのが、この「恋人」のカードである。

たとえば、現存する最も初期のカードとして知られている15世紀前半イタリアのミラノで作られたものと（図2-18）、本書で解説しているマルセイユ・タロットの「恋人」のカードを見比べてみていただきたい。

いずれも、上方に翼の生えた子どもが描かれているという点は共通している。しかし、その下方に描かれた人物の構図は大きく異なっている。古い時代のタロットでは、ふたりの男女が向き合う形となっているのに対して、なぜかマルセイユ・タロットでは、ひとりの男性がふたりの女性に挟まれる関係になっているのだ。

ところで、一般的なタロット占いのハウ・ツー本では、「恋人」のカードに対する解釈として「恋が実る」的な意味が、しばしば記されていたりする。だが、ことマルセイユ・タロットの「恋人」のカードに関していえば、「恋が実る」どころか、あまりハッピーな恋愛の様子ではなさそうだ。むしろ見方によっては、モテモテの若い男を中心として、それを取り巻く女性ふたりからなる「三角関係」を描いたカードのように見えなくもない。

それにしても、もともと向かい合う男女のカップルという構図だったものが、このような男ひとり、女ふたりという「三つ組」の図像へ

と変化していったのは、いったいどういうことなのだろうか。

これまで見てきたカードとは異なり、この図像の意味を明らかにしていくためには、少々込み入った説明が必要となる。ここでは結論を急がず、ひとつひとつ順に考えていくとしよう。

まず、「三つ組」という点だが、そもそもこのような構図として「恋人」のカードを描いた現存する最も古いタロット・パックは、前章で紹介した17世紀半ばにフランスのパリで作られたプロト・マルセイユ・パターンのタロットのひとつ、ジャック・ヴィーヴィルのタロットである（図2-19）。ここで

図2-18　ケーリー・イェール・パックの「愛」のカード、15世紀前半、ミラノ

は、真ん中に男性がいて、右側には若い女性、左側にはお年を召された女性が描かれている。

もうひとつ、同じく17世紀半ばにフランスのパリで作られた現存する最も古いマルセイユ・タロットであるジャン・ノブレによるヴァージョンを見てみよう（図2-20）。こちらでは、右側には花輪を頭に載せた若い女性、左側にはおそらく月桂樹の冠とおぼしきものを頭に被った年配の女性が描かれている。

さて、ここで改めてこれら三つ組の人物が、いったいなにをしている場面なのかを考えてみてほしい。

すでに述べたように、確かにこの構図は、両側のふたりの女性が真ん中の男性を取り合っている、あるいは、中央の優柔不断な男性がどちらを選ぶべきかを決めかねて困惑している様子を描いたもののように見えなくもない。

図2-19　ジャック・ヴィーヴィルの「恋人」のカード、17世紀半ば、パリ

図2-20　ジャン・ノブレの「恋人」のカード、1659年、パリ

　しかしながら、実はこの三つ組の解釈は意外とやっかいである。というのも、改めて違う観点から眺めると、この同じ単純な図像が、まったく別の場面を描いたもののようにも見えてしまうのだ。
　試しにひとりが若い女性、もうひとりが年配の女性であるという点に注目してみよう。そうすると、この3人が、ふたりの若い恋人たちと母親を描いたものと見えてこないだろうか。すなわち、ここに描かれている三つ組は、中央の男性を取り合うふたりの女性ではなく、これから新しい門出を迎える若いふたりの恋人たちに、母親がなにか説教、あるいは助言をしているといった場面として解釈することも可能なのである。もっというなら、若い男の肩に手を載せている母親は、あたかも彼に向って「あんた、しっかりしなさいよ」とかなんとか、いかにもいってそうな雰囲気にも見えなくもない。
　いったいどちらの解釈が適切なのか？　その結論を出すために、この図像だけを眺めているだけではなかなか難しいだろう。実際、三角関係といわれればそう見えるし、母親と恋人たちといわれればそう見える。それこそ視点を変えることで見え方が反転してしまう、ゲシュタルト心理学で使われる図のようでもある。それゆえ、少なくともわたしには、この図像からどちらの解釈が適切であるかを判断することは不可能に思われる。

さらに、話をややこしくさせてしまうことになるが、今述べたふたつの観点の中間ともいうべき次のような解釈も可能であろう。
　たとえば、お年を召した女性は母親であり、もう一方は恋人であるという点は後者の解釈と同じ前提を共有する。しかしその場面は、母親が若者に助言をしているのではなく、むしろ前者の解釈のように、中央の男性が母親と恋人のどちらを取るか、その間で迷っている姿だとする解釈である。それはまるで思春期の若者が親元から離れ、いわば大人になっていくちょうどその時期を示しているかのように。
　実は、このタイプの解釈は、今日のタロティストの間でもある一定の支持を得ているものでもある。たとえば、イギリスのタロティスト、アルフレッド・ダグラスは次のように述べている。

> 「恋人」は、人生の旅の途上にある旅人が、人の助力をあてにせずに行わなければならぬ最初の決断を象徴する。若者は、母への忠誠と愛しい人への欲望、伝統的権威と主体的な行動との間での選択をしなければならないジレンマにとらわれる。これは個性化の発達過程において重要な一段階である。それは個人が自らの起源から離れ、自立した存在となる段階である[*50]。

　このようなダグラスの解釈は、タロットの大アルカナのシークエンスが、人間の成長過程、あるいは心理学的な心の発達プロセスに対応している、という前提から引き出されたものである。ちなみに、引用文中にある「これは個性化の発達過程に……」という箇所は、ユング心理学的な心の発達モデルと重ね合わせたカードの説明である。
　ここでわたし自身の意見を述べるなら、母親と若い恋人たちという解釈のモデルは、いずれの場合であっても、ひとつ疑問を呈さずにはいられない。それは、なぜ「恋」という主題のカードに、母親と若い恋人の間で迷っている人物を描いたのかということだ。
　かりに、それに対する答えをなんとか考えるとすると、たとえば「恋をするためには、母親のもとを離れ、ひとり立ちして、大人にならなければなりませんよ」といったものになるのだろうか。だとする

とこのカードの図像は、まるで「親離れ」と「自立」が「恋」という主題とからめて描かれたものだということになる。しかしながら、この20世紀的な発達心理学風の説明は、どうしても現代のわたしたちの視点に偏り過ぎた解釈のような気がしてならない。

一方で、「母・息子・恋人」ではなく、最初の解釈、すなわちふたりの女性の間で迷っている男性という観点から眺めるとどうだろう。

女性ふたりの間で迷う男性という構図は、すでに『タロット大全』のなかで指摘したように、古代ギリシャのヘラクレスのエピソードのひとつを思い出させるものである[51]。

図2-21をご覧いただきたい。これは、「分かれ道のヘラクレス」と題された絵画だが、中央にヘラクレスが立ち、両脇には彼の腕を引く女性たちが描かれている。まさに構図的には、マルセイユ・タロットの「恋人」のカードと通じていることが見て取れる。ということは、この「分かれ道のヘラクレス」という古典が、「恋人」のカードの三つ組の構図の意味を解き明かす鍵となるのだろうか。

ここでこの絵の題材となった物語の場面のあらましを、改めて簡単に紹介しておこう。

若き日のヘラクレスは、ふたまたに分かれた道までやってくる。そうすると、そこにはふたりの女性が待ち受けていた。一方の道には、苦難と栄光の道を示す質素な服装の女性、もう一方には喜びと快楽を約束する美しい女性が立っていた。当初、ヘラクレスは、後者の快楽の道に心惹かれてしまう。しかし、最後にはそれを思い直し、前者の苦難と栄光の道を選択するのである。彼のこの選択は、その後の有名

図2-21 ニッコロ・ソッジ（?）、「分かれ道のヘラクレス」

な十二の難行のための苦難と名声を余示するものとなるのである。

　この「分かれ道のヘラクレス」の場面について、ドイツの詩人セバスティアン・ブラントの『阿呆船』のなかの「智恵の報い」と題する韻文では、次のように記されている（『阿呆船』は、15世紀末のドイツの道徳的退廃に対する教訓詩や風刺詩のアンソロジーである。もともと1494年にバーゼルで刊行されたが、その後、複数の言語に翻訳され16世紀には全ヨーロッパ的に広まった）。

　　　　さて若き日のヘラクレス
　　　　快楽の道行くべきか
　　　　美徳の前に立つべきか
　　　　いずれにすべきか考えた
　　　　そこへ女がふたり来て
　　　　顔見ただけでヘラクレス
　　　　ふたりは誰かに気がついた
　　　　ひとりは快楽いっぱいで
　　　　ことばも甘く着飾って
　　　　楽しいこと約したが
　　　　末は悲しい死で終わり
　　　　ひとりは痩せて青白く
　　　　暗く、態度は生真面目で
　　　　快楽約さずこういった
　　　　「額に汗して働いて
　　　　美徳を守り続けなさい
　　　　永久の報いがあるでしょう」[*52]

　さて、この物語のポイントだが、それはいうまでもなく、ヘラクレスが結果的に楽な道を選ばず、あえて自らの意志で「苦難と栄光の道」を選択したというところにある。

　とすると、マルセイユ・タロットの「恋人」のカードの絵の主題も、「分かれ道のヘラクレス」同様に、ふたつの選択肢の間に立たさ

れた男性が、最後には自らの意志で徳のある道を選ぶことにあるのだろうか。というより、もっというならこの絵自体が、そもそも「分かれ道のヘラクレス」そのものを描いたものなのだろうか。

しかし、ここで即断は禁物である。というのもカードに描かれているのは、彼ら3人だけではない。そう、絵の上方には「分かれ道のヘラクレス」には登場しない、矢を構えた小さな翼の生えた裸の子どもが描かれているのである。

この翼の生えた裸の子どもがなんであるかは、疑問の余地なくルネサンス期のヨーロッパの絵画などではおなじみの愛の神クピドーである*53。

クピドーが放つ矢は、人の恋心をかきたてるものとして知られている。そしてその矢は、カードの絵をご覧になってのとおり、まさにこれから下の男性に向かって放たれようとしているかのようだ。

このクピドーの存在を考慮に入れてカードの絵を眺めてみると、そこには先ほどの「分かれ道のヘラクレス」とは、また完全に違った意味が浮かび上がってはこないだろうか。

すなわち中央の男性は、もはや自らの主体的な意志で選択するというのではない。というのも、数多の物語が示しているように、いったんクピドーの矢にハートが射抜かれた人は、自分では抑えることのできない、まさにやむにやまれぬ恋心をかきたてられてしまうのである。その結果、恋する人は自らの意志とは別に、その心の求めるままに恋する対象へと突き動かされてしまうのだ。

だとすると、かりに三つ組の構図が、前述のように「分かれ道のヘラクレス」の道徳訓、すなわち「徳ある道を選びなさい」を意味するものだったとしても、もはやそれは恋する心に対してなんの力も持ち得ないことを、全体としてこのカードは示していることになる。繰り返すが、なんといってもクピドーの矢が突き刺さったとたん、真ん中の男性は、もはや主体的な選択をすることはままならず、彼の心は恋するものへと向かっていってしまうのである。

ところで、もしかすると読者のなかには、三つ組とクピドーの持つ寓意を今述べてきた解釈とはまったく逆のものとして読みたくなる方

216 Reading The Tarot

もいるかもしれない。つまり、たとえクピドーの矢にハートが射抜かれたとしても、人はそれに負けることなく恋心を抑え、主体的に自らの意志で徳ある道を選択することが大事である、というような教訓をこのカードは示しているのだというように。

確かに、それもあり得そうな解釈ではある。しかしわたし自身は、このカードが示す意味は、そうではないと思う。

というのも、まずカードのタイトルは「恋人」である。つまり、そのタイトルが示唆していることに素直に従うなら、このカードの主題は「道徳」に関することではなく、まぎれもなく「恋」である。

それからもうひとつ。「恋人」のカードの前に位置するカードが「教皇」のカードだという点を思い出していただきたい。

前章で述べたように、タロットはもともとゲームに使用されるものだった。さらに大事な点をつけ加えるなら、カードの順番というのは、ゲームのなかにおいては重要な意味を持つ。というのも、その順番自体がカードの強さのランクを表す。従って、タロットのゲームにおける「恋人」のカードは、「教皇」のカードを打ち負かすことのできるより強いカードだったのである。

ここで改めて「教皇」のカードを見てみよう。そこではふたりの信者が「教皇」の説教へ耳を傾けているようにも見える。「教皇」がふたりの信者へと語るのは、当然のことながら、キリスト教的な善き道であり、徳ある生き方であることはいうまでもない。そして、ここで忘れてならないのは、先ほども述べたように「恋人」は「教皇」のカードを打ち負かすという点である。こういったことからすると、「教皇」のカードの「善き道を選びなさい」という説教を完全に無化すべく、「恋」の力を象徴する異教の愛の神を伴って「恋人」のカードが次に登場する、と見るのが自然な流れなのではないだろうか。

以上が、「恋人」のカードの図像解釈に関するさしあたっての結論となる。だが、最後にもうひとつ、過剰な深読みになってしまう恐れを覚悟の上で、あり得るかもしれないもうひとつの解釈を提示しておこう。

すでに『タロット大全』のなかで、このカードが表している「恋」、

もしくは「愛」とは、単なる世俗の恋愛を超えた、新プラトン主義的な愛の形而上学を意味しているのではないかということを示唆しておいた[*54]。それをここでもう一度取り上げてみたい。

まずここで、新プラトン主義的な愛とはなにかを簡単に説明しておかなければならないだろう[*55]。

新プラトン主義的な愛。それは、わたしたちが普通に連想する世俗的な恋する気持ちに収まることのない、より高次のものへと向かう魂の動きを表すものでもある。たとえば、イタリア・ルネサンス期の新プラトン主義の中心人物マルシリオ・フィチーノにとって、愛の理念は彼の哲学体系の中心に位置し、それは神と人をつなぐ神秘主義的な原理となるものだった。フィチーノにとっての「愛」は、図像学者パノフスキーの解説をそのまま借りるなら、次のようなものである。

愛は、神が神の本質を地上に向けて放射する際の――あるいはむしろ神が神そのものとなるための――原動力であり、また反対に、愛は、神の造った人間たちが再び神と一体になろうとする際の原動力でもある。フィチーノによれば、「愛」こそは神から地上へ、そして地上から神へというあの自己回帰の流れ（精神的循環）の別名にほかならない。愛の状態にある人間はこの神秘的な回流のただなかに身を置いているのである[*56]。

さて、こういった新プラトン主義的な愛の主題を、かりに「恋人」のカードに読み込むなら、先ほどの絵のなかのふたりの女性は、また一味違った深みのある意味に解釈されることになる。

ひとまず図2-22をご覧いただきたい。これは16世紀初頭、ティツィアーノ（1490-1576頃）によって描かれた「聖愛と俗愛」と呼ばれている絵画である。この絵にもふたりの女性が描かれているが、中央に位置するのは、この場合、男性ではなくクピドーである。パノフスキーは、この絵のふたりの女性、すなわち裸身の女性を「天上のウェヌス」、そしてもう一方の女性を「地上のウェヌス」を描いたものとして解釈している。

図2-22 ティツィアーノ、「聖愛と俗愛」、1514年

　「天上のウェヌス」と「地上のウェヌス」とは、新プラトン主義者がいうところの愛を表現したものである[*57]。再びパノフスキーによれば、「天上のウェヌス」は、「宇宙の、しかも永遠の、それにもかかわらず、純粋に知的に捉えることのできる美の原理」を象徴する。そして、もう一方の「地上のウェヌス」は、「滅ぶべきものではあるが、見ることのでき触れることのできる『美』のイメージ、すなわち人間や動物たち、花々や木々、黄金や珠玉、それに人間の技芸が考案したさまざまな作品をこの地上に創り出す『生産力』」を象徴している[*58]。また、特にルネサンス期の新プラトン主義におけるふたりのウェヌスが意味するのは、エロスのなかにあるふたつの性質——すなわち地上的で世俗的で感覚的な愛と精神的で神聖なるものへと向かう愛の間にある対立だった。新プラトン主義者たちの課題は、このふたつの性質をともに貶めることなく、その間の対立をいかに調和させるかにあったのである。

　では、「恋人」のカードの図像の解釈のほうへと話を戻そう。改めて指摘するまでもなく、ティツィアーノの描くふたりのウェヌスとクピドーからなる構図と「恋人」のカードの図像の間には明らかな類似性がある。もちろん、ティツィアーノの絵のほうには「恋人」のカードに登場している中央の男性はいない、という決定的な違いもある。

　しかしながら、かりに「恋人」のカードのふたりの女性も、ティツィアーノの絵と同様、「天上のウェヌス」と「地上のウェヌス」を描いたものであり、新プラトン主義的な「愛」の表現を意図したものだ

ったとしたらどうか。そうすると中央の男性は、そのふたつの愛のベクトルを、いかに調和させるべきかを思案中の人物だということになるのかもしれない。

　はたして、マルセイユ・タロットの「恋人」のカードは、新プラトン主義的な「愛」の表現を意図したものだったのか。はっきりとした結論はひとまず控えておくにしても、わたし自身は、やはり深読みのし過ぎではないかという懸念にどうしても傾いてしまうのが、正直なところである。

　その理由はいくつかあるが、ひとつは「恋人」のカードにおいて、ふたごのウェヌスの一方が、若い女性ではないという点だ（前述のティツィアーノのふたごのウェヌスはともに若い女性である）。すなわち、ふたごのウェヌスを描いたものだとしたら、なぜ一方が、年配の女性となっているのか、その意味が今ひとつよくわからない。

　もうひとつは、素直にカードに描かれたふたりの女性の姿を見つめ直したとき、その木版画の拙さのせいなのかもしれないが、少なくともわたしには、お世辞にも見栄えがよいとはいえない彼女たちが、どうしても愛と美の女神ウェヌスを描いたものとは見えてこないということである。

　いずれにせよ、新プラトン主義的にカードの図像を解釈していく誘惑に駆られるのは、実はこの「恋人」のカードだけではない。次に登場する「戦車」のカードも、またそうなのである。

VII. 戦車

The iconography of Major Arcana "LE CHARIOT"

　王冠を被った若い男性が、2頭の馬に引かれた戦車に乗っている。このカードの絵は、戦いの勝利を祝う凱旋のパレードがモチーフになっていると思われる。

　凱旋は、もともと古代ローマで戦勝した将軍に対して、元老院から与えられた公的な栄誉であり、その英雄はきらびやかに飾り立てた凱旋車に乗り、街を練り歩くというものだった。しかしながら、初期のタロットが見つかっている15世紀のイタリアにおける凱旋は、単に戦勝の栄誉のためだけではなく、古代の異教の神々、英雄、詩人などを賛美するためのポピュラーな行事としても行われるようになっていた。

　凱旋車としてこのカードを見るなら、図像自体も含めて、ここにさしたる謎はない。しかしながら、プロト・マルセイユ・パターンのジャック・ヴィーヴィルのタロットの図像には、ひとつ変わった特徴が見られることも指摘しておこう。

　図2-23をご覧いただきたい。ここでは、戦車を引いている馬の顔が、人間のように描かれているのがおわかりだろうか。この「人間の顔のような馬」というモチーフは、現存するものを見る限り、その後のマルセイユ・パターンのタロットには見つけることができないものだ。しかしながら、このプロト・マルセイユ・パターンのタロットに、なぜ「人間の顔のような馬」が描かれたのかはわからない。

　今度は、図2-24をご覧いただきたい。これは前章でも述べたエソテリック・タロッ

図2-23 ジャック・ヴィーヴィルの「戦車」のカード、17世紀半ば、パリ

図2-24 エリファス・レヴィによる「戦車」のカードのデザイン

図2-25 ウェイト゠スミス・パックの「戦車」のカード

ト時代に最も大きな影響力を持った19世紀最大のオカルティスト、エリファス・レヴィによる「戦車」のカードである。ここでは、面白いことにも、馬がスフィンクス置き換えられ、そこに再び人間のような顔が描かれるようになっているのである。

馬をスフィンクスへと置き換えたレヴィのこの修正が、はたしてジャック・ヴィーヴィルの「人間の顔のような馬」にインスパイアされたものなのかどうかは定かではない。だが、いずれにせよレヴィによるスフィンクスへの変更は、彼のフォロワーであるタロティストたちによって好んで受け入れられ、その後のオカルト的なタロットのひとつの伝統となっていく。図2-25をご覧になってわかるように、20世紀を代表するウェイト－スミス・パックにおいても、レヴィからはじまったスフィンクスが、馬の代わりに描かれているのを見ることができる。

ところで、「戦車」の前の「恋人」のカードのところで、その図像に対する新プラトン主義的な解釈の可能性を示唆した。すでに述べたように、同様のことはこの「戦車」のカードに対しても可能である。

特に、初期のタロット・パックのひとつである15世紀イタリアのピアポント・モルガン゠ベルガモ・パックの「戦車」のカードは、その翼の生えた2頭の馬が描かれていることから、新プラトン主義的な

主題をそこに読み取りたくもなる図像となっている（図2-26）（詳しくは『タロット大全』を参照のこと）。

すでに『タロット大全』のほうでも説明したことだが、プラトンの『パイドロス』のなかでは、2頭の馬を御すことにたとえられた人間の魂のなかのふたつの力の葛藤が、次のようにも述べられている*59。

図2-26　ピアポント・モーガン＝ベルガモ・パックの「凱旋車」のカード、15世紀半ば、ミラノ

われわれひとりひとりのなかには、なにかわれわれを支配しみちびくふたつの種類のちからがあって、われわれはこのふたつのものがみちびくままに、そのほうに向かってついていくものだ、ということである。そのひとつは、生まれながらにして具わっている快楽への欲望、もうひとつは、最善のものを目ざす後天的な分別の心である。われわれの心のなかでは、このふたつが、互いに相利するときもあるが、互に相争うときもある。そして、あるときには一方が、あるときには他方が勝利を得る。で、その場合分別の心がわれわれを理性の声によって最善のもののほうへとみちびいて、勝利を得るときには、この勝利に「節制」という名があたえられ、これに対して、欲望がわれわれを盲目的に快楽のほうへと惹きよせて、われわれのなかにおいて支配権をにぎるときは、この支配に「放縦」という名があたえられている*60。

ここでひとつ注目すべきは、「分別」の心を持って勝利を収めた場合に、プラトンはそれに「節制」という名を与えていることだ。

「節制」は、マルセイユ・タロットのなかでは、14番目に位置する大アルカナである。しかしながら、ここで注目すべきは、過去のいくつかのタロット・パックにおいては、「恋人」のカードのすぐ後に、「節制」のカードが位置している場合があったという事実である（た

とえば、ワシントンのナショナル・ギャラリー所蔵の 16 世紀初頭の
ローゼンウォルド・シートや、17 世紀後半から 18 世紀初頭のフィレ
ンツェで作られたミンキアーテ・タロットなど）。

　念のためにいっておくと、タロット・カードの順番というのは、時
代や地域によって変動があり、今日のマルセイユ・タロットに代表さ
れるようなスタンダードな順番とは大きく異なる場合もある*61。

　あくまで推測だが、「恋人」のカードの後に、「節制」のカードが置
かれている場合、そのシークエンスは、プラトンの『パイドロス』の
なかで記されているように、愛（「恋人」のカード）を「最善のもの
のほうへと導いて、勝利を得る」という意味で、「節制」のカードが
すぐ後に配置されたということなのかもしれない。

　最後に、図像の細部についてもひとつだけ触れておこう。いずれも
マルセイユ・タロットの「戦車」のカードでは、乗りものの前面（ち
ょうど 2 頭の馬の頭の間あたり）に、アルファベットが描かれてい
る。これは誤解のないようにいっておくが、謎めいたシンボルなどで
はない。単にそのカードを作ったカード・メーカーのイニシャルであ
る。

VIII. 正義
The iconography of Major Arcana "La Justice"

　タロットの歴史のなかで、この「正義」
のカードは、最もその絵柄のモチーフに変
化が見られないもののひとつだ。

　女性が一方の手に「秤」、そしてもう片
方の手には「剣」という構図は、15 世紀
のイタリアのタロットからはじまってマル
セイユ・タロット、そして 20 世紀を代表
するウェイト－スミス・パックにいたるま
で変わることなく受け継がれていった図像
法である。

図2-27 ラファエロ、「正義」、1509-1511年

　中世・ルネサンスを通してヨーロッパでは、「賢明（Prudence）」、「剛毅（Fortitude）」、「節制（Temperance）」、そしてこのカードのタイトルにもなっている「正義（Justice）」が、4つの枢要徳として数えられていた。

　図2-27はラファエロの描いた「正義」の擬人像である。それをタロットの「正義」のカードの図像を見比べてみるとわかるが、どちらにも「秤」と「剣」という共通のモチーフが描かれている。というのも、そもそも公正さと正義の力を意味する「秤」と「剣」は、徳としての正義を擬人像として描く際に使われる、ヨーロッパの絵画のなかでのおきまりのアトリビュートだったのである*62。

　ところで、4つの枢要徳は、もともと古代ギリシャの哲学者プラトン（前427-347）の『国家』（4：427以下）のなかの記述に由来するといわれているが、後に聖アンブロシウス（337もしくは339-397）によって、ヨーロッパのキリスト教文化のなかに受け入れられるようになったとされている。ちなみに、プラトンの『国家』のなかにおける「正義」は、4つの徳のなかにおいて最も重要な位置を占め、最後に登場する徳である。しかし、マルセイユ・タロットのシー

クエンスのなかでは、逆に「正義」は、最も最初に登場している。

また、「正義」を含む4つの枢要徳のうち「剛毅」、「節制」は、後に見るように、いずれも大アルカナのなかに登場する主題である。しかし4つの枢要徳のうち、唯一「賢明」だけが、スタンダードなタロット・パックのなかに含まれていない。

イコノグラフィー的な観点からは、まったく謎めいたところのないカードであるため、これはヨーロッパの枢要徳のひとつである「正義」を描いたものである、ということ以上にとりたてて語るべきことはない。

ただし、これまでもタロティストたちは、「秤」というモチーフを媒介として、ヨーロッパの伝統を超えたより領域へと、その想像力の輪を拡張していった。

たとえば、古代エジプトの正義の女神マート、古代ギリシャの正義の女神テミスやディケの持ちものとして、しばしば「秤」は登場する。そういったことから、ユング心理学的な解釈をするタロティストたちは、「正義」という観念に秤というシンボルが結びつくのは、人類にとっての普遍的なある種の元型的なイメージの表現ではないかとも考える。

人類の心の深層に存在するいくつかの普遍的な共通するパターン。それをユング心理学では「元型」と呼ぶ。そのコンセプトがそもそも妥当であるかどうかはさておいても、「正義」のカードの「秤」のようにタロットの図像に登場するある特定のモチーフが、あたかも人類に共通の普遍的なシンボルであるかのように時代と地域の異なる場所で広く使われている場合も確かにある。しかし、それとはまったく逆に、タロットの図像のなかのある特定のモチーフが、異なる文化のなかにおいてほとんど共通する意味を持たない場合もある。

いずれにせよ、「元型」というアイデアを核としたユング心理学的なタロットの解釈は、トランスフォーメーション・タロットの時代（特に1970年代以降）、非常にポピュラーなアプローチとなっている。その線に沿った解釈に従うなら、たとえば次の「隠者」のカードは、ユング心理学的でいうところの「老賢者」という元型に結びつけ

て考えられることになる。

IX. 隠者 The iconography of Major Arcana "L'HERMITE"

「隠者」と題されたこのカードには、右手にランタンを持ち、左手に杖をつき、フードのついた長い外套をはおり、鬚をたくわえた男性が描かれている。

「正義」のカードの最後のところで、ユング心理学的なタロットの解釈論において、このカードは「老賢者」の元型と結びつけて考えられると述べた。とはいえ、本章の目指すところは、カードの絵を元型の表れと見なし、神話の世界へと分け入ることではない。従って、ここではこれまで同様、その背景となっているヨーロッパの文化的コンテクストのなかから、まずはその主題を浮き上がらせてみることとしよう。

ヨーロッパにおける「隠者」のひとつの典型的なイメージとしてすぐ浮かんでくるのは、西方キリスト教の修道院制度の範ともなった、3世紀半ばから4世紀半ば頃、エジプトで生きた聖アントニウスである。一切の富を手放し、何年もの間、砂漠で孤独に生活したといわれる聖アントニウスは、鬚を生やし、片手にT十字型の杖、もしくは松葉杖を持ち、ときおりもう片方の手にはベルを持った老人としてしばしば描かれている。

また、もうひとつの「隠者」の典型として有名なのは、古代ギリシャの哲学者ディオゲネス（前412-323）である。ディオゲネスが絵画のなかで表現されるときは、古めかしい外套を着て、白昼のさなかの雑踏のなかで、手にランタンを持つ姿としてしばしば描かれることもある（図2-28）。ちなみに、ディオゲネスは樽のなかで生活したといわれているが、その姿は、15世紀後半にフェラーラで作られた

図2-28 ヤン・ヴィクトルス、「ある人を探すディオゲネス」、1654年

図2-29 エステ家のタロットの「太陽」のカード、15世紀後半、フェラーラ

エステ家のタロット・パックの「太陽」のカードで見ることができる（図2-29）*63。

その他にも、キリスト教の聖者のなかからは、ランタンを手にする人物を何人か見つけることは可能である。たとえば、聖ルキア、聖ジュヌヴィエーヴ、聖グドゥラなどがそうである。

ところで、マルセイユ・タロットに見られるような、手にランタンを掲げた老人の姿は、より古い時代のタロットにおいて、実は一般的なものではない。

たとえば、15世紀の初期のイタリアのタロットでは、手にはランタンではなく、砂時計を持った老人として描かれている（図2-30）。また、カードのタイトルに関しても、もともとは「隠者」ではなく、歴史を遡ると「時」、「せむし」、「老人」といった複数の呼び名が存在する。すでに『タロット大全』で述べたように、「隠者」を含むこれらの複数のタイトルが示唆するものは、いずれもルネサンス期においては、土星を意味するローマ

図2-30 ピアポント・モーガン＝ベルガモ・パック、「時」のカード、15世紀半ば、ミラノ

の神サトゥルヌスに関連し、土星の下に生まれた「土星の子どもたち」である*63。

ところで、「正義」のカードのところで述べたように、マルセイユ・タロットにはヨーロッパの４つの枢要徳のうち、「賢明」だけが主題として含まれていない。「正義」はすでに見たとおりだが、「剛毅」は11番目のカードに、「節制」は14番目のカードとして描かれている。ここで自然と浮かんでくる疑問は、他の３つの徳目がそれぞれカードの主題となっているのにも関わらず、なぜ「賢明」だけが大アルカナのなかに含まれていないのか、ということだ。

それに対して、この「隠者」のカードこそ、実は「賢明」という主題を描いたものなのではないか、という考えを持つタロティストもいる。

たとえば、ポール・ハッソンは、このいわば「隠者＝賢明説」を裏づけるために、フランシスコ会修道士のジョン・ライドウォールが15世紀半ばに書いた『フルゲンティウス・メタフォラリス』という著書において、「賢明」がサトゥルヌスと関連づけられていることを指摘する*65。

ここで肝心なのは、先ほども触れたように、ルネサンス期において「隠者」は、サトゥルヌスと結びつけられ考えられていたという点である。それを考え合わせると、「隠者」＝サトゥルヌス＝「賢明」という図式が成立し、そこから「隠者」は「賢明」を描いたものなのではないかと推測されることになるわけである。

はたして、「隠者」のカードこそが、タロット・パックのなかからひとつだけ失われたものと長らく考えられていた枢要徳のひとつ、「賢明」だったのだろうか。

しかしながら、疑問は残る。「賢明」という徳を描くのに、なぜタロットのなかでは、ランタンを掲げる「隠者」の姿が用いられたのだろう。というのも、「賢明」の一般的な擬人像は、片手に「鏡」を持ち、片手に「蛇」を持った女性か、あるいは、過去、現在、未来を象徴する３つの男性の顔として描かれるかのどちらかであった*66。実際、16世紀前半頃からフィレンツェで作られるようになったミンキ

アーテ・パックには、前者の「賢明」の擬人像を踏襲した「賢明」のカードが含まれている*67。こういった点からすると、「賢明」の擬人像として、タロットの「隠者」を見るのは、いまだやや弱いようにも思われる。

とはいえ、「隠者＝賢明」という連想自体は、わたしたちにとって決して不自然なものではないだろう。すでに述べたヨーロッパの「隠者」の典型的イメージである聖アントニウスやディオゲネスを思い出していただきたい。いうまでもなく、普通、彼らから思い浮かべるのは、偉大な徳と智恵を持つ「賢者」であろう。とすれば、ユング心理学的なタロット解釈において、タロットの「隠者」が「老賢者」の元型だと見なされたとしても、それはそれとしてしごくもっともなことだともいえるだろう。

X. 運命の車輪 The iconography of Major Arcana "LE BATELEUR"

まずは図2-31をご覧いただきたい。これはタロットの絵ではなく、「恋人」のカードのところでも触れたセバスチャン・ブラントの『阿呆船』のなかの「運命の気まぐれ」と題された挿絵である。一目見てわかるように、マルセイユ・タロットの「運命の車輪」のカードと、その構図の類似性から、同一の主題を描いたものであることがみてとれる。

「運命の気まぐれ」では、車輪を昇り降りしている3人の阿呆が描かれているが、その姿は、おおよそ人間ではない。頂点にいるのは完全なロバ、左側から昇っていこうとしているのはほぼロバで（下半身だけが人間）、右側で下に落ちていくのはロバの耳のかぶりものをしたほぼ人間（下半身がロバ）の姿が描かれている。

図2-31 セバスチャン・ブラント、「運命の気まぐれ」、1494年

図2-32 メトロポリタン・ミュージアム所蔵のイタリアのタロット、15世紀末もしくは16世紀

　タロットのなかで、こういったロバから人間へとあたかも変身していくかのような図像となっている初期のものとしては、15世紀末、もしくは16世紀に製作されたと見なされるメトロポリタン・ミュージアム所蔵のイタリアのタロットがある（図2-32）。ここでは、全体として4人の人物が描かれてはいるものの、輪の回りにいる3人は、完全なロバ、ほぼロバ、ほぼ人間という姿となっていることがわかる。

　一方で、マルセイユ・タロットの「運命の車輪」のカードに描かれているのは、もはや人間ではなく、奇妙な動物のような姿となっている。その絵の拙さから、それぞれの生きものがなにを描いたものなのかを、はっきりと特定することは困難である。だが、車輪の上、及び下降していく生きものは猿、また車輪の回転とともに上昇していくように見える生きものは、犬を描いたように見えなくもない。

　そもそも「運命の車輪」という主題は、セバスチャン・ブラントの『阿呆船』にも登場するように、タロット特有のものではなく、中世からルネサンスにかけて、ヨーロッパでは非常にポピュラーなものである[*68]。そこでは、たいがい運命の女神フォルトゥーナが、車輪の

図2-33 ボッカッチョ、『著名人士の場合』のなかの「運命の車輪」、1552年

図2-34 ピアポント・モーガン＝ベルガモ・パックの「運命の車輪」のカード、15世紀半ば、ミラノ

真ん中に位置するか、あるいは車輪の外側に立って、それを手で回す姿として描かれるのが一般的だった（図2-33）。

実際に、より古い時代のタロット・パックのなかの「運命の車輪」では、伝統的な図像法に従って、車輪の中央に目隠しをしたフォルトゥーナが描かれているのを見ることができる（図2-34）*69。マルセイユ・タロットの「運命の車輪」では、フォルトゥーナの姿こそ描かれていないが、車輪のその中央に取手がついているのが確認できる。

タロットも含めたこうした「運命の車輪」の図像に、それぞれ細部のデザインの若干の違いがあったとしても、そこに込められた意味は共通している。中世の「運命の車輪」の図像表現に大きな影響を与えたといわれている6世紀の哲学者ボエティウス（480-524）は、『哲学の慰め』という本のなかでフォルトゥーナに次のように語らせている。

　　これはみなわたし（フォルトゥーナ）の力、これはわたしのたえまない遊び、丸い輪を気まぐれに回しながら、ものごとの場所を変え、低いものを高く、1番低い者を頂きに、1番高い者を1番

低いところに変えながら、わたしは楽しむ。もしおまえが望むなら高く昇れ。ただし、わたしの車輪が回るたびにすべてが変わったとしても怒らないという約束をしなさい*70。

　ここにあるのは、努力や意志で「運命は変えられる」、あるいは「運命に打ち勝つことができる」と、あたかも運命の支配者であるかのように、高らかな個の自由や力を謳い上げる現代のポジティヴ・シンカーたちのような楽観主義ではまったくない。

　人生において、自分の意志によってはどうすることもできないまま変転し移りゆく状態やものごと。それを中世・ルネサンスの人々は「運命」と呼んだ。そして、そのさまを車輪の回転になぞらえたものこそが、そもそも「運命の車輪」という図像だったのである。

　最後に、マルセイユ・タロットの「運命の車輪」の頂上にいる、王冠を被った猿のような生きものの姿を改めて眺めてみよう。それは決して、運命を思うがままにした成功者の栄功を称えたものとは見えない。むしろその猿の姿は、人生の頂点で運命の支配者になったと傲慢にも自惚れてしまいがちな人間の愚かさを示しているものなのではないだろうか。

XI. 力

The iconography of Major Arcana "LA FORCE"

　このカードは、すでに述べた4つの枢要徳の内のひとつ「剛毅」を描いたものである。

　ちなみに、中世において、徳としての「剛毅」のよく知られた典型的な図像法はふたつある*71。ひとつは女性が「剣あるいは棍棒で武装し、腕に楯をかけ、頭をライオンの皮で覆っている」という描き方である。この棍棒とライオンの皮というモチ

ーフは、ギリシャ神話のなかのヘラクレスの物語に由来する。ヘラクレスの有名な物語、12の難行のなかでは、棍棒と素手で最初の敵、ネメアのライオンと闘い、そして勝利の記念としてライオンの皮を身に纏う。

もうひとつは、女性が「柱をかかえ、それを揺り動かし、砕き、その柱頭をもぎ取っている」という図像である。この「柱」というモチーフは、『旧約聖書』のなかで、サムソンがペリシテ人の頭上に倒した柱に由来する*72。

さて、マルセイユ・タロットの「力」のカードだが、そこに描かれているのは、大きなつばのある帽子をかぶった女性が、ライオンの上顎と下顎を両手でしっかりとつかんだ姿である*73。

そもそも「剛毅」という徳は、ひらたくいえば、「どんな困難に対しても、不屈の精神で持って強くあること」といったところだろうか。とすれば、マルセイユ・タロットのなかのライオンは、手に負えないほどの大きな困難や苦難を示し、一方のライオンの顎を素手でおさえている女性の姿は、それにもめげることのなく、なににも負けない強さ、すなわち「剛毅」そのものを体現しているものだということになるのだろう。

こうしたマルセイユ・タロットに代表される「女性とライオン」のカップリングの図像は、20世紀に入るとウェイト＝スミス・パックへと引き継がれ、今日それがほぼ主流となっている（図2-35）*74。ただしひとつ注意しておくと、ウェイト＝スミス・パックでは、マルセイユ・タロットの「力」のカードとは、かなりテイストが異なるものとなっている。

図2-35をご覧になってわかるように、そこに描かれているのは、女性がライオンと敵対しているというイメージではまったくない。また、女性の雰囲気も、非常に穏やかなものとなり、ライオンにもまるで荒々しさは

図2-35　ウェイト＝スミス・パックの「力」のカード

感じられない。すでにライオンは女性に手なずけられてしまっているかのようである。実際にこのカードの作者であるアーサー・E・ウェイトは、「彼女の善き剛毅によって、ライオンは既に手なずけられ、花の鎖でつながれてしまっている」とその絵を解説している[*75]。

20世紀後半のタロティストたちは、こういったウェイト＝スミス・パックの絵に触発されることで、このカードの解釈を、かつてのヘラクレスやサムソンが象徴するような肉体的・男性的な力としてではなく、

図2-36 フランチェスコ・ディ・ジョルジョ・マルティーニ、「ユニコーンと貞節」、1463年

逆に女性性と結びつけられる受容力を表すものと見なすのが一般的になっている。

さらに、ユング心理学的なタロットへのアプローチを行うタロティストたちは、女性とライオンの組み合わせを「美女と野獣」の物語や、ユニコーンの伝説などへと拡充していく（図2-36）。それによって、ライオンは人間の無意識のなかにある「本能」や「欲望」などの混沌とした力を象徴するものであり、それらをいかに意識が統合していくかという心理学的な課題のなかに、このカードのテーマを重ね合わせていくようにもなっている。

もともとのこのカードの主題である徳としての「剛毅」という意味から離れ、こういった新たな絵の解釈が生み出されていくのは、今日、タロットの絵が、それ自身の作られた時代と場所のコンテクストから完全に離脱し、その制約からほぼ完全に開放されたからこそ起こってくることである。そういう意味において、現代のタロティストにとってタロットの絵は、新たな意味を際限なく生み出すことを可能にする完全に開かれたテクストとなっているのである。

実際に、次の「吊るされた男」というカードは、エソテリック・タ

ロットの時代以降、その図像がもともと表現していたはずのものとはまったく異なる意味が、担わされてきたものの代表だといえるだろう。

XII. 吊るされた男 The iconography of Major Arcana "LE PENDU"

マルセイユ・タロットの「吊るされた男」のカードには、左足をロープで縛られ、木から逆さ吊りになった人物が描かれている。おそらく彼は両手も後ろで縛られ、身動きができなくなっているのだろうか。

大アルカナのなかでも、ひときわ謎めいた図像であることから、多くのタロティストはさまざまな秘教的解釈（たとえば、「聖なる殉教者」、「自己犠牲」、「深い瞑想を続ける神秘主義者」など）を、このカードに与えてきた*76。

そもそもそのこの人物は、いったいなにゆえに、逆さ吊りにされているのか？　確かに、なんら手掛かりもなくこのカードを眺めてみると、そこはかとない謎めいた問いが、わたしたちに投げかけられているようにも見えてくる。

たとえば、19世紀フランスの最大のオカルティスト、エリファス・レヴィは、このカードを次のようにも解釈する。

> **12番目の鍵は、3本の樹または棒で組み立てられたヘブライ文字∩の形をした絞首台に片足で吊るされているひとりの男を描いている。男の両腕は頭部とともにひとつの三角形を形づくり、そしてこの象形文字的形態は、上に十字形が乗っかった逆立ちをした三角形のかたち、すなわち「大作業」の成就を表し、これは魔術修得者なら誰しも心得ている錬金術的象徴である***77。

エソテリック・タロット史上、最も称賛すべき著書を残したレヴィの想像力に敬意を払うとしても、初期のタロットが制作された15世紀のイタリアという時代に照らし合わせるなら、このカードの図像が本来表していたものは、実のところもっと散文的なものでしかなかったといわざるをえない。というのも、それが示しているのは、錬金術的象徴とはおそらくほとんど関係がないものであり、ガートルード・モークリーが指摘するように、このカードに描かれているのは「裏切り者」の姿だと思われる*78。

　すでに『タロット大全』でも述べたように、実際に、当時のイタリアにおいて、「裏切り者」を逆さ吊りの姿として描くのは、決して珍しいことではなかった*79。また、なんといってもイタリアでのこのカードの初期の呼び名は、今日の一般的な「吊るされた男」というタイトルではなく、単に「裏切り者（il Traditore）」だったという事実もある*80。

　ここで図2-37をご覧いただきたい。これは1644年にイタリアのジュゼッペ・マリア・ミッテリという人物によって制作されたタロット・パックのなかの「裏切り者」である。こちらでは、テーブルの上に顔を伏せて眠っている者を、後ろからハンマーでなぐりつけようとする人物が描かれている。すなわち、従来の「吊るされた男」という人物の構図が大胆に変えられ、まさに文字どおりの「裏切り者」を描くことによって、その主題がより明確なものとなっているのである。

　ところで、この「裏切り者」としての「吊るされた男」に対して、もともとは特定の人物を描いたものだったのではないか、という意見を述べているタロット研究家もいる。

　たとえば、スチュワート・キャプランは、この「吊るされた男」をイエスの使徒のひとりペテロと関連している可能性を示唆している*81。『聖書』の記述によれば、ゲッセマネでペテロは、イエスを3度否認することでイエスを裏

図2-37　ミッテリ・パックの「裏切り者」、1644年

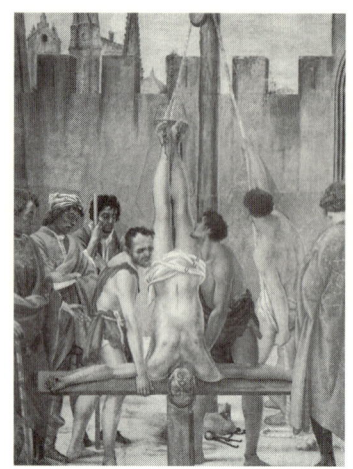

図2-38　フィリッピーノ・リッピ、「聖ペテロの磔刑」、1481-86年頃

切っている。また、ペテロは殉教の際に、師であるイエスと同じ姿勢で死ぬ価値など自分にはないと主張し、頭を逆さまにして磔りつけにされることを望んだともいわれている。

　こういったエピソードに重ね合わせてみると、カードに描かれた人物がペテロだという仮定は、最初に触れたような「聖なる殉教者」という現代のタロティストたちが好む解釈と、本来の「裏切り者」というタイトルは、うまい具合に一致することになりそうである。

　しかしながら、ここでひとつ問題となることがある。それは、ペテロが「逆さ吊り」にされたのではなく、「逆十字」にかけられた姿で殉教したということだ。実際、一般的な絵画のなかでは、そのように描かれるのが普通である（図2-38）。ということからすれば、このカードの人物がペテロであったと見なすのは、今ひとつ説得力に欠けているといわざるをえないだろう。

　一方、ここで再びモークリーが指摘していることに従うなら、前述のグランゴヌール・パックの人物に関しては、同じく十二使徒のなかのユダであったと見なすことができるかもしれない*82。15世紀半ば以降にヴェネツィアで作られたとされているグランゴヌール・パックの「裏切り者」をご覧いただきたい（図2-39）。こちらでは、逆さ吊りにされ

図2-39　グランゴヌール・パックの「裏切り者」のカード

ている男が、両手にずた袋を握っている姿として描かれている。おそらく、これはすでに『タロット大全』でも述べたように、ユダがイエス・キリストを裏切る見返りに銀30枚を受け取った『聖書』のなかの物語が、もとのモチーフだったと考えられる[*83]。ただし厳密さを重んじるなら、ユダである可能性についてもまったく問題がないわけではない。というのも、ユダの死は逆さ吊りではなく絞首刑なのである。

「吊るされた男」は誰なのか。たとえそれが定かではないとしても、ひとついえるとすれば、マルセイユ・タロットのこのカードは、やがてやって来るであろう死に対してなすすべもないまま、その宿命をひたすら引き受けなければならないさまを表したものなのだろう。なんといっても次にやってくるのは、大きな鎌をふるう死の神が登場するカードなのである。

XIII. 無題(死) The iconography of Major Arcana "LA MORT"

マルセイユ・タロットの大アルカナ22枚は、すべて絵の下にカードのタイトルが記されている。しかしこのカードだけは、ご覧のとおりタイトルが記されていない。

ところで、大アルカナのカードの順番は、前にも述べたとおり、昔からずっと一定だったわけではなく、時代や場所の違いによってそのヴァリエーションは複数存在する。しかしながらここで興味深いのは、非常に多くのそのヴァリエーションのなかで「死」を主題としたこのカードのポジションが、ほぼ常に13番目となっている点である。

13番目。このカードに与えられたその位置は、単なる偶然なのだろうか。いや、それとももしかすると、「13は不吉な数である」というヨーロッパでよく知られている数の俗信とこのカードの主題である

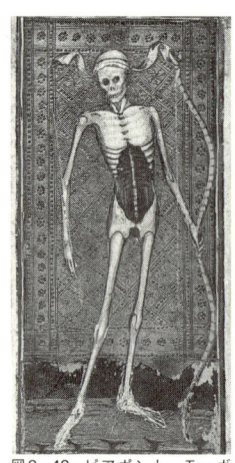

図2-40　ピアポント・モーガン＝ベルガモ・パックの「死」のカード、15世紀半ば、ミラノ

「死」が、結びつけて考えられたがゆえなのだろうか*84。

　ちなみに、この 13 という数にまつわる否定的な意味の由来としてしばしば語られるのは、キリスト教の「最後の晩餐」のエピソードである。最後の晩餐におけるイエス・キリストと使徒を合わせた数は 13 だった。そして、そこには裏切り者ユダが含まれていた。それゆえ 13 という数は、その後のイエスの死を予知する不吉な数だったとされるわけである。この話に合わせて、前に述べた 12 番目のカードの吊るされた男が実はユダを描いたものだったのではないかという仮説を思い出すならば、このカードの番号が 13 であるというのは、なおのこと興味深いものにも感じられる。

　ここで改めて、カードの絵を見てみよう。大きな鎌を持った骸骨（あるいは遺骸）。そして、まばらに草の生えた大地には、不気味なことにも、ばらばらになった人のからだが散らばっている。ちょうど、絵の下方にはふたりの人間の頭部が転がっているが、そのひとりは王冠をかぶっているようにも見える。

　まず、カードに描かれている骸骨（あるいは遺骸）に関していえば、なにを描いたものかは明らかである。それはヨーロッパでは、いわゆる「死の神」として、広く知られている死の擬人像である。最も初期の時代のタロット・パックを見ても、マルセイユ・タロットと同様に死の神が描かれている（図2-40）*85。その一方で、大地に散らばるばらばらになった人体というモチーフは、マルセイユ・パターンが確立する前のタロットにおいて、一般的なものではなかった。

　それにしても、大地の上に散らばるばらばらになった人体部位は、いったいなにを表し、なにを意味するものなのだろうか？　それは肉体が大地へと帰っていくさまを描いたものなのだろうか。だとするとそれは、すべての肉体や物質的なものは所詮はかないものでしかな

く、やがてその形態も無へ帰するといった死の無慈悲さを意味するものなのだろうか。

しかしながら、その一方で見方によっては、それらの人体部位は、あたかも大地にばらまかれた種のようにも見えなくはない。だとすると、それはまた少々違った意味合いを持つことになるかもしれない。個の死は命の終わりではなく、それは新たに誕生するものへと引き継がれていくということ。すなわち、より大きな視点から見た生命のサイクルのようなものを、それらは表しているのだろうか。

いずれであったとしても、大アルカナのシークエンスは「死」のカードで終わるわけではない。それを超えて次にやって来るのは、翼の生えた女性（あるいは天使？）の描かれた「節制」のカードである。

XIV. 節制
The iconography of Major Arcana "TEMPERANCE"

このカードは、以前に述べた4つの枢要徳のひとつ「節制」を描いたものである。細部の微妙な差異はあるとしても、水差しから水差しへと液体を移し替えている女性というこのカードのモチーフは、15世紀のイタリアのカードからマルセイユ・タロットにいたるまで、ほぼ一貫している。

こういった図像は、タロットだけでなく、中世・ルネサンスのイタリアでは、「節制」の擬人像として非常にポピュラーなものであり、その水差しから水差しへと液体を移しているのは、水で葡萄酒を薄めることを意味するものだったのである（図2-41）[86]。

ここでマルセイユ・タロットの「節制」のカードを見てみよう。水差しから水差しへと液体を移し替えようとする女性が描かれているという点では、一般的な絵画における「節制」の擬人像となんら変わり

図2−41　ピエロ・デル・ポッライオーロ、「節制」、1470年

図2−42　ラファエロ、「磔刑」、1502−1503年

はない。しかしながらマルセイユ・タロットでは、背に翼のある姿として描かれている点が非常に特徴的である。

　そもそも、一般的な擬人像としての「節制」は、普通、翼が描かれることはないし、マルセイユ・パターン登場以前の古い時代のタロットにおいても、女性の背に翼は描かれていない。では、マルセイユ・タロットの「節制」に見られるこの翼は、いったいなにを意味しているのだろうか？

　まずは図2−42をご覧いただきたい。これは16世紀初頭、ラファエロが描いたキリストの「磔刑図」である。そこにはふたつのカップを手にした天使が、十字架に磔りつけにされたキリストの周りを飛んでいるのを見ることができる。はたして、ここに描かれているようなキリストの磔刑の場面に登場するカップを手にした天使は、「節制」のカードと関係があるのだろうか。

　またついでにいうと、スチュワート・キャプランは、キリストの磔刑のシーンでわき腹から流れ出る血と水と「節制」のカードの葡萄酒

と水の持つ象徴的な意味での類似性も指摘している*87。実際に、「ヨハネ福音書」（19章30節）では、「兵士のひとりが槍でイエスのわき腹を刺した。すると、すぐ血と水が流れ出た（新共同訳）」とも記されている。

だがここで、あえてこの関連性に対して疑問を呈するとすれば、それはキリストの磔刑の周りの天使は、両手にカップを持っているものの、一方から一方へ液体を移し変えているわけではないという点があげられる。

一方で、マイケル・ダメットは、これとはまったく異なる意見を持っている。それは、マルセイユ・タロットのなかの女性につけられた翼は、カードを作った職人による単なる「誤り」だというものだ。ダメットによれば、

図2-43　ジャコモ・ゾーニのタロット・パックの「女帝」のカード（リプリント版）、1780年

その理由は次のようなものになる。「節制」の擬人像のなかには、高い背もたれのついた椅子に座っている女性が描かれているものがある。そして、その背もたれの部分を、カードを制作した職人が翼と勘違いして描いてしまった*88。さらに結果的として、それがマルセイユ・パターンの典型的なデザインとなってしまったというわけである。

このダメットの意見は、確かにあり得なくはない。というのも、実際に「女帝」の背に翼がつけられてしまっているタロット・パックは存在するが、これは明らかに古い時代の「女帝」のカードの椅子の背もたれの形状が、変形したものではないかと思われる（図2-43）。

しかしながら、「節制」のカードに関しては、このダメットの意見に完全に同意することはややためらわれる。その理由のひとつとしては、「女帝」のカードとは異なり、マルセイユ・タロットよりも古い「節制」のカードでは、実のところ、背もたれのある椅子に腰掛けているものは存在しない（あくまで現存するものに限ってということだが）。つまり、あくまで背もたれのある椅子に腰掛けている「節制」の擬人像は、タロットではなく一般的な絵画のなかに見られるものな

のである。以上のことから、ひとまずここでは、翼の追加になんらかの意味があるのだとあえて仮定してみたい。

では、ありえそうな解釈の可能性とは、どのようなものになるだろうか。

まずは、マルセイユ・タロットのカードの順番を思い出していただきたい。この「節制」のカードの前にあるのは「死」のカードである。このことから、肉体の死で終わることのない魂が、死を超えた生へと移行していくさまを表すために、「死」のカードの次の「節制」のカードに、翼の生えた天使が描かれたのではないかと考えるのは飛躍のし過ぎだろうか。

このことに関連して、中世末のヨーロッパに広まっていた『往生術（アルス・モリエンディ）』と題された書物を思い出してみるのもいいだろう[*89]。『往生術』とは、臨終の床で横たわる人の周りで起こる出来事を、木版画の挿絵とともに記した書物である。そこで中心となるドラマは、まさに死なんとする人から飛び去っていく魂を奪い合う天使と悪魔のやり取りなのである。

マルセイユ・タロットにおけるカードの順番では、「節制」の次に来るのは「悪魔」のカードとなる。では、これらの順番から見て、「節制」と「悪魔」のカードが、『往生術』に登場する臨終を迎える人のベッド・サイドで争い合う天使と悪魔に対応するのではないかと考えてみるのはどうだろう。

「死」、「節制」、「悪魔」という3枚のカードのシークエンスだけからすれば、もちろん流れ的にはフィットするようにも思える。だが、残念ながら、この解釈も完全に納得いくものだとは言い難いだろう。なんといっても問題は、先ほどと同様、『往生術』のなかの天使は、「節制」のカードのように水差しから水差しへ液体を移し替えるわけではないということだ。

もうひとつの可能な解釈として思いつくのは、「時」の擬人像のアトリビュートである「翼」を、「節制」につけ加えたのではないかというものだ。これに関しては、「節制」を意味するtempalanceという語が、「時」を意味するtempoと関連があるという誤った語源説が、

かつてはしばしば信じられていたということが、その理由となるだろう。

「節制」のカードの人物の「翼」には意味があるのか、それとも単なる誤認によって偶然に追加されただけのものなのか。それを巡る論議の結論は、少なくともわたしには、いまだ見定め難いように思われる。

しかし、その一方で今日のタロティストの間では、「節制」のカードに描かれている人物を天使だと見なす解釈が大きく広まっているのも事実である（しかも、それはしばしば「大天使ミカエルである」とか、「いや大天使ラファエルだ」とかさまざまな異なる意見が出されていたりもする）。それと同時に、新たに作られる新作タロットのほとんどにおいて、翼の生えた女性、もしくは天使の姿が描かれるのが一般的なデザインとなっている。

XV. 悪魔　The iconography of Major Arcana "LE DIABLE"

まずは図2-44をご覧いただきたい。いかにも「悪魔」というタイトルにふさわしく、なかなか迫力のある絵ではないだろうか。これは近代オカルティズムのなかへとタロットが結びつけられていくなかで大きな役割を果たしたエリファス・レヴィによって描かれた「悪魔」の姿である。

一方で、マルセイユ・タロットの「悪魔」のカードを見ると、その絵の拙さのせいか、エリファス・レヴィの「悪魔」のような迫力はなく、その全体的な印象は、むしろどちらかといえばコミカルな感じがしなくもない。

ここで少し詳しく絵を見ておこう。蝙蝠のような翼をつけ、鉤爪を持ち、雄鹿の角がついたヘルメットのようなものをかぶった姿として

図2-44 エリファス・レヴィによる「悪魔」のカードのデザイン

図2-45 ジャン・ノブレの「悪魔」のカード、1659年、パリ

描かれている。その体つきからは、男女両性具有のようにも見える。また、手のひらを見せる形で右手を挙げ、もう一方の左手には松明のようなものを持っている。ただし、この左手の松明は、もともと三叉のフォークだった可能性もある。たとえば図2-45をご覧いただきたい。これは現存する最も初期のマルセイユ・パターンのタロットだが、そこでは「悪魔」の手にしているものは松明ではなく、おそらく三叉のフォークを描いたものと思われる。

いずれにせよ、このようなマルセイユ・タロットの「悪魔」は、中世・ルネサンスのヨーロッパの一般的な悪魔の図像の伝統を引き継いでいることは明らかである。

そもそもヨーロッパでの悪魔の図像は、たいがいエトルリアの冥府のカルンなどの古代のオリエントの起源の悪霊の姿がベースになり、さらにそこにギリシャ神話の牧神パンが結びつけられたようなイメージとなっている。中世のキリスト教における悪魔は、毛むくじゃらで、角があり、割れたひづめを持ち、多くの場合ヤギの姿を取るとされていたが、これは明らかにパンの姿を思わせるものである[*90]。

また、パンは、好色で性衝動をかきたてたりすることでも恐れられていたが、そういったパンの性質が、ヨーロッパの中世において悪魔と同一視されたとしても不思議はない。

J・B・ラッセルは『悪魔　古代から原始キリスト教まで』のなか

図2-46 メトロポリタン・ミュージアム所蔵のイタリアのタロット、15世紀末もしくは16世紀、イタリア

図2-47 ロスチャイルド・タロットの「悪魔」のカード。15世紀末もしくは16世紀初頭、おそらくイタリア

で、キリスト教の悪魔とパンが結びつけられた理由を、次のようにも述べている。

> この類似の根は、キリスト教徒がその他の異教の神々とともにデーモンとして排斥し、とりわけ蛮行と性的狂熱との連想から恐れた、地下の豊穣の神々と悪魔とが結びついたところにある。理性を停止させ過激な行動をとらせやすい性的熱情は、ギリシャ人の合理主義とともにキリスト教徒の禁欲主義とも異質であったから、性的な神は悪の原理に同化されやすかった。地下の神の性および冥界、従ってまた死との連想がこの結合をかためた[*91]。

ところで、タロット・カードの歴史を遡ってみると、「悪魔」のカードは初期のイタリアのタロット・パックのなかに含まれていない[*92]。あくまで現存するという意味でしかないが、「悪魔」のカードが見られるようになるのは、15世紀末から16世紀にかけてのタロット・パックのなかにおいてである。その頃から、マルセイユ・タロットにいたるまでの「悪魔」のカードは、さまざまなヴァリエーション

図2-48 ケーリー・イェール・シートの「悪魔」、ケーリー・イェール大学ベイネッキー・ライブラリー所蔵、15世紀末

が存在し、その図像もなかなかユーモラスで面白い。ここでそのいくつかを紹介しておこう。

図2-46は、15世紀末、もしくは16世紀に制作されたと思われるイタリアで作られたタロットのなかの「悪魔」のカードである。ここでは、片手に三叉のフォークを持ち、翼のついた姿の悪魔として描かれている。また、面白い点としては、股間にも顔が描かれている。

同じ頃、おそらくイタリアで制作されたロスチャイルド・パックでは、翼を持ち角の生えた悪魔が、なんとも恐ろしいことに、ふたりの人間を口にくわえて噛み砕こうとしている姿として登場する（図2-47）。その姿は、鳥の足、角、ヤギの耳という奇妙なミクスチャーの生きものである。しかも、奇妙なことに腹部にも顔がある。

プロト・マルセイユ・パターンの15世紀末のケーリー・イェール・シートの「悪魔」は、なんと残酷にも悪魔が人間を串刺しにしている（図2-48）。ちなみに、絵が半分で切れているのは、現存する

図2-49 ジャック・ヴィーヴィルの「悪魔」のカード、17世紀半ば、パリ

図2-50 ローゼンウォルド・シートの「悪魔」のカード、16世紀初頭、イタリア

図2-51 「野人」、サン＝マルタン修道院、15世紀

もの自体が、半分しか残っていないからである。
　もうひとつのプロト・マルセイユ・パターンのジャック・ヴィーヴィルのタロットのなかの「悪魔」のカードでは、まるで怪獣のように、口から火を吹きながらのし歩く姿となっている（図2-49）。
　「悪魔」のカードの図像の紹介の最後として、図2-50をご覧いただきたい。これは16世紀のローゼンウォルド・シートの「悪魔」のカードに登場する人物（あるいは生きもの）だが、一般的な悪魔の図像とはやや異なる雰囲気をもっている。頭には角が生え、鳥のような足を持ち、三叉のフォークを持っているものの、ここに描かれているそのイメージは「悪魔」というよりも、雰囲気的には森のなかで動物同様の生活を送る「野人」に似ていなくもない。
　ちなみに図2-51は、アンビエルルのサン＝マルタン修道院付属教会の聖職者席に彫られた15世紀の「野人」である。もしかするとローゼンウォルド・シートの「悪魔」のカードは、このような「野

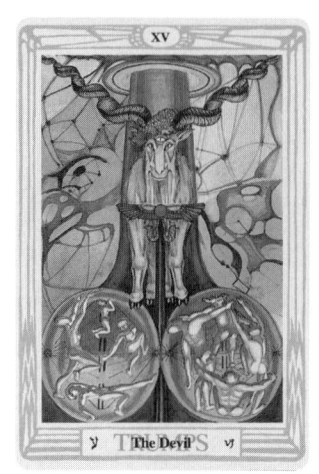

図2-52 アレイスター・クロウリー、トート・タロットの「悪魔」のカード（リプリント版）

人」の図像と「悪魔」の図像がミックスされて生まれたものなのだろうか。

こういったさまざまなタロットの「悪魔」の図像は、いずれもキャプランの言葉を借りるなら、「洗練された芸術のなかのものというよりも、民間信仰における悪魔」である*93。また、これらの図像の大部分が、さほど不気味さを感じさせないのは、絵の拙さのせいでそう見えるだけなのかもしれないが、むしろすでに『タロット大全』で述べたことだが、中世後期の文学作品や演劇を見てもわかるように、そもそも当時の悪魔の役回りは、パロディや風刺の役割を担わされた庶民の笑いの対象だったからなのかもしれない*94。

今日、タロット占いのハウ・ツー本では、たいがいこのカードに対して、好ましくない意味が割り当てられている。確かに、神への敵対者として「悪魔」を見るならば、このカードの意味は、当然、否定的なものになるだろう。しかしながら、最初に言及した「悪魔」の図像を描いたエリファス・レヴィにとっては、その絵がいかにわたしたちの目におそるべきものとして見えたとしても、その姿の持つ意味は、決して単に否定的なものではなかった。

そもそもレヴィによる「悪魔」の絵は、中世のテンプル騎士団が崇めたとされる山羊の姿に似た半人半獣のバフォメットの姿を描いたものである。それはレヴィにとって、単なる悪のネガティヴな力というのではなかった。それはレヴィ自身の言葉を借りるなら「人類の遍き平和、神殿の父」なのである*95。

こういったレヴィの「悪魔」の解釈は、レヴィの生まれ変わりだと称する20世紀の魔術師アレイスター・クロウリー（1875-1947）のなかでさらに発展させられる（図2-52）。クロウリーは、「このカ

ードは物質的な形をした創造のエネルギーを表す」と述べ*96、「悪魔」のカードを次のようにも語る。

彼は平穏な豊穣さより、粗野な不毛を喜ぶ。すべては等しく彼を高揚させる。彼はどれほど嫌悪をもよおすものであろうと、そしていかなるものであっても歓びを見出す。そしてあらゆる制約を超越する彼はパンであり、全てである*97。

こうしたレヴィからはじまる「悪魔」に対する解釈の転倒の系譜は、そもそも18世紀の啓蒙主義や合理主義的な世界観に対して反抗するロマン主義者たちによる「悪魔」のイメージに遡ることができるかもしれない。

たとえば、18世紀後半、ゲーテ（1749-1832）の文学作品『ファウスト』のなかでの悪魔は、もはや伝統的なキリスト教的な悪魔から遠ざかり、偉大な文学作品を彩るメフィストフェレスの名で魅力的な登場人物となる。

また、独創的な芸術家ウィリアム・ブレイク（1757-1827）は、『天国と地獄の結婚』の扉で天使とデーモンが抱き合っている姿を描いている。ブレイクにとって悪魔は、創造力、活動力、そして自由を求める力の象徴である。

さらに、「天のルシフェルよ。さあ、額に曙光を受け、影から立ち上がるがよい」と『サタンの最後』のなかに書いたフランスのヴィクトール・ユゴー（1802-1885）のサタンは、絶望的なまでに痛ましい姿をさらしながらも、それは本質的に自由と希望を象徴するものである。

こうして、審美的なものや感情的なものを称揚するロマン主義のなかでの「悪魔」は、もはやキリスト教的な意味での単なる「悪しきもの」ではなく、むしろ腐敗した不正な権力に叛乱する者にとっての肯定的な力の象徴であり、大いなる革命のシンボルとなっていったのである。

マルセイユ・タロットの解説から話は大きくそれたが、こうして見

てみるとわかるように、このカードは同じ「悪魔」という呼び名が保持されながらも、それぞれが作られた時代の影響により、そこに込められた意味やその解釈は決して同一ではなく、異なるものへと変化してしまっている。

しかし次のカードでは、もはやその呼び名の同一性すら保持されることなく、まったく正反対の意味を持つものへと転倒されてしまっている例を見ることになるだろう。

XVI. 神の家 The iconography of Major Arcana "LA MAISON DIEU"

天上から降って来た炎のようなものによって崩壊する建物からふたりの人物が落下していく（ひとりは建物の前、もうひとりは建物の後ろ）。背後には、露、もしくは雹のようなものが降っている。

今日、英語圏のタロット・パックのなかのこのカードは、一般的に「塔（THE TOWER）」という名称で知られているが、マルセイユ・タロットに記されているそのタイトルは「神の家（LA MAISON DIEU）」となっている。しかし、さらに歴史を遡ると、このカードには、「矢」、「火」、「悪魔の家」、「稲妻」など複数の呼び名が存在した。

ところで、このカードは、「悪魔」のカードと同様、現存するものを見る限り、最初期のタロット・パックには含まれていなかった[*98]。最も古いものとしては、15世紀後半、ヴェネツィアで製作されたグランゴヌール・パックだが、そこにはマルセイユ・タロットに描かれているような、建物から落下していくふたりの人物は描かれていない（図2-53）。

マルセイユ・タロットに似たふたりの人物が落下していくという構

図の最も初期の絵は、15世紀末から16世紀初頭に作られたイタリアのタロット・パックで見ることができる（図2-54）。

この崩壊していく建物がなにを意味しているのか、ということについては、これまでもさまざまな説が提出されてきた。なかでも、最もしばしば言及されるのは、『旧約聖書』の「創世記」11章の「バベルの塔」のエピソードとの関連である。そこのくだりを引用しておこう。

図2-53 グランゴヌール・パック、1460-1490年頃、フェラーラ

> 主は降って来て、人の子らが建てた、塔のあるこの町を見て、いわれた。
> 「彼らはひとつの民で、皆ひとつの言葉を話しているから、このようなことをしはじめたのだ。これでは、彼らがなにを企てても、妨げることはできない。我々は降っていって、直ちに彼らの言葉を混乱させ、互いの言葉が聞き分けられぬようにしてしまおう」
> 主は彼らをそこから全地に散らされたので、彼らはこの町の建設をやめた。こういうわけで、この町の名はバベルと呼ばれた。主がそこで全知の言葉を混乱（バラル）させ、また、主がそこから彼らを全地に散らされたからである（新共同訳）。

図2-54 ロスチャイルド・タロット、15世紀末もしくは16世紀初頭、おそらくイタリア

すでに『タロット大全』のほうでも述べたが、この「創世記」のなかのバベルの塔の物語では、「神の家」のカードの絵柄の特徴である、天からやってくる火や稲妻などが出てこない。そのことからすると、「神の家」のカードと、バベルの塔との物語と同一視することは、残

念ながらできそうにもない。

　では、別の可能性を検討してみよう。

　ここでマルセイユ・タロットの「神の家」には窓が３つあることに注目してほしい。これは、直観的に「聖バルバラの塔」を連想させるものだ*99。とりあえず「３つの窓」という点に関連する範囲でバルバラのエピソードをかいつまんで紹介しておこう。バルバラは、父によって塔のなかに幽閉された。それは父がバルバラへの求婚者を遠ざけようとするものだった。幽閉中にキリスト教へと改宗したバルバラは、自らの信仰と忠誠心を表すしるしとして、塔に三位一体を象徴する３つの窓をつけるように嘆願した。

　さて、聖バルバラの塔とマルセイユ・タロットに描かれた「神の家」のカードの窓が、どちらも３つというのは、単なる偶然だろうか。

　ちなみに、より古い時代のこのカードでは、必ずしも窓は３つではない。その点からすると、マルセイユ・タロット以前のカードについては、聖バルバラの塔とは関係ないだろう。また、バルバラの物語には、塔が打ち砕かれることもないし、ふたりの人間が落下していくシーンもない。ということからすれば、やはりここでも「神の家」のカードのモチーフを、バルバラの塔であると同定することは、やはりためらわれる。

　ただし逆にひとつポジティヴな要素をあげるなら、バルバラを殺した父は、稲妻に打たれ体を焼き尽くされたことから、彼女は嵐や雷などによる突然の死に関する祈りの対象となっている。この点についていえば、確かに稲妻のようなものが降ってきている「神の家」のカードは、やはりこのバルバラの伝説に関連があるのではないかと思いたくもなる。

　一方で、タロット研究家のマイケル・ハーストは、この前のカードである「悪魔」、そして「神の家」と続く順番に注目し、この２枚のカードと「ヨハネ黙示録」のなかの20章7-9節の記述との関連を示唆している*100。そこでは次のように記されている。

> この千年が終わると、サタンはその牢から解放され、地上の四方にいる諸国の民、ゴグとマゴグを惑わそうとして出て行き、彼らを集めて戦わせようとする。その数は海の砂のように多い。彼らは地上の広い場所に攻め上っていって、聖なる者たちの陣営と、愛された都とを囲んだ。すると、天から火が下って来て、彼らを焼き尽くした。そして彼らを惑わした悪魔は、火と硫黄の池に投げ込まれた（新共同訳）。

　まずサタンが登場し、それに対して次にサタンの軍勢に滅ぼすために天から火が下って来るという「ヨハネ黙示録」の物語の流れは、確かに「悪魔」、「神の家」という連続する順番に一致する。しかしながら、この記述は「悪魔の家」というタイトルになっているカードになら問題ないが、マルセイユ・タロットのような「神の家」というタイトルの場合には、完全におかしなことになる。というのも、「ヨハネ黙示録」のなかの記述からすると、破壊されるのは「悪魔の家」であって、決して「神の家」ではないからだ。

　一方で、ポール・ハッソンは、「悪魔」、「神の家」というカードのシークエンスに対して、それらを「キリストの冥府下り」の物語との関連を示唆している[101]。「キリストの冥府下り」は、『聖書』のなかに登場するものではなく、もともとは２世紀頃までに成立したとされるラテン語の聖書外典『キリストの黄泉降下（Descensus Christi ad Infernos)』のなかに含まれていたものである。その後、そのエピソードは、４世紀中頃以降、『ニコデマス福音書』において知られるようになり、その物語も、中世のヨーロッパの民衆のための神秘劇などを通して、広く知られるようになった。

　「キリストの冥府下り」は、キリストが磔刑後、すぐに冥府へと下り、死者の霊魂を悪魔のいる地獄から解放するというものである[102]。しかしながら「キリストの冥府下り」とこのカードを結びつけるハッソンの論も、「悪魔の家」というタイトルには適応可能だが、「神の家」というタイトルの場合にはふさわしくない。

　いずれにせよ、ここでなにより問題なのは、そもそもこの同一のカ

ードに「悪魔の家」と「神の家」というまったく正反対の意味を持つタイトルが、存在しているということだ。

実際に歴史的にそれぞれのカードのタイトルが使われている初期の例を見てみると、「悪魔の家（La Casa del Diavolo）」という呼び名は、1550年頃に書かれたジウリオ・ベルトーニの詩のなかで使われているのに対して、「神の家（La maison de Dieu）」のほうは、1659年に出版されたカード・ゲームのルール・ブックの第2版に登場する*103。このように現存する記録という点から判断する限り、「神の家」は「悪魔の家」よりも、おそらく後に使われるようになった呼び名なのではないかと思われる。

ではなぜ、「悪魔の家」ではなく「神の家」という正反対の呼び名が、このカードに使われるようになったのだろうか。

考えてもみれば、このカードの絵に「神の家」というタイトルをつけるのは、キリスト教へのおおいなる挑戦のようにも受け取れる。なんといっても、その図像とタイトルの組み合わせが示唆するのは、神の怒りによって「悪魔の家」が打ち崩されていくのではなく、「神の家」自体が崩壊していくさまである。

ひとまず、「神の家」が使われるようになった17世紀という時代背景を考えてみよう。ちょうどその時代は、16世紀から進行する宗教改革の波によって、ヨーロッパ中世を秩序づけていたカトリックによる専制的な支配力が弱体化していくときである。また、そもそも宗教改革の起こりは、徐々に教会制度が腐敗していたことに対して、それを刷新しようとすることだった。こういったことを考え合わせると、ここでの崩壊する「神の家」というのは、当時の堕落したカトリックの教会を象徴するものだったのではないかと考えられなくもない。ただし、この解釈も完全に満足いくものではない。というのも、もしそうだとするなら、建物から落ちていく人物は、カトリックの聖職者として描くべきではないだろうか。しかし、絵に描かれている人物の姿からは、聖職者であることを示唆するものはなにもない。

同様に、このカードのタイトルの変更を思いついたのは、キリスト教の異端の宗派に属する人物、あるいは異端の思想を持った人物だっ

たのではないか、という意見もあり得るだろう。かりに、異端の宗派がマルセイユ・タロットに関わっていたというのを認めたとすると、その時代と場所の関連から考えて、おそらくそれは 16 世紀以降もフランスの一部の地域で生き残っていたヴァルド派だということにでもなるのだろうか。

　ちなみに、ロバート・オニールは、タロットがグノーシス主義的な異端の思想の影響を受けている可能性について示唆している。ここでその詳細を論じるゆとりはないが、オニールによると、「神の家」から「太陽」のカードの流れは、叡智を授かることで、現実の二元論的な本質を悟り、過去の価値観を捨て、啓蒙の道へと進んでいく過程だということになる*104。

図2-55　ミンキアーテ・パック、17世紀末、フィレンツェ

　確かに大アルカナのいくつかの個所を、グノーシス主義的な二元論のシンボリズムではないかと解釈することは、できなくもないだろう（それが単なる「深読み」のし過ぎ、あるいはこじつけではなのではないかという疑問の余地はあるが）。だが、実際のところグノーシス主義的な二元論の異端の宗派が自らの思想を、タロットの絵のなかにシンボリズムとして盛り込んだということを示す確たる証拠を今のところ見つけることは困難である。また、ここでも先ほどと同様に、だったら建物から落ちていく人物は、カトリックの聖職者、あるいはせめてその信者を表すような姿として描くべきではないかという疑問が浮かんでくる。

　マルセイユ・タロットの「神の家」というタイトルが、いったい本来、なにを意味していたのか定かではない。しかし、いったんここでフィレンツェのミンキアーテ・パックの絵をご覧いただきたい（図2－55）。ここに描かれているのは、崩壊する建物という通常のモチーフとはまったく異なり、おそらくアダムとイブの「楽園追放」をモチーフとしたもののように思われる（このことについて詳しくは『タロ

ット大全』を参照のこと)。だとすると、このカードには「神の家」というタイトルがつけられたとしても矛盾はない。なぜなら、アダムとイブが神の御許で暮らしていた「楽園」を、「神の家」と見なすことは決して不自然ではないだろう[*105]。

XVII. 星

The iconography of Major Arcana "L'ETOILE"

マルセイユ・タロットの「星」のカードは、これまでの比較的シンプルな図像のカードとは異なり、複数の細かなモチーフが組み合わされ、なかなか凝った絵となっている。まずは改めて、じっくり絵を眺めてみよう。

裸の女性が、両手に持ったそれぞれの水差しから液体を、池、あるいは川のなかに注いでいる。空の中央には大きな八芒星をふたつ重ねたような大きな星がある。それを取り囲むようにして、小さい八芒星が7つ描かれている。また、背景には2本の木が見られるが、一方には鳥がとまっているのがわかる。こういったマルセイユ・タロットの「星」のカードの図像を見ていると、そこには非常に意味深で、なにか特別なシンボリズムが含まれているように見えてはこないだろうか。

まず、水差しから液体を流している人物の姿から連想されるのは、黄道十二宮のなかの水瓶座を描いた図像との関連である。ただし、「星」のカードの女性を、水瓶座の図像と結びつけるのには問題がある。というのも、水瓶座の図像には女性が描かれるのは一般的なものではない。なぜなら水瓶座は、ギリシャ神話のなかのガニュメデスと関連しているため、男性、もしくは少年のような姿として描くのが普通である。

しかしながらいったんここで、図2−56をご覧いただきたい。こ

れはマルセイユ・パターンの現存する最も初期のプロトタイプである15世紀末のケーリー・イェール・シートの「星」である。ここでは女性が、水差しではなく、ふたつの大きな瓶から液体を流している姿が描かれている。今度は、16世紀のドイツのカレンダーに掲載された水瓶座の図像を見ていただきたい（図2-57）。ふたつの図像を見比べてみると、いずれも一方の瓶を肩にのせ、もう一方の瓶を脇に抱えているというその姿から、それらの間には類似性が見つけられる。

図2-56　ケーリー・イェール・シートの「星」、ケーリー・イェール大学ベイネッキー・ライブラリー所蔵、15世紀末

　さて、ここでもう一度、図2-56に目を戻していただきたい。そこに描かれている人物の体つきに注目してほしい。一見、髪が長いところから女性だと思われてしまいがちだが、よくみると胸のふくらみがないその裸体からは、女性というより男性を描いたもののように思われる。つまり、この最も初期のプロ

図2-57　水瓶座の図像、1518年

ト・マルセイユ・パターンでは、女性のような美しい男性が描かれていたのである。だとすると、少なくともプロト・マルセイユ・パターンの図像においては、その人物はガニュメデスを描いたものだと見て間違いないのではないだろうか。

ではなぜ、後の一般的なマルセイユ・パターンでは、女性になってしまったのだろう。それについては、プロト・マルセイユ・パターンに描かれている髪の長いフェミニンな男性を、女性だと見間違えて描いてしまったのではないか、という可能性も否定できないだろう。

さて、かりにこのカードの絵が、本来はガニュメデスを描いたものだとすると、マルセイユ・タロットに描かれている背後の鳥は、鷲を描いたものなのだろうか。なぜなら、しばしばガニュメデスは、鷲に抱かれるか、もしくはその背に乗るかして天上へと運ばれていく姿として描かれるからだ（ただ実際には、カードに描かれている鳥のシルエットからは、あまり鷲には見えないのだが）。ちなみに、神話のなかでの鷲は、最高神ゼウスが遣わした、あるいはゼウス自身が変身したものである。また物語のなかでは、天上へさらわれたガニュメデスは、ゼウスの酒杯を満たす従者となる。

しかしながら、「星」カードの人物がガニュメデスだとしたら、それはそれとして新たな疑問が浮かんでくる。では、なにゆえに水瓶座のモチーフが「星」のカードに描かれているのか。また、それはいったいなにを意味しているのかということである。

ガニュメデスとはまったく異なる意見もあるので、念のためにそれも見てみよう。ポール・ハッソンは、このカードの人物が、チェーザレ・リーパの『イコノロギア』のなかに描かれている「曙」という擬人像との関連を示唆している（図2-58）。美徳や悪徳をはじめさまざまな擬人像の挿絵とそのアトリビュートに関する詳細な記述からなる『イ

図2-58　チェザレ・リーパ、「曙」

コノロギア』は1539年に出版されたものだが、その後、版を重ね、各国語にも翻訳され、18世紀頃までの擬人像や寓意画に対して最も影響力のあった書物である。

　ここでは、裸の人物が左手で壺を逆さに向け、そこから露が流れ落ちている。また、人物の頭の上には、星（暁の明星）が描かれ、すぐ隣には小さな鳥（燕）が飛んでいる[*106]。いずれもマルセイユ・タロットの「星」のなかに登場するモチーフと共通性がある。

　いくつかの細部の共通点はあるものの、「星」のカードと「曙」の図像には、決定的な違いも存在する。「曙」では、人物の右手には松明が持たれている。そしてさらに背には翼がつき、なおかつ飛んでいる姿として描かれている。しかし、「星」のカードは、それらの特徴を持っていない。このような違いからすると、この擬人像と「星」のカードの図像との関連があるという見方は、完全に納得いくものではない。

　いったんここで、「星」のカードの中心の人物から、他の細部（鳥、2本の木、空に輝く星）などのいまだはっきりしないモチーフに目を移してみるとしよう。

　まず、キリスト教の黙示文学をタロットの図像のルーツであると見なすティモシー・ベッツの意見に耳を傾けてみたい[*107]。

　まず「星」のカードのなかの小さな7つの星の意味の典拠として、ベッツは「ヨハネ黙示録」1章20節を例に出す。

あなたは、わたしの右の手に7つの星と、7つの金の燭台とを見たが、それらの秘められた意味はこうだ。7つの星は7つの教会の天使たち、7つの燭台は7つの教会である（新共同訳）。

　一方で、中央の大きな星については、「ヨハネ黙示録」8章10－11節の記述を参照している。

第2の天使がラッパを吹いた。すると、松明のように燃えている大きな星が、天から落ちて来て、川という川の3分の1と、その

水源の上に落ちた。この星の名は「苦よもぎ」といい、水の３分の１が苦よもぎのように苦くなって、そのために多くの人が死んだ（新共同訳）。

また女性が壺から水を流している点に関しては、「ヨハネ黙示録」16章4節と16章12節のふたつの記述が典拠とされる。

第３の天使が、その鉢の中身を川と水の源に注ぐと、水は血になった（新共同訳）。

第６の天使が、その鉢の中身を大きな川、ユーフラテスに注ぐと、川の水がかれて、日の出る方角から来る王たちの道ができた（新共同訳）。

そして最後に鳥については、「ヨハネ黙示録」19章17-18節を参照している。

わたしはまた、ひとりの天使が太陽のなかに立っているのを見た。この天使は、大声で叫び、空高く飛んでいるすべての鳥にこういった。「さあ、神の大宴会に集まれ。王の肉、千人体長の肉、権力者の肉を食べよ。また、馬とそれに乗る者の肉、あらゆる自由な身分の者、奴隷、小さな者や大きな者たちの肉を食べよ」（新共同訳）。

確かに、これらのベッツの指摘している箇所には、「星」のカードのモチーフとなるものが、すべて登場している。
しかし、である。もしベッツが示唆する「ヨハネ黙示録」の記述に従って、マルセイユ・タロットの「星」のカードを解釈すると、その意味は、直観的に見て穏やかなムードをたたえたカードの図像とはかけ離れた、なんとも恐ろしいものになってしまうのである。実際、ベッツも「星」のカードを、「神からの罰として水を毒する天使」を描

いた恐るべき光景だと述べている。

　こうしたベッツの解釈は、伝統的に「星」のカードに与えられてきたイメージを打ち崩す、非常に大胆な「新解釈」だともいえなくはない。とはいえ、ベッツの示唆をそのまま受け入れるのは困難である。あくまで「星」のカードに描かれているのは、「天使」ではなく裸の女性である。それに、「天から、松明のように燃えている星」が、天から落ちてくるようなことを仄めかすものはなにも描かれていない。カードのなかの「星」は、まるで落ちてきそうな気配はない。

　いずれにせよ、ベッツのようなやり方で図像の由来を求めるのは、どうしても恣意的であるという批判を免れることは難しいだろう。というのも、タロットのなかの特定のモチーフが、別のなにかに出てくるというだけで、そこに由来を求めることならば、他にもいくらでも可能だからだ。

　たとえば、同じように『聖書』の伝統に引きつけて、「星」のカードのモチーフを、わたしなりに勝手に解釈するなら次のようになる。

　まず7つの小さな星は、キリスト教における創造の7日間を象徴する。中央の大きな星は、キリストの再生を象徴する。というのも、キリスト教のなかでは、イエス・キリストの甦りや、新しい時代のはじまりは、天地創造の8日目に喩えられることが多い。また、背後の木の枝にとまっている鳥は、ノアの箱舟の物語に登場する、新しい時代の夜明けを告げる鳥である。さらに背後の2本の木は、旧約聖書のエデンの園にある2本の木（生命の樹と知恵の樹）を表している等々……。

　さて、ベッツの意見とは離れて、「星」に関するキリスト教的な観点からの解釈をあげるなら、イエス・キリストの生誕の際に、東方の3人のマギをベツレヘムへと導いた星を示したものではないか、ということも考えられるだろう。たとえば、「マタイ福音書」2章9–10節には次のように記されている。

「彼らが王の言葉を聞いて出掛けると、東方で見た星が先立って進み、ついに幼子のいる場所の上に止まった。学者たちはその星

を見て喜びにあふれた」（新共同訳）。

これはマルセイユ・タロットではなく、より古い時代のいくつかのタロット・パックのなかの「星」のカードには、完全に妥当する。たとえば、16世紀のロスチャイルド・タロットの「星」のカードでは、まさしく今の述べた「マタイの福音書」のくだりがモチーフとして使われていることが確認できる（図2-59）。

図2-59 ロスチャイルド・タロット、15世紀末もしくは16世紀初頭、おそらくイタリア

しかしながら、マルセイユ・タロットの「星」のカードの星を、イエス・キリスト生誕の際の星と結びつけるとすると、どうしても理解できないところが出てくる。なぜなら、ロスチャイルド・タロットの「星」のカードを見てもわかるように、イエス・キリストの生誕に関連する星はひとつであり、マルセイユ・タロットの「星」のカードのように、複数描かれる理由がよくわからない。

以上のようなキリスト教に引きつけた解釈とは別に、よりありえそうなものとしては、7つの星を、当時考えられていた7つの惑星（月・水星・金星・火星・太陽・木星・土星）を表しているものと見なすことだ（ちなみに、月や太陽を惑星に数えるのはおかしいと思われるかもしれないが、古代から中世におけるヨーロッパの宇宙観では、地球を中心に月と太陽を含む7つの天球層が、同心円状に取り巻いていると考えられていた）。では、そうすると中央の大きな星は、いったいなにを意味することになるのだろう。

それに対してロバート・プレイスは、中央の大きな星は、7つの天球層を超えた1番外側の8番目の天球層を示していると解釈している[108]。ここで図2-60をご覧いただきたい。これは近代以降の太陽中心の宇宙観以前に一般的だった地球を中心とした宇宙観であるが、ここでは、地球の上に月からはじまり土星にいたるまでの7つの惑星

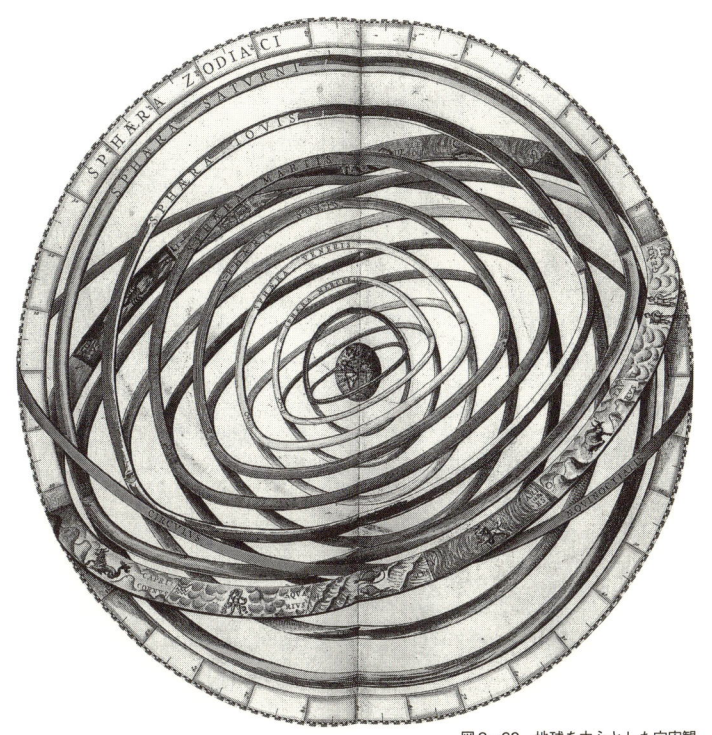

図2-60　地球を中心とした宇宙観

それぞれの領域である7つの天球層、そしてその上にさらに星座が固定されている8番目の天球層がある。

　さらにプレイスは、こういった8つの星を新プラトン主義的に解釈できる可能性を示唆しているが、それに従うなら背後の鳥は「魂」を象徴しているという。すなわち新プラトン主義的にいうなら、魂＝鳥は8つの天球層を超え、さらにその外側にある神の領域へと飛翔していくということを示しているということになるのだろうか。また、プレイス自身は述べていないものの、さらにその線に沿った解釈をわたしなりに拡大すると、水差しから水を流している女性は天へと向かうために、一切の地上的なものを手放していることを示しているのだろうか。また、彼女が裸であるということ自体が、物質的なものを脱ぎ捨てた純粋な魂を象徴しているというように解釈できるかもしれな

い。

　このような新プラトン主義的な解釈にも、まったく問題がないわけではない。まず7つの天体を月・水星・金星・太陽・火星・木星・土星を表していると述べたが、もしそうだとすると「星」のカードの後に、再び「月」と「太陽」のカードが重複して出てくるのはどうしてだろう。また、中央の大きな星を8番目の天球層を示すと解釈したが、これにも疑問を呈さざるをえない。なぜなら、8番目の天球層は単一の惑星と結びつく領域ではなく、空に浮かぶ無数の星座が固定されている層である。それがひとつの星として描かれていると見るのは、どう考えても不自然ではないだろうか。

　「星」を巡るさまざまな解釈を紹介してきた。興味深い解釈ではあるものの、いずれも完全に納得できるものではない。最後にそれらとはまったく別に、わたしが思うところのもっともシンプルであり得そうな星の解釈を述べるなら、それは次のようなものになる。

　真ん中の大きな星は北極星であり、小さな星はそれを中心に回る星々を単に表したというものだ。北極星は夜空で非常に目立つ星である。従って、それを「星」と題されたカードに描いたとしても不思議ではない。また、中央に大きく描き、その周りに小さな星を配置したその構図自体も、そもそもそれが北極星であることを示すためのものなのではないだろうか。

　さて、ここまでは8個という星の数を前提で話を進めてきた。だが実のことをいうと、その星の数は、マルセイユ・パターンを持つすべてのタロットで共通しているわけではないのである。

　まずは、最初期のプロト・マルセイユ・パターン図像をもう一度見直してみよう（図2-56）。

　これまで見てきたマルセイユ・タロットでは、大きい星ひとつと小さい星7つだったが、ここでは大きい星ひとつと小さい星が5つとなっている（見えづらいかもしれないが、ひとつは女性の肩のあたりにある）。また、背後に鳥の姿はない。

　今度は、現存する最も初期のマルセイユ・タロットを見てみよう（図2-61）。ここでは星の数は同じだが、背後に鳥の姿はない。

1731年にスイスで作られたマルセイユ・パターンの「星」のカードを見てみよう（図2-62）。こちらでは鳥もいるし、星の数も一緒である。しかし、小さな星の形は八芒星ではなく、六芒星になっている。さらに、1780年に作られたスイスで作られたマルセイユ・パターンの「星」のカードはどうだろう（図2-63）。こちらでは小さい星の数が5個。しかも六芒星である。また、背後に鳥はいない。それに2本の木もなく、代わりに草が生えている。

図2-61　ジャン・ノブレの「星」のカード、1659年、パリ

これらを見てもわかるように、複数のマルセイユ・パターンのタロットを比較すると、実はその図像の細部は微妙に異なっているのである。逆にいえば、常に共通しているのは、裸の女性が水差しから液体を川、もしくは池に流しているということと、空に星があるという点だけである。

図2-62　クラウド・トーマスの「星」のカード、1731年、スイス

図2-63　A・パイシュの「星」のカード、1780年、スイス

こういったことを前提にすると、完全に断定はできないものの、次のように考えることはできないだろうか。すなわち、このカードの寓意を表すのに際して、星の数、背後の鳥、２本の木という細部は、ひょっとするとあまり重要なことではなかったのではないかと。言い換えるなら、星の数がいくつあるかということも含めたそれらの細部には、本質的にカードのデザインの装飾以上に、特別な意味が込められていたわけではないのではないかと。

　いずれによせ、少なくともカード職人自身は、その意味を理解していなかったはずである。なぜなら、それが本当に大事な要素なのだとすると、常にそれを忠実に描くはずだからだ。

　だとすれば、このカードを解釈するのに注目すべきなのは、先ほど指摘した常に変わらないふたつのモチーフ、すなわち「天に星がある」ということと「地上へと裸の女性が水差しから液体を流している」ということになるだろう。

　かりにこの２点に注目すると、そこには「天上」と「地上」というはっきりと対比された構図が浮かび上がってくるように思われる。もちろん、こういった構図を持つものとしてカードの絵を解釈することが、適切なものであるかどうかはわからない。しかし、ここであえて大胆な読みを試みるなら、次のような説明が可能となるだろう。

　さまざまな宗教の伝統のなかにおいて、星の住み処である天は、ある種の「超越性」を象徴する。天空はその「高さ」ゆえに、普通の人間には近づきがたい次元であり、だからこそ、そこは「超越性」を持った領域となる。天のシンボリズムについて、宗教学者ミルチャ・エリアーデは、「人が近づきがたい上昇、星座圏は、超越、絶対的実在、永続といった神々しい威光を獲得する」とも述べている[*109]。

　このような観点からすると、たとえば「星」のカードの前に位置する「神の家」のカードも次のように意味づけたくもなる。すなわち、高見を目指し積み上げられた「神の家」のカードが示すのは、この世からの「超越」を目指し、神のもとへといたらんとすることを目的とした人間の欲望が打ち砕かれ挫折したさまなのではないかと。

　さらに、「星」のカードに描かれている「水」の持つ象徴的な意味

にも注目してみよう。再びエリアーデいわく、「水がどのような宗教的枠組みに入っても、水の機能は常に同一である。すなわち、水は形を解体し、廃棄し、『罪を洗い浄める』――浄めると同時に再生させる。水の使命は『創造』に先行して『創造』を再吸収」する*110。すなわち、「水」は新たな「創造」に先立ち、形あるものを無にしていくシンボルである。

これらのことから、大地にひざまずき水を流す女性は、生成と消滅を繰り返す変転する地上の世界に属していることを意味し、一方で、人の一生を超え輝き続ける天上の星は、変わることのない永遠性を象徴すると解釈できなくもないだろう。

以上の解釈がこのカードの図像に対して適切なものであるかどうかはわからない。実は、この「星」のカード、及び前述の「神の家」のカードは、そのモチーフの出所を明らかにすること自体が困難なため、マルセイユ・タロットのなかで、最も解釈の困難な図像なのである。

XVIII. 月

The iconography of Major Arcana "LA LUNE"

「星」のカードと並んで「月」のカードも、複数のモチーフが混在するため、図像の解釈の難しいカードである。まずはマルセイユ・タロットの「月」のカードの絵をじっくりと眺めてみよう。

空には横顔の描かれた月。そして空から（あるいは月から）、露のようなものが降ってきている。2匹の犬は月のほうを見あげているようである。さらにカードの下のほうには、水のなかにはザリガニがいる。また、背景にはふたつの建物がある。こういった「月」のカードの図像は、「星」のカードと同様、マルセイユ・タロット特有ものだ。

ここで、現存する最も古いプロト・マルセイユ・パターンの「月」も見てみよう（図2-64）。空の大きな月、ザリガニ、建物といったモチーフがすでにここに登場する。ただし、2匹の犬は描かれていない。

ところで、マルセイユ・パターンが定型化していく時代の寓意画では、「月」（厳密にいえば三日月）と「蟹」は、「無常」を表現するアトリビュートとしても用いられていた。図2-65をご覧いただきたい。これは前述のチェーザレ・リーパの『イコノロギア』のなかにある「無常」である。ここでは女性が右手に三日月を持ち、左足で蟹を踏んでいる。また、そこでは次のように「無常」の図像が解説されている。

図2-64 ケーリー・イェール・シートの「月」、ケーリー・イェール大学ベイネッキー・ライブラリー所蔵、15世紀末

> ここでは、**女性の手に握られた月**、**トルコ石の色または水色の衣装**、**足もとの蟹**で表される。月は満ち欠けを繰り返し、その姿はたえず変わる。トルコ石は海も色に結びつき、満ちては引く海の潮の色でもある。葦は水辺の植物であり、折れやすく頼りにならぬ植物である。蟹はその動きが右に、左にと一定せず、変化きわまりない。また水辺の動物でもある。このようになによりも変化や無常と結びつくのは、月の下の自然界、なかでも水である[*111]。

図2-65 チェザレ・リーパ、「無常」

マルセイユ・タロットの「月」のカードにも、「蟹（厳密にいうとザリガニ）」が描かれていることから

すると、このカードの持つ寓意は「無常」なのだろうか。その可能性は否定できないものの、必ずしもそうとは限らないだろう[*112]。というのも、カードには蟹を踏みつける女性が描かれているわけではないし、それ以外にも後で見ていくように、リーパの図像には見られない2匹の犬という別のモチーフも含まれている。

　それよりも、「月」のカードにザリガニが描かれているのは、占星術上の「月」と「蟹」の関係に由来しているのではないかと見ることもできる。どういうことかというと、伝統的占星術の照応関係において、黄道十二宮のうちの蟹座を支配する天体は月だと決まっていたのである。たとえば「奇術師」のところで見た「惑星の子どもたち」（P198）を再びご覧いただきたい。そこでは、実際に蟹座がザリガニとして描かれているのが確認できるだろう。こういったことからすれば、なぜ「月」のカードにザリガニが描かれているのかという点に関しては、占星術の観点から見てもまったく不思議はない。

　では、月に向かって吼えている2匹の犬はなにを意味しているのだろう？　すでにわたしは、『タロット大全』のなかで、初期のイタリアのタロット・パックの「月」のカードの図像を、古代ローマの月の女神ディアナを描いたでものではないかと示唆した。そこでも述べたように、ディアナは通常、犬につき添われた狩人として知られている[*113]。

　図2-66は、17世紀半ばのイタリアのタロットだが、実際にそこでは手には弓を持ち、1匹の犬を従えたディアナが「月」のカードに描かれている。ということは、マルセイユ・タロットに描かれているのは女神ディアナの犬なのだろうか？　だとしても、なぜ犬は2匹も描かれているのだろう。

　わたし自身は、この2匹の犬をディアナのアトリビュートと見なすよりも、まったく別のものとして解釈できる可能性があると思う。その説明の前に、ここでマルセイユ・タ

図2-66　ミッテリ・パックの「月」のカード、1644年

図2-67　グランゴヌール・パック、1460-1490年頃、フェラーラ

図2-68　ロスチャイルド・タロット、15世紀末もしくは16世紀初頭、おそらくイタリア

ロット以前のより古いふたつのタロット・パックをご覧いただきたい。

　ひとつは、15世紀後半のヴェネツィアのグランゴヌール・パックの「月」のカードである（図2-67）。ここでは、手にコンパスと書物を持ったふたりの人物が、欠けた月を観察しているのが描かれている。

　もうひとつは、15世紀末もしくは16世紀初頭のロスチャイルド・タロットの「月」のカードである（図2-68）。こちらでは、月桂樹を被りクラシカルな衣服を身につけたふたりの人物が描かれているが、ひとりは天を指差し、もうひとりはアストロラーベ（古い時代の天文学上の装置）らしきものを手に持っている。

　これらのカードは、いずれも月を観測する当時の占星術師（あるいは天文学者）を描いたものであることは間違いない。

　こうした古い時代のカードに描かれていた占星術師たちは、マルセイユ・パターンの「月」のカードには、もちろん描かれていない。しかしながら、ここで次のような推測はできないだろうか。マルセイユ・パターンの「月」のカードに登場する2匹の犬は、実はグラン

ゴヌール・パックやロスチャイルド・タロットに描かれている占星術師たちをカリカチュアしたものなのではないかと。

その可能性を示唆する根拠としては、占星術師の姿が描かれているタロット・パックの時代とマルセイユ・パターンが定型化する時代では、占星術の社会的ポジションが大きく変化したことをあげることができる。

そもそも初期のタロットが作られた15世紀、そして16世紀のイタリアでは、未来を予測する技術としての占星術は、その社会的地位も高く、立派な学問として考えられていた。

ところが、マルセイユ・パターンが確立する17世紀後半から18世紀という時代は、かつての占星術の威信が大きく失墜したときだった。17世紀後半からは、知識人たちからは占星術が「暗い時代の遺物」、「迷信的信仰」のたぐいと見なされるようになっていく。その背景には、今日、いわゆる「科学革命」と呼んでいる事態があった。すなわち、近代科学へとつながる学問の進展、そしてそれに伴う中世ヨーロッパを支配していたアリストテレス、及びプトレマイオス的な宇宙観が崩壊していったときだった。そういった過去へと葬り去られていく運命となった古代の宇宙体系と一心同体だった占星術は、当然のことながら、知識人たちからは見捨てられていくことになる。

また、たとえば当時の文学の世界を見ても、占星術は格好の風刺の的とされていた。サミュエル・バトラー、ダニエル・デフォー、ジョナサン・スウィフト、トム・ブラウンといった作家たちをみると、彼らがいかに占星術に対して嘲笑的な態度を顕わにしていたかがわかる。たとえば、ジョナサン・スウィフトの1664年の『哀れなロビン』のなかでは、占星術的予言がパロディとされ、次のようにもからかわれる。「今月か来月あるいはその翌月には、にわか雨か普通の雨が降ると予期しておかねばならない。もし降らない場合には、非常に乾燥した春となるだろう[*114]」。さらに、なんともひどいことに、1775年のサミュエル・ジョンソン博士の編纂による辞書における占星術の項目では、「星辰に関する知識に基づいてものごとを予言しようとする実践。この技術は、現在では、非合理な上に誤っているとし

図2-69 ジャック・ヴィーヴィルの「月」のカード、17世紀半ば、パリ

て完全に信用を失っている*115」と書かれてしまっている。

こういった占星術への侮蔑的な風潮という時代背景からすると、月を観測し未来を予測しようとする占星術師たちの努力は、まったくの空しい試みであるとされ、それをカリカチュアしたかのような「月に向かって吠える犬」という姿へと変えられてしまったとしても不思議ではないだろう。

ついでながら、最後にプロト・マルセイユ・パターンである17世紀のジャック・ヴィーヴィルの「月」のカードも見ておこう（図2-69）。これについては、すでに『タロット大全』で解説したが、ここに描かれているのは、占星術師の姿ではなく、紡ぎ棒を持ったひとりの女性である*116。

このヴィーヴィルのタロットが製作された17世紀においては、かつて女性の仕事だったはずの織布産業に、男性の組織だった労働力が進出する一方、女性はそれらの職能から追い出され、より「日の当らない陰の労働」として糸を梳き、巻き、紡ぐことになったという時代の背景がある。従って、紡ぎ棒というのは、当時のヨーロッパのなかでの女性の社会的な位置を表象するものであり、男性中心主義的な社会から周縁に追いやられた女性を象徴するものでもあったといえる*117。

そういった意味を持つ紡ぎ棒を持った女性が、「月」のカードに描かれているというのは、今日でもしばしば見られるように、そもそも月という天体は男性性ではなく、あくまで女性性に関連するものと考えられていたことを示しているのかもしれない。

こういった解釈が適切なものだとしたら、カードの図像のモチーフの変化は、明らかにその時代の世相を反映したものとなっていることの証左となるだろう。

XIX. 太陽

The iconography of Major Arcana "LE SOLEIL"

　天には人の顔のついた大きな太陽が輝いている。よく見ると太陽からはまっすぐな8本の光線とうねっている8本の光線、すなわち計16本の光線が出ていることがわかる。また、太陽からは「月」のカードと同様、露のようななにかが降ってきている。あるいは逆に、これは地上の水分を太陽が吸収していっているようにも見えなくはない。その下には、ふたりの子どもが、腰巻をしただけの裸の姿として描かれている。また、子どもたちの背後には、塀のようなものがある。

　こうした「太陽」のカードの図像は、これまで見てきた「星」、「月」のカードと並んで、マルセイユ・タロット独特のものである*118。また、「星」や「月」のカードのときと同様、そこに描かれているモチーフがなんであるかを巡りさまざまな異なる意見がある。

　ではまず、このカードに描かれているふたりの子どもがなんであるかを考えてみよう。絵をじっくり見てみると、左側の子どもの右手が右側の子どもの肩のほうに伸び、お互いを見つめ合っているかのようである。この仲のよさそうなふたりは、ひょっとすると双子、もしくは兄弟を描いたものなのだろうか。

　かりにそうだとすると、そこから連想として浮かんでくるもののひとつは、双子座の図像との関連である。ギリシャ神話のなかにおいて、双子座のふたりの兄弟は、ゼウスとレダの間に生まれた息子たち、カストルとポリュデケウスである。ふたりの物語は一般的に美しい兄弟愛としても知られている。ついでながらあらましを述べておくと、ポリュデケウスは不死であるが、カストルは死すべき定めを持って生まれてきた。カストルの死期が近づいたとき、ふたりは離ればなれにならないために、ふたりをともに半神にして、1日を冥界の世界、次の日を地上の世界で過ごすようにして常に一緒に暮らすことに

したというものである*119。

　はたして「太陽」のカードのふたりの子どもは、双子座の図像、すなわちカストルとポリュデケウスを描いたものなのだろうか。もしこの説に問題があるとすれば、「星」のカードと水瓶座の関係同様に、なぜ「太陽」というタイトルを持つカードに双子座のモチーフを採用したのかという点だ。さらにいえば、「月」のカードの場合は、占星術的に月とザリガニ（＝蟹座）は関連性があることを指摘したが、同じく占星術的な観点からすると、太陽と結びつくのは双子座でなく獅子座なのである。従って、双子座が描かれていると見るのは、占星術の常識からすると理解できない。

　いったんここで図2-70をご覧いただきたい。これは1515年にドイツのエアハルト・シェーンという人物によって作られた「レオホルト・ライマンのホロスコープ・カレンダー」である。この図版を少し解説しておくと、円形の1番外側の12区分は、占星術におけるホロスコープのハウスと呼ばれる部分である。さらに外側から2番目の12区分は12星座、1番内側の7区分になっているところは、7つの惑星を象徴する神々の姿をそれぞれ描いたものとなっている。

　ここで注目すべきは、12のハウスのところである。面白いことにも、いくつかのハウスには、明らかにタロット・カードと類似した図像が描かれている。たとえば、すぐに直観的にわかりやすいものとしては、8ハウスには「死」のカード、11ハウスには「運命の車輪」のカードといったあたりだろうか。

　ひとまずここで注目すべきは、5番目のハウスである。ここにはマルセイユ・タロットの「太陽」のカードの図像を連想させるふたりの子どもが描かれているのがわかるだろう。占星術において、それぞれのハウスには、わたしたちのこの地上での人生のさまざまな局面が対応している。それでいうと、「子ども」、「喜び」、「遊び」、「創造性」といったような事柄がちょうど5ハウスに関連するとされている。従って、5ハウスにはそれらを象徴するものとして子どもの図像が描かれているというわけなのである。

　ここで本題からはそれるが、タロットの図像と関連しそうな他のハ

図2-70 エアハルト・シェーン、「レオホルト・ライマンのホロスコープ・カレンダー」、1515年

ウスについても解説を加えておこう。

　4ハウスは「家庭」と関連する。ここには「老人」が描かれているが、「隠者」のカードに似ていなくもない。

　7ハウスは「結婚」と関連する。ここでは真ん中の人物がカップルを取り持つ形となっているが、これは構図的には「恋人」のカードを思い出させる。かりに、この図像が「恋人」のカードと本当に関係し

ているのだとしたら、3人の人物の性別を見誤ることで、マルセイユ・タロットの三つ組が成立してしまったと考えなくてはならなくなる*120。

8ハウスは「死と再生」と関連する。すでに見たように、ここには「死」のカードとそっくりの大きな鎌を持った死の神が描かれている。

9ハウスは「宗教」と関連する。ここには「教皇」が描かれている。

10ハウスは「世俗的な成功」と関連する。ここには宝珠としゃくを持った「皇帝」が描かれている。

11ハウスは「友情」と関連する。ここには「運命の車輪」が描かれている。

さて、話を戻すとしよう。

この5ハウスの子どもとタロットの「太陽」のカードに描かれた子どもの間には、なにか関連性はあるのだろうか。ここで占星術に詳しい方ならピンと来たかも知れない。そう、5ハウスは占星術的には、7つの惑星のなかの太陽とつながりがあるハウスだとも考えられている。すなわち、5ハウス＝太陽＝「太陽」のカードという結びつきを辿って考えてみると、「太陽」のカードに子どもが描かれているのは、一応納得がいくことになる。

しかしながら、タロット研究家からは、ふたりの子どもに対する他の解釈の可能性も示唆されている。それも念のため紹介しておこう。

ロバート・オニールは、「太陽」のカードのふたりの子どもを、イエスとヨハネを描いたものではないかと指摘している*121。図2-71は、かのレオナルド・ダ・ヴィンチが描いた「岩窟のマドンナ」である。ここでは手を広げたマドンナの下で、イエスとヨハネが子どもとして描かれている。

かりにオニールがいうように、「太陽」のカードのふたりの子どもがイエスとヨハネであるとしたら、なぜそこにマドンナは描かれなかったのかという疑問が残る。しかしながら、「岩窟のマドンナ」のヴァリエーションに、マドンナが消え去ってふたりの子どもだけが抱き合っている絵が存在する（図2-72）。この絵について美術史家、若

図2-71　レオナルド・ダ・ヴィンチ、「岩窟のマドンナ」、1503
-1506年

　桑みどりは、ここでのふたりの子どもはイエスでもヨハネでもなく、「和合(コンコルディア)」を意味していると解釈している。というのも、同じくレオナルドの作品「レダ」のなかで、レダの足元に転がる卵から生まれた2組の双子が描かれているが、これはカストルとポリュデケウス（先ほどの双子座の説明のところで述べた）、及びヘレンとクリュティムネストラであり、それぞれが「和合(コンコルディア)」と「不和(ディスコルディア)」を象徴する（図2-73）。このことに重ね合わせてみると、図2-72の抱き合っている仲のよさそうなふたりの子どもは、「和合(コンコルディア)」を意味する、ということになるわけだ[*122]。

　ところで、これまで「太陽」のカードに描かれているふたりを、男の子と見なしてお話してきた。しかしながら、やっかいなことにも同じマルセイユ・パターンのタロットのなかでも、実は男の子同士では

図2-72 「二人の子供」　　図2-73 レオナルド・ダ・ヴィンチ、「レダと白鳥のコピー」、1505-1510年頃

なく、男女のペアになっているヴァージョンも存在するのである。

図2-74は、現存する最も古いマルセイユ・パターンであるジャン・ノブレのタロットからのものである。ここでは男同士ではなく男女のペアとなっている。ということは、本来は男女ペアだったものが、男の子ふたりのヴァージョンへと変化していったのだろうか。ちなみに、最も古いプロト・マルセイユ・パターンの「太陽」のカードでは、絵の半分弱しか現存していないため、残念ながら男同士なのか、男女のペアなのか判別不可能である（図2-75）。

男・男、あるいは男・女、どちらがより古い形態だったのか。それに対して結論を下すのは難しい。しかし、それがいずれであったにせよ、ある観点からいえば、カードの絵が示す寓意自体に大きな変化はなかったのかもしれない。

図2-74 ジャン・ノブレの「太陽」のカード、1659年、パリ

というのも、先ほど見たように、もしこのカードのふたりがカストルとポリュデケウスだとしたら、そこには宿命づけられた「死」と永遠の「生」という「対立」があるわけだし、男と女だとしても、そこには男女の性の「対立」が認められる。そして、このカードのふたりの人物が男同士であれ、男女であれ、それらが「対立」する2項を象徴するものだとしたら、カードに描かれたさまはその仲睦まじい姿から、「対立せるものの和合」という意味を読み取ることも不可能ではないだろう。

図2-75　ケーリー・イェール・シートの「月」、ケーリー・イェール大学ベイネッキー・ライブラリー所蔵、15世紀末

　最後に、マルセイユ・パターンのプロトタイプであるジャック・ヴィーヴィルの「太陽」のカードも見てみよう（図2-76）。ここでは、これまで見てきたマルセイユ・パターンの「太陽」のカードの図像とは大きく異なり、太陽の下で、旗を持ち、馬に乗ったひとりの少年が描かれている。この図像は、20世紀を代表するウェイト−スミス・パックの「太陽」のカードの絵に、インスピレーションを与えたのではないかとも考えられる（図2-77）。

図2-76　ジャック・ヴィーヴィルの「太陽」のカード、17世紀半ば、パリ

図2-77　ウェイト＝スミス・パックの「太陽」のカード

XX. 審判
The iconography of Major Arcana "LE JUGEMENT"

初期のタロットからマルセイユ・タロットにいたるまで、「審判」のカードの図像には細かなディテールを除けば、さほど大きな変更点はない。もちろん、このカードに常に描かれている主題は、キリスト教が語る「最後の審判」の光景である。

キリスト教の教義によれば、最後の審判では、死者たちが蘇り、生きている者たちと共に最終的な審判のもとで、天国と地獄へと振り分けられる。

マルセイユ・パターンの「審判」のカードでは、雲のなかから現れた天使が、十字の旗のついたラッパを吹いている。そして雲からは、ギザギザとした形で、おそらく光が描かれている。天使の下には、蓋の開いた棺のなかから、起き上がったであろう3人の裸の人物が描かれている右側には女性、左側には年老いた男性、そして中央には背を向けた剃髪の人物がいる（剃髪の人物は、「教皇」のカードにも描かれていた）。

これまで見てきた「星」、「月」、「太陽」のカードでは、その図像のモチーフ、及びその意味するものを特定することは困難であった。だが、「審判」のカードに関しては不可解な箇所はこれといってなく、使われているモチーフは最初にも述べたようにキリスト教の「最後の審判」である。

「最後の審判」を記述したくだりとしては、「ヨハネの黙示録」20章12節、及び15節に次のような箇所がある。

わたしはまた、死者たちが、大きな者も小さな者も、玉座の前に立っているのを見た。幾つかの書物が開かれたが、もうひとつの書物も開かれた。それは命の書である。死者たちは、これらの書物に書かれていることに基づき、彼らの行いに応じて裁かれ

（新共同訳）。

その名が命の書に記されていない者は、火の池に投げ込まれた（新共同訳）。

また、「マタイ福音書」25章31－34節では次のように記されている。

人の子は、栄光に輝いて天使たちを皆従えて来るとき、その栄光の座に着く。そして、すべての国の民がその前に集められると、羊飼いが羊と山羊を分けるように、彼らをより分け、羊を右に、山羊を左に置く（新共同訳）。

この後、「マタイ福音書」では、右側にいる「正しい人たち」は「永遠の命」にあずかり、左側にいる人は「永遠の罰」を受けることになる、といった内容が記されている。

さらに、天使とラッパというモチーフに関して、「マタイによる福音書」24章29－31節に、次のような記述もある。

その苦難の日々の後、たちまち
太陽は暗くなり、
月は光を放たず、
星は空から落ち、
天体は揺り動かされる。
そのとき、人の子の徴が天に現れる。そして、そのとき、地上のすべての民族は悲しみ、人の子が大いなる力と栄光を帯びて天の雲に乗って来るのを見る。人の子は、大きなラッパの音を合図にその天使たちを遣わす。天使たちは、天の果てから果てまで、彼によって選ばれた人たちを四方から呼び集める（新共同訳）。

ここで「太陽」、「月」、「星」が登場するため、「審判」のカードの前の「太陽」、「月」、「星」（順番は逆だが）を、この記述と結びつけ

たくなるかもしれない。しかし、それらのカードに描かれているイメージと、ここでの記述の関連を示唆するものはなにもない。そもそもタロットのほうでは、太陽は暗くなっていないし、月は光を放っているし、星は空から落ちてはいない。

XXI. 世界 <small>The iconography of Major Arcana "LE MONDE"</small>

手に棒のようなものを持ち、からだにはケープを巻きつけた裸の女性が、アーモンド形の輪のなかに片足で立っている。カードの4隅には4つの生きものが描かれている。

タロット研究家の間では、このカードの中央の女性が誰であるかを巡って、「宇宙意識」、「両性具有」、錬金術における「第5元素（あるいはアニマ・ムンディ）」等といったさまざまな意見が出されてきた。また、特に面白い意見としては、12番の「吊るされた男」のカードと関連させる解釈もある。どういうことかというと、ここでふたつのカードの人物の足元を比較して欲しい。どちらも片足にもう一方の足を交差させた形になっている。そのことから、「吊るされた男」のカードの段階は、まだ道の途中でしかなかったが、ついにそれが逆になった「世界」のカードにおいて、最終的なゴールにいたったのだというような解釈である。ついでにいうと、それぞれのカードに割り当てられている数12と21は、1と2を逆にした数である*123。

このカードの図像を解釈するにあたってまず注目すべきは、カードの4隅の4つの生きものだろう。このモチーフは非常にわかりやすい。ライオン、牛、人間、鷲は、それぞれ聖マルコ、聖ルカ、聖マタイ、聖ヨハネの4人の福音記者を象徴する生きものである*124。

「ヨハネの黙示録」4章7-9節では、神の玉座を取り巻くものとし

て4つの生きものは、次のように描写されている。

> 第1の生きものはライオンのようであり、第2の生きものは若い雄牛のようで、第3の生きものは人間のような顔を持ち、第4の生きものは空を飛ぶワシのようであった（新共同訳）。

また、テトラモルフと呼ばれるこうした4つの生きものは、黄道12宮のなかの4つの不動宮（金牛宮、獅子宮、天蠍宮、宝瓶宮）にも結びつく。ちなみに、最初にこのカードの人物が、錬金術の第五元素を表しているという説もあると述べたが、それは次のような理由による。4つの生きものに対応する4つの不動宮は、錬金術や占星術において、それぞれ金牛宮＝地、獅子宮＝火、天蠍宮＝水、宝瓶宮＝空気という4元素に対応している。従って、そのことから中央にいる人物は、第5元素を表しているという解釈が生まれてくることになるわけである[125]。

また、中央の人物の背後にあるアーモンド形の輪は、おそらくイタリア語で「マンドルラ」、ラテン語で「ヴェシカ・ピスシス」と呼ばれるものだろう。キリスト教美術のなかでは、しばしば神、キリスト、聖母マリアをはじめ、聖なる人物の背後に描かれる後光である。

ところで、マルセイユ・パターンの「世界」のカードは、大きく分けるとふたつのヴァージョンがある。ひとつは本書で用いているような女性として描かれているヴァージョン。もうひとつは、プロト・マルセイユ・パターンのジャック・ヴィーヴィルのタロットに描かれているような人物が男性のヴァージョンである（図2-78）。

男性、女性、それぞれの人物が、いったい何者であるかについては、すでに

図2-78 ジャック・ヴィーヴィルの「世界」のカード、17世紀半ば、パリ

『タロット大全』でわたしなりの結論を述べたが、それを繰り返すと、前者の女性は「女神フォルトゥーナ」を描いたものだろう。また、後者の男性はおそらく、この図像に本来あってしかるべき人物であるイエス・キリストではないかと考えられる。フォルトゥーナは「運命の車輪」のところでも少し触れたが、古代ローマの頃から知られる運命を司る女神である。女性のからだに巻きついているケープのようなものも、本来はフォルトゥーナのアトリビュートのひとつである船の帆であったと思われる*126。いずれにせよマルセイユ・タロット以降では、前者の女性を描いたヴァージョンが一般的になっている。

かりにこのカードの女性が、運命の女神フォルトゥーナを描いたものだとしたら、わたしはそこに、偶然とはいえ、なんとも意味深いものを感じてしまわざるをえない。というのも、なんといっても「世界」はタロットの最後に位置するカードである。そして今日、人々の「運命」を告げる占いのために使われるようになったタロットにおいて、その最終的なフィナーレを飾るに際し、「運命の女神」以上にふさわしい人物はいないのではなかろうか。

愚者

The iconography of Major Arcana "LE MAT"

「愚者」のカードは、これまでの他のカードとは異なり、唯一番号が割り当てられていない。

ではなぜこのカードだけ、番号が割り当てられていないのか。その理由はタロット・カードが当時ゲームに使用されていたことに関係している。

前にも述べたように、今日、一般的に大アルカナと名づけられているカードは、もともとはトライアンフのカードと呼ばれていた。そしてそもそもカードに割り当てられた番号は、もともとタロ

ットのゲームのなかでの「強さ」の順番を示すものだったのである。ちなみに、番号の並び順にカードは強くなる。すなわち、マルセイユ・タロットを例にあげるなら、「奇術師」が1番弱く「世界」が最強のカードだということになる。

　今日、大アルカナと呼ばれているなかで、実は「愚者」は、トライアンフのカードではなかったため、強さのランキングのなかには含まれていなかった。従って、強さの順番を示す番号が割り振られてはいなかったわけである。

　では、マルセイユ・タロットの「愚者」の図像を見てみよう。絵に描かれているのは、小さなバッグを結びつけた長いひしゃくを肩にかつぎ、右手には杖を持った人物である。上着とベルトにはたくさんの鈴が取りつけられているが、その服装はまさにヨーロッパの典型的な宮廷道化（ジェスター）のファッションである。

　宮廷道化（ジェスター）というのは、中世からルネサンスにかけてのヨーロッパで、その名前のとおり宮廷に雇われていた道化のことである。基本的には雇主のもとに定住し、いわば"職業"として道化を演じる彼らの役割は、フランスの中世史家ジャン・ヴェルドンによれば、「とりわけ退屈な冬の夜長を楽しませ、主人の催す祝宴を盛り上げること*127」だった。すなわち、宮廷道化（ジェスター）は、あえて愚行を演じることで聴衆を笑わせる役割を引き受けるプロのおどけ者なのである。

　また、ヴェルドンによると、中世末の典型的な道化の服装とは、次のようなものだった。少々長くなるがそのまま引用しておこう。

この衣装の主要な要素はキャプションとかコクリュションと呼ばれるフードで、このような頭巾は13世紀末から14世紀にかけてさまざまな階層の人がかぶっていたが、すでに流行遅れになっていた。
またロバの長い耳と鈴がついていて、顔だけのぞくようになっている頭巾（シャプロン）もあった。
すその先端がぎざぎざになった長い服は不安定を表していた。腰にしめるベルトには、金メッキをした木製の剣と棍棒がさしてあ

り、棍棒には、ふくらませて一握りの干しエンドウを入れた豚の膀胱がつけられた。この豚の膀胱は道化のからっぽの頭を表していた。

道化はとりわけ、マロットと呼ばれる、てっぺんに滑稽な頭部のついた杖を持っていた。この錫杖は、王の象徴物である王杖と対抗するものであった。というのはそれもまた権力を、というよりむしろ反権力を象徴していたからだった。

道化の衣装は黄色と緑で、どちらも狂気の色だった。黄色は、とりわけサフランが有害であるという理由から、中世では評判の悪い色であった。サフランに含まれる物質は、神経に作用して笑いを引き起こし、さらに狂気にまでいたらせることがあると考えられていたのである[*128]。

イギリスの文芸批評家イーニッド・ウェルズフォードの『道化』によれば、ヨーロッパにける宮廷の道化の流行は、「14世紀頃から徐々に増し、15、16世紀には最高潮に達した」ようである[*129]。また、当時の宮廷の道化は、その雇い主である保護者から大切にされ、物質的には非常に恵まれた生活を送っていたという[*130]。

ところで、マルセイユ・タロットの「愚者」の図像の注目すべき点は、こうしたある種、特権的な立場にいた宮廷道化の特徴を持ちながらも、それとは異なる面も持っているところである。

絵を改めて見てみよう。「愚者」のいる場所はどこだろう。それは明らかに宮廷のなかでない。どこか屋外を歩いている姿として描かれているのである。この絵から連想されるのは、宮廷で雇われて生活する「定住者」というよりも、あてもなくさまよう「放浪者」の姿ではないだろうか。また、彼のズボンのお尻の部分は、足元にいる犬によって引き裂かれてしまったようだが、このモチーフからも、彼が犬によって追っ払われる見知らぬ異邦人であるように思われる。

ちなみに、このカードのより古い時代のイタリアでの呼び名は、「愚者（il Folle）」以外にも、「狂人（il Matto）」、そして「放浪者（il Fuggitivo）」というのがあった。しかし、これら複数の名称があった

のは不思議なことではない。ミシェル・フーコーの『狂気の歴史』によれば、中世・ルネサンス期の社会は、後の「大いなる閉じ込め」の時代とは異なり、狂気に対して比較的寛容だった*131。もちろん、狂人を不審の目で見ることもある。しかしその狂人が名門の出身などの場合は、犯罪行為に及ばない限り、寛大な態度で遇されていたのである。狂人を治安維持の目的で、本格的に収容・監禁するようになるのは17世紀前半においてのことである*132。従って、初期のタロットが作られていた時代の愚者や狂人は、未知の放浪者として人々の前に現れるような存在でもあったのである。

宮廷道化であり、同時に放浪者。こういった矛盾する要素がマルセイユ・タロットの「愚者」のカードに混在するのは、おそらく狂人と宮廷道化のふたつのモチーフが、「愚者」というタロットのなかのひとつのカードのイメージへとミックスされた結果なのだろう。

先ほどイタリアでのこのカードの名称について述べたが、実はフランス語では le mat となっている。ちなみに、この語は「愚者」という意味ではない。実のところ、フランス語でそれは、単にチェスのゲームで「詰み（チェックメイト）」という以外の意味しか持っていない。また、しばしばフランスでこのカードは、l'excuse とも呼ばれるが、こちらはタロットのゲームのなかでのこのカードの役割を意味する語である*133。

なぜこのカードに le mat というチェスの用語がつけられたのかは明らかではない。だが、ひとついえるとすれば、タロットのゲームのなかでのこのカードの持っていた特別な役割に関連しているのではないかと思われる。ここでタロットのゲームのルールをすべて説明するのは大変なので、ごく簡単に関連することだけを述べておく。

タロットのゲームは、基本的にトリック・テイキングと呼ばれるタイプに属する。トリック・テイキングでは、プレイヤーがカードを順番に出していき、最も強いカードを出した者が他のカードを取ることができるというものだ。そのなかで「愚者」のカードは、他のカードを取ることもできなければ、逆に取られることもないという特殊な存在である。また、他のカードを出す際には、従わなければならないル

ールがいくつかあるのだが、「愚者」のカードだけはまったくそれらに従わなくてもよい。従って「愚者」のカードは、ゲームのなかで「手詰まり」になった際にも、その効力を発揮することができるカードでもある。すなわち以上のようなことからすると、le mat というタイトルは、「手詰まり」の状態のときにでも自由に使うことのできるカードというその役割と関連して、つけられていたのかもしれない。

　ところで、こういったゲームのなかでのルールに縛られない自由な「愚者」のカードの役割を考え合わせると、タロットのなかに描かれるその姿も、単に王侯や貴族を楽しませるために定住する「職業」としての宮廷の道化というよりも、社会的な地位や身分とは無縁で、住む場所すら持たない放浪者的なイメージのほうが、やはりふさわしいのではないか、という気がしてくる。

　そんなことを思いながら、改めてマルセイユ・タロットのこのカードを見つめていると、いったんは宮廷の道化として秩序と権力に取り込まれ馴致されてしまった「愚者」が、再び社会から嫌われものとして追い出された姿――そしてだからこそ一切の束縛から解放された流浪の旅を続ける姿に見えてくるのはわたしだけだろうか。

Epilogue

　本書の執筆には情けないほどに手間取り、予定をはるかに超過する遅筆となってしまった。それに伴い、大変なご迷惑をおかけしてしまった駒草出版の木本万里さんに、なによりもまず、この場でお詫びし、励まし続けていただいたことに心から感謝したい。

　そもそも、この本は「伊泉氏から学んだ、これまでにないタロットのリーディング・スタイルをまとめた本を書きたい」とわたし自身が希望して、その願いを木本さんに快諾していただいてスタートした。それなのに取り掛かってから自分の準備不足、知識不足に気づく始末。なんとか書き終え、「吊るされた男」の状態から脱した今はまさに「死」のカードの状態。とにもかくにも放心している。

　なにせ、これを書いているあいだに、世の中では2度も日本の首相交代があったほど時間を費やしてしまった。といっても、それは異例の首相辞任が続くという事態ではあったけれど。

　この首相辞任のニュースは、世間の人々のさまざまな「視点」から発せられる意見を耳にできた機会として、各カードの「視点」を執筆中だったわたしの記憶に刻まれている。

　「任期をまっとうすべきだった」との意見には、その背後に「正義」や「皇帝」の視点を連想したし、「辞任など、もってのほか」という意見には「女教皇」の視点が感じられる。「こんな時期に首相になった彼もかわいそう。とにかくお疲れさま」などの同情的見解をする人は「女帝」のパースペクティブを、「辞めざるをえない状況に追い込まれていったのだろう」という人は、事態の背後に「死」のカードのパースペクティブを見ていたのかもしれない。

　ひとつの事態に異なる意見が表れるのは「どの視点から問題を見ているか」の違いが反映されてのこと。大アルカナ22枚の視点を知れば、どんな出来事も22とおりの見方をできるようになる。この多面的なものの見方こそ、あなたの悩みを解消するヒントになるはずだ。

ただ、悩んでいるときというのは、簡単にものの見方を変えることが難しいときが多い。だからこそ「カードを引く」という行為が、別のパースペクティブへと目を向けるキッカケになる。これが本書で繰り返し説明している「カードのパースペクティブから問題をリヴィジョンする」というリーディング法だ。

　このスタイルには欠点があると思う方もいるかもしれない。たとえば、「それでは未来を読めない」と言われたら、そのとおり。だが、タロットで未来予知をする人ならきっと経験があると思うが、「昨日、占ってもらった時点とは状況が変わってきたので、もう一度占って」とか「彼の気持ちは占ったときと変わったみたいで、今の気持ちを占い直してほしい」など、「タロットで出た未来は非常に揺らぎやすく、明日には変わっている可能性がある」という前提を持つ質問依頼者はとても多い。
　これではタロットでの未来予知など、その場の気休めにしか過ぎないし、「すべてを見とおす神秘のツール」などという大がかりなキャッチフレーズをタロットカードにつける意味もない。
　たった1枚のカードだけで「なるほど、そうかもしれない！」と腑に落ちる結果を出す。それによって、その人の思考や行動が変わり、それが未来を変えていく。そういうことを可能にするツールとして、タロットを使ってみるのもいいと思わないだろうか。
　わたしはそう思うからこそ、このスタイルをお勧めする。確かにこの本には現在過去未来、相手の気持ちと深層心理など、結果にたくさんカードが並ぶスプレッドは出てこない。また、各カードに複数の意味を羅列し、状況に応じて使い分けるやり方もしない。そういう意味では、本書のスタイルは「うちはこれしか置いていません！」とキッパリ宣言し、このこだわりを押し通すガンコ親父の店のようだ。
　でも、あなたがタロットを読む者として、質問者の顔色を伺うような、昨日の結果をまたもや占い直させられるようなタロティストではありたくないと思うなら、このスタイルを学ぶ価値はあると思う。
　質問者に「それは当たってない」と言われると、「じゃあ、こうい

う意味かも」と別のキーワードを挙げてみたり、「こっちのカードはこうも言っている」などとお茶を濁したりするタロティストは、まるで店内の豊富な商品を次から次へと見せて、なんとか客に気に入られようとする店員みたいなもの。心から勧めたい商品のみで勝負するガンコ親父のやり方で、誇り高いタロティストを目指してみてほしい。

　もちろん、本書はプロの占い師だけでなく、自分のことを占いたい人にも十分に使っていただける内容だ。自分を占うためのポイントもサンプルリーディングの章に入っているし、そのなかにはわたしの実体験も含めたので、リーディングがどう役立つかを実感してもらえると思う。

　まだリーディングにつまずきやすい初心者の方は、最近、共著者の伊泉氏が企画監修された『運命の世界』(http://www.unmeinosekai.com/)というウェブサイトも是非見てもらえたらと思う。無料のタロット占いページのカード解釈を、本書のスタイルをもとにわたしが書かせてもらっているからだ。自分でうまくリーディングができないあいだは、このサイトで得た結果が、あなたの指針を決める際に、少しでも役立つなら幸いに思う。

　また、伊泉氏は朝日カルチャーセンターをはじめ、あちこちでタロットに関する講座も開いておられる。わたしでは伝えきれなかった点も、氏の講座を受講されることで得ていただけるのではないかと期待する。

　最後に、こんなにも奥深い22の視点と、わたしにとって本当に腑に落ちるタロット・リーディングを伝授してくださった伊泉龍一氏に深い感謝を申し上げたい。

　どうか、この本を手に取ってくださったあなたにも、このスタイルが悩みや行き詰まりを突破する有力なツールとなりますように。

ジューン澁澤

Epilogue

　本書は、わたしにとってタロットに関する本としては、1冊の翻訳本も含めると4冊目になる。それらの本は、基本的にはまったく異なる内容、そしてまったく違ったコンセプトのもとに執筆している。

　タロットの歴史と初期のイタリアのカードのイコノグラフィーの試論である『タロット大全』。現代の海外のタロット占いのさまざまな方法を紹介した『完全マスター　タロット占術大全』。そして『ラーニング・ザ・タロット』は、アメリカで定評のあるタロットの入門書を翻訳したものだ。

　それらに続き、こうして書き終えた『リーディング・ザ・タロット』では、そのタイトルどおり、リーディングというテーマに焦点を当てた。すでに『完全マスター　タロット占術大全』を読んでくださった方ならばおわかりのとおり、その最後のほうで簡単にガイドラインだけを紹介しただけだったリーディングのスタイルを、本書では改めてクローズアップし、より具体的な説明を与えたものとなっている。

　これまでのわたしのタロット本では、その目的と性質上、そこでの占いのメソッドに関してあえて個人的な見解を入れることは極力控えてきた。だが今回は、そもそものコンセプトとして、自分が思うところの「タロット占い」に関することを少し書いてみよう、というのがあった。そのため、全体を見渡す広い俯瞰的な視野に立つことではなく、逆にわたしというひとりのタロット・ファンのパースペクティヴから見えてくるタロットのひとつの姿をあえて描くこととした。もちろん本書は共著であるため、すべてがわたし個人のタロット観だとは言い切れないが、少なくともこれまでのものよりも、そこで明に暗に語られているものは、よりパーソナルな質を持ったものとなっていることは間違いない。

　ところで、そもそも何らかの主題について本をまとめるということは、そのしかるべき「宛先」を明確に想定して書くものだ、と少なく

ともわたし自身は思っている。そして今回、わたしが思いを託した本書の「宛先」は、「万人宛て」ではなく（いつもたいがいそうなのだが）、タロットの持つイマジネーションの世界の深みで遊ぶことに、どうしようもなく喜びを感じてしまう、自分と同じような（人からは少々奇妙に思われがちな）趣味を持つ人たちである。

したがって、「プロローグ」でも述べたように、「誰にでもすぐ簡単にできるタロット占い」的なものだけを求めている人には、正直なところ、本書が適当なものだとはどうしても言い難い。いずれにせよ、こんなことを書いていると「本が売れなくなるからやめてよね」と版元の方々に叱られそうだが、やはり願わくばわたしとしては、「誤配」が起こることなく、しかるべき「宛先」のもとへと本書が無事に届くことを祈りたい。

＊

本書のⅡ部のイコノグラフィーは、東京新宿にある朝日カルチャーセンターで一年間以上かけて行った（そして今も継続中の）講座内容がベースとなっている。それこそ「万人宛て」とは言い難い講義を聴きに来てくださったすべての受講生の方々、そしてそのような「マニアック」ともいうべき場を持つ機会を与えてくださっている朝日カルチャーセンターのスタッフの方々に心からのお礼を申し上げたい。

それにしても今回、本書の企画が決まり、こうして「エピローグ」を書く段階に来るまで、実におそるべき長い時間をかけてしまった。なんといっても、当初の予定から考えると、1年以上の遅れとなってしまったのである……。にも関わらず、いつも変わらぬ丁寧な編集作業をしてくださった駒草出版の木本万里さんには、この場を借りて、ご迷惑をおかけしたことへのお詫び、そしてそれと同時に、最後まで見捨てずにいてくださったことへの深い感謝の念を記したい。

伊泉　龍一
（いずみ　りゅういち）

注

第 I 部　リーディング編

I 章　タロットについての予備知識

* 1. 色についてこだわりを持っているタロティストもいる。詳しくは伊泉龍一著『完全マスター　タロット占術大全』（説話社、2007 年）、36-37 頁。
* 2. 前掲書、34-45 頁。

IV 章　リーディングのメソッド

* 3. 伊泉龍一著『完全マスター　タロット占術大全』（説話社、2007 年）、325-334 頁。
* 4. 前掲書、338-339 頁。

VI 章　「タロット占い」をリヴィジョンする

* 5. 前田富祺監修『日本語源大辞典』（小学館、2005 年）

VII 章　大アルカナの構造を学ぶ

* 6. 黄金の夜明け団による大アルカナとカバラの生命の樹の対応についての解説は、伊泉龍一著『完全マスター　タロット占術大全』（説話社、2007 年）、265-266 頁、及び伊泉龍一著『タロット大全　歴史から図像まで』（紀伊國屋書店、2004 年）、264-265 頁。イレーヌ・ギャドの大アルカナと生命の樹の関係については、Irene Gad, *Tarot and Individuation: Correspondences with Cabala and Alchemy*, (Nicholas-Hays, 1984), pp.278-281, 及び伊泉龍一著『完全マスター　タロット占術大全』（説話社、2007 年）、278-281 頁。
* 7. 『タロット大全　歴史から図像まで』（紀伊國屋書店、2004 年）、37-57 頁。
* 8. 初期のタロットは、占いのためではなくゲームのためのものだった。その際、カードの順番に単純に、強さのランキングを示すものに過ぎなかった。タロットがゲームだったことについて詳しくは、伊泉龍一著、前掲書、383-386 頁。

第 II 部　マルセイユ・タロットのイコノグラフィー

I 章　マルセイユ・タロットについて

* 9. 念のために言うと、マルセイユ・タロットが作られていた 18 世紀において、今日一般的となっている「大アルカナ」という呼称は使われていなかった。「アルカナ」は、エソテリック・タロットの時代に用いられるようになったもので、タロットの歴史からすると比較的新しい語である。詳しくは、伊泉龍一著『完全マスター　タロット占術大全』（説話社、2007 年）、26-27 頁。

* 10. Tom Tadfor Little, Tarot Hermitagem, http://www.tarothermit.com/marseilles.htm では、マルセイユ・タロットのさまざまなヴァージョンを見ることができる。
* 11. 以下のマルセイユ・タロットについての由来については、Paul Huson, *Mystical Origins of the Tarot: From Ancikent Roots to Modren Usage* (Destiny Books, 2004), p. 280.
* 12. ケーリー・イェール・シートについては、Stuart R. Kaplan, *The Encyclopedia of Tarot vol. 2* (U. S. Games Systems Inc.), 1986, pp. 285-287
* 13. Paul Huson, ibid., p.280.
* 14. ジャック・ヴィーヴィルのタロットについては、Stuart R. Kaplan, ibid., pp. 307-308.
* 15. ジャン・ノブレのタロットについては、Stuart R. Kaplan, ibid., p. 307, p. 309.
* 16. ニコラス・コンバーのヴァージョンとグリモー版マルセイユ・タロットの図像の違いについては、Jean-Claude Fornoy, The Tarot of Marseille and the French Tradition, http://www.tarot-history.com/History/pages/history-page-2.html を参照。
* 17. 他には、ボルドーのHeron-Boechat、ミラノのEdizione Il Meneghello、トリエステのDal Negro の各カード・メーカーがリプリント版を出版している。
* 18. Cynthia Giles, *The Tarot: History, Mystery and Lore* (A Fireside Book, 1992), p. 6.
* 19. 現存する最も初期のタロットについて、及び、タロットの起源の検証については、伊泉龍一著『タロット大全――歴史から図像まで』(紀伊國屋書店、2004年)、357-370頁、及び375-382頁。さらにこれら全般についてのより詳細な論は、Michael Dummett with the assistance of Sylvia Mann, *The Game of Tarot from Ferrara to Salt Lake City* (Gerald Duckworth & Co. ltd.,1980), pp.65-90.
* 20. タロットがゲームであったということについては、伊泉龍一著、前掲書、383-386頁。
* 21. フランスの初期のタロットについては、伊泉龍一著、前掲書、412-414頁。より詳しくは、Michael Dummett with the assistance of Sylvia Mann, ibid., p. 84
* 22. エソテリック・タロットの時代について詳しくは、伊泉龍一著、前掲書、83-208頁。
* 23. モダン・タロットの時代について詳しくは、伊泉龍一著、前掲書、209-342頁。
* 24. ニューエイジとタロットについては、伊泉龍一著、前掲書、37-67頁。及びジョアン・バニング著(伊泉龍一訳)『ラーニング・ザ・タロット』(駒草出版、2007年)、「訳者あとがき」。

II章 マルセイユ・タロットのイコノグラフィー

* 25. ただし図2-11のほうは、サイコロを使ったギャンブルを描いたものだとも考えられる。
* 26. 当時の「カップと玉」の奇術については、高木重明著『大魔術の歴史』(講談社現代新書、1988年)、18-25頁。

* 27. 当時の奇術におけるバッグと棒の役割については、高木重朗著、前掲書、19 頁。

* 28. タロットと占星術の対応について詳しくは、伊泉龍一著『完全マスター　タロット占術大全』（説話社、2007 年）、310-324 頁。

* 29. Gertrude Moakley, *The Tarot Cards Painted by Bonifacio Bembo for the Visconti — Sforza Family an Iconographic and Historical Study* (The New York Public Library, 1966), p. 63.

* 30. E・P・ゴールドシュミットによると、『ポリフィロの夢』は、商業的には失敗したものの、「後世の書物デザイン、装飾モチーフに広く、かつ深い影響を与えた著作」であり、「芸術家、工芸・デザイナーが、古典的趣味に溢れた類稀な図案集成として」手に取られたものである。E・P・ゴールドシュミット著（高橋誠訳）『ルネサンスの活字本——活字、挿絵、装飾についての三講演』（国文社、2007 年）、103-106 頁。

* 31. Robert M. Place, The Tarot: History, Symbolism, and Divination (Jeremy P. Tacker / Penguin, 2005), p.133. なお図は、同書からのものである。

* 32. 女教皇の正体について詳しくは、伊泉龍一著『タロット大全　歴史から図像まで』（紀伊國屋書店、2004 年）、459-467 頁。また、同じく女教皇をジャンヌ（ジョーン）だと同定する最近の説として、Paul Huson, *Mystical Origins of the Tarot: From Ancient Roots to Modern Usage* (Destiny Books, 2004), pp. 81-85 での論が、非常に明快で参考になる。

* 33. 女教皇ジャンヌについては、サビン・バリング＝グールド著（池上俊一監修）『ヨーロッパをさすらう異形の物語　上　中世の幻想・神話・伝説』（柏書房、2007 年）、162-177 頁。及び、池上俊一著『身体の中世』（ちくま学芸文庫、2001 年）、222-224 頁を参照した。

* 34. サビン・バリング＝グールド著、前掲書、162-163 頁。

* 35. 以下は、前掲書、163-164 頁より引用。

* 36. たとえば Sallie Nichols, *Jung and Tarot : An Archetypal Journey* (Samuel Weiser,1984), Original edn. (1980), p.101.（サリー・ニコルズ著（秋山さと子、若山隆良訳）『ユングとタロット　元型の旅』（新思索社、2001 年）がある。また、「グレートマザー」として「女帝」のカードの解釈については、伊泉龍一著『タロット大全』457-458 頁も参照。

* 37. ジェイムズ・ホール著（高階秀爾監修）『西洋美術解読事典　絵画・彫刻における主題と象徴』（河出書房新社、1989 年）、104 頁、

* 38. 確かに錬金術的なテーマを、一連のカードのシークエンスに当てはめるという試みは、興味をそそるものである。「女帝」と「皇帝」のペアに対する錬金術的な解釈として、最近の論で面白いものとして、Robert M. Place, ibid., p. 136 がある。

* 39. 浜本隆志著『紋章が語るヨーロッパ史』（白水社、2000 年）、77-78 頁。アト・ド・フリース著（山下圭一郎他訳）『イメージ・シンボル事典』（大修館書店、1984 年）、198 頁。

* 40. ヴィスコンティ家、及びスフォルツツア家のタロットについては、伊泉龍一著『タロット大全』、358-370 頁。

* 41. E＝R・ラバンド著（大高順雄訳）『ルネサンスのイタリア』（みすず書房、1998 年）、255 頁。

* 42. Gertrude Moakley, ibid., p.71.

* 43. モークリーとは別の意見として、ポール・ハッソンは、「皇帝」のカードのモデルとなった人物を、神聖ローマ皇帝ジギズムント・フォン・ルクセンブルク（在位

1411-37)の名をあげている。本文でも述べたように、ジギスムントは神聖ローマ帝国に双頭の鷲の紋章をもたらした人物である。
またハッソンは、この後に出てくる「教皇」のカードの人物は、教皇ニコラス5世（在位1447-55）ではないかと示唆している。ちなみにニコラス5世は、ギリシャやローマの文化の復興に努めた当時のヒューマニストたちのパトロンとしても知られている人物である。
これらについては、Paul Huson, ibid., pp. 89-90.

* 44. さらに、イタリアの初期のタロットの「女帝」のカードの人物のモデルに対する面白い異論として、ポール・ハッソンは、それを8世紀のビザンチンの女帝エイレーネである可能性を示唆している。その理由として、彼は14世紀のイタリアの作家ジョヴァンニ・ボッカチオの書いた、古代の偉大な女性たちを称えた『有名な女性について（De Mulieribus claris）』（1361）という作品を持ち出している。
ボッカチオの『有名な女性について』では、偉大な女性のひとりとして「女教皇」のカードのところで触れた中世の伝説の女教皇ジャンヌが、実は登場する。そして肝心なのは、その後すぐに語られるのが、8世紀のビザンチンの女帝エイレーネなのである。すなわち、ハッソンに従えば、タロットの「女教皇」のモデルは女教皇ジャンヌ、そして「女帝」はエイレーネということになるわけである。
このことについては、Paul Huson, ibid., p. 87.

* 45. 鈴木宣明著『図説　ローマ教皇』（ふくろうの本、2001年）、22-25頁及び、フランチェスコ・シオヴィロ　ジェラール・ベシエール著（鈴木宣明監修）『ローマ教皇——キリストの代理者・二千年の系譜』（創元社、1997年）の監修者序文によると、そもそも「教皇（Le Pape）」という名称（もともとはギリシャ語ではパパス、ラテン語ではパパ）は、本来、信徒が信仰上の父を呼ぶときの愛称である。東方教会のほうでは、すでに3世紀はじめ頃には、修道院長・司教・総大司教に対する信徒たちの敬愛の親称だったようである。一方、カトリックのほうでは、司教リベリウス（在位352-366）の墓碑、聖大レオ1世（在位440-461）宛の東方諸教会からの書簡にしばしば記されている例などもあり、3世紀から5世紀にかけては、すべての司教たちが「パパ」と呼ばれていた。今日のように、カトリックの頂点に立つローマ司教のみに「パパ」の名称が採用されるようになったのは、6世紀頃からはじまり、11世紀末の聖グレゴリウス7世（在位1073-1085）によって普遍化されるようになったものである。
ちなみに今日、「教皇」という名称は、『カトリック新教会法典』331条において、次のように定義されている。「ローマの教会の司教、司教団のかしらであり、キリストの代理者、かつこの地上における普遍教会の牧者である。このローマの教会の司教は、主が第1の使徒であるペトロに特別に委任し、かつその後継者が継承すべきものとして存続する任務を有している」。

* 46. ハンス・ビーダーマン著（藤代幸一監訳）『世界シンボル事典』（八坂書房、2000年）、270頁。

* 47. ジェニファー・スピーク著（中山理訳）『キリスト教美術シンボル事典』（大修館書店、1997年）、104-105頁。

* 48. 池上俊一著『身体の中世』（ちくま学芸文庫、2001年）、150-151頁。

* 49. 池上俊一著、前掲書、165-166頁。

* 50. Alfred Douglas, *The Tarot: The Origins, Meaning and Uses of the Cards* (Penguin Books, 1974), p. 63.

* 51. 伊泉龍一著、前掲書、475-476頁。

* 52. S・ブラント著（尾崎盛景訳）『阿呆船　下』（現代思潮新社、2002年）、213-214頁。

* 53. 「恋人」のカードに描かれているクピドーについて詳しくは、伊泉龍一著、前掲書、469-473頁。

* 54. 伊泉龍一著、前掲書、474頁。

* 55. 新プラトン主義の愛については、主に若桑みどり著『マニエリスム芸術論』（ちくま学芸文庫、2001 年）、57-67 頁を参照した。

* 56. パノフスキー著（浅野徹、阿天坊耀、塚田孝雄、永澤峻、福部信敏訳）『イコノロジー研究 下』（ちくま学芸文庫、2002 年）、25 頁。

* 57. ティツィアーノの絵のふたりのウェヌスについては、若桑みどり著、前掲書、68-82 頁、及び、同著者『絵画を読む イコノロジー入門』（NHK ブックス、1993 年）、49-53 頁、及びパノフスキー著、前掲書、25-27 頁を参照。

* 58. パノフスキー著、前掲書、39 頁。

* 59. 伊泉龍一著、前掲書、480 頁。

* 60. プラトン著（藤沢令夫訳）『パイドロス』（岩波文庫、1967 年）、35-36 頁。

* 61. カードの順番については、伊泉龍一著、前掲書、420-426 頁。及び、Stuart R. Kaplan, *The Encyclopeia of Tarot, vol. 2*, (U. S. Games, 1994), pp. 182-191; Michael Dummett with the assistance of Sylvia Mann, *The Game of Tarot* (Duckworth, 1980), pp. 387-417.

* 62. ジェイムズ・ホール、前掲書、178 頁。

* 63. 伊泉龍一著、前掲書、524 頁。

* 64. 詳しくは、伊泉龍一著、前掲書、409-501 頁。

* 65. Paul Huson, ibid., p. 105. また『フルゲンティウス・メタフォラリス』については、ジャン・セズネック（高田勇訳）『神々は死なず ルネサンス芸術における異教神』（美術出版社、1977 年）、98-99 頁。

* 66. 賢明の擬人像については、ジェームズ・ホール著、前掲書、123-124 頁。

* 67. ミンキアーテ・パックの「賢明」のカードについては、伊泉龍一著、前掲書、479 頁。

* 68. 運命の女神の図像について詳しくは、黒瀬保著『運命の女神――中世及びエリザベス朝におけるその寓意研究』（南雲堂、1970 年）。ハワード・ロリン・パッチ著（黒瀬保訳）『中世文学における運命の女神』（三省堂、1992 年）。若桑みどり著「運命の女神の運命」、『象徴としての女性像 ジェンダー史から見た家父長制社会における女性表象』所収（筑摩書房、2000 年）。

* 69. タロットのなかに見られるフォルトゥーナ、及び目隠しをしたフォルトゥーナの意味については、伊泉龍一著、前掲書、488-493 頁。

* 70. ボエティウス著（畠中尚志訳）『哲学の慰め』（岩波文庫、1938 年）、49 頁。

* 71. エミール・マール著（田中仁彦訳）『中聖末期の図像学 下』（国書刊行会、2000 年）、43-44 頁。及びジェイムズ・ホール著、前掲書、125 頁。

* 72. 伊泉龍一著、前掲書、483-484 頁。

* 73. ちなみにポール・ハッソンは、こうした女性がライオンの顎を抑えつけている図像のモチーフを、ギリシャのニンフ、キルケに由来するのではないかという可能性も指摘している。それについては、Paul Huson, ibid., p. 111.

* 74. マルセイユ・タロットのような女性とライオンという組み合わせとは別に、男性とライオンという組み合わせの絵を用いた「剛毅」のカードもある。たとえば、その最も古い例としては、ピアポント・モルガン＝ベルガモ・パックがある。詳しくは、伊泉龍一著、前掲書、487-488 頁。
また、マルセイユ・タロット以後も今日にいたるまで、「男性とライオン」という

組み合わせの図像は、「女性とライオン」のカップリングとは別に、もうひとつの伝統として残り続けている。

* 75. Arthur Edward Waite, *The Pictorical Key to the Tarot* (Weiser, 2000), p. 100, (Original edn. 1910).

* 76. このカードに対する解釈の代表的なものとして、神秘主義的な主題、枢要徳のなかの「賢明」を描いたものなどがある。詳しくは『タロット大全』501-503 頁。

* 77. エリファス・レヴィ著（生田耕作訳）『高等魔術の教理と祭儀　祭儀篇』（人文書院、1992 年）、135 頁。

* 78. Gertrude Moakley, ibid., p. 95.

* 79. 伊泉龍一著、前掲書、504-505 頁。ピーター・バーク著（森田義之、柴野均訳）『イタリア・ルネサンスの文化と社会』（岩波書店、2000 年）、214-215 頁。

* 80. Stuart R. Kaplan, *The Encyclopeia of Tarot vol. 2* (U. S. Games, 1994), pp. 186-187,189, 191, 193, 196 では、さまざまな時代や地域のカードの複数の呼び名が一覧としてまとめられている。
また念のために言うと、このカードに対して、前に述べた 4 つの枢要徳のなかの「賢明」を描いたものだという解釈を主張するタロティストもかつては存在したが、残念ながら、今のところ、その証となるポジティヴな根拠を見つけることできない。このことについては伊泉龍一著、前掲書、503-504 頁。

* 81. Stuart R. Kaplan, ibid., p. 169.

* 82. Gertrude Moakley, ibid., p. 95.

* 83. 伊泉龍一著、前掲書、504 頁。

* 84. ユダの話を含む 13 という数にまつわるさまざまな伝承については、Annemarie Schimmel, *The Mystery of Numbers* (Oxford University Press, 1993), pp. 203-208.

* 85. 及び、死の擬人像についての簡潔な記述として、ジェイムズ・ホール著、前掲書、147-148 頁。

* 86. ジェイムズ・ホール著、前掲書、201 頁。

* 87. Stuart R. Kaplan, ibid., p. 171.

* 88. Michael Dummett, *The Visconti-Sforza Tarot Cards* (George Braziller, 1986), p. 128.

* 89. 『往生術』については、エミール・マール著、前掲書、120-131 頁。

* 90. ヨーロッパの悪魔の図像については、利倉隆著『悪魔の美術と物語』（美術出版社、1999 年）。

* 91. J.B. ラッセル著（野村美紀子訳）『悪魔　古代から原始キリスト教まで』（教文館、1984 年）127 頁。

* 92. 初期のタロット・パックに「悪魔」が含まれていなかったということについて詳細は、伊泉龍一著、前掲書、396-405 頁。

* 93. Stuart R. Kaplan, ibid., p. 172.

* 94. 中世後期の文学や演劇における悪魔の役回りについては、J・B・ラッセル『悪魔の系譜』（青土社、1999 年）、225-250 頁。

* 95. エリファス・レヴィ、前掲書、179 頁。
* 96. フランシス・キング監修（榊原宗秀訳）『アレイスター・クロウリー著作集第 2 巻 トートの書』（国書刊行会、1991 年）、120 頁。
* 97. 同前、121 頁。
* 98. 「悪魔」と「塔」のカードが含まれていなかったということに関する詳細は、伊泉龍一著、前掲書、396-405 頁。
* 99. 聖バルバラについては、ジェイムズ・ホール著、前掲書、264 頁。
* 100. Michael J. Hurst, 'The Pictures on the Cards', http://www.geocities.com/cartedatrionfi/Pictures.html in Michael's Tarot Notebook, http://geocities.com/cartedatrionfi/
* 101. Paul Huson, ibid., p. 130.
* 102. キリストの冥府下りについては、ジェニファー・スピーク著（中山理訳）『キリスト教美術シンボル事典』（大修館書店、1997 年）、114-115 頁。
* 103. Stuart Kaplan, ibid., pp. 187, 191.
* 104. Robert V. O'neil, *Tarot Symbolism* (Fairway Press, 1986), PP.183-207.
* 105. 伊泉龍一著、前掲書、517-518 頁。
* 106. 曙の擬人像については、水之江有一著『図像学事典――リーパとその系譜』（岩崎美術社、1991 年）、8-9 頁。
* 107. Timothy Betts, *Tarot and the Millennium: The Story of Who's on the Cards and Why* (New Perspective Media, 1998), pp. 52-55.
* 108. Robert M. Place, ibid., p. 157.
* 109. ミルチャ・エリアーデ著（久米博訳）『太陽と天空神』（せりか書房、1974 年）、82 頁。
* 110. ミルチャ・エリアーデ著（久米博訳）『豊穣と再生』（せりか書房、1974 年）、92 頁。
* 111. 水之江有一著、前掲書、348 頁より引用。
* 112. また、15 世紀のイタリアのピアポント・モルガン-ベルガモ・パックの「月」のカードでは、蟹の上に片足を載せてはいないものの「三日月を持つ女」が描かれている。しかし、これは、「移り気」を意味しているものではない。というのも、女性は手に弓を持っていることから、古代のローマの女神ディアナを描いたものだと考えられる。詳しくは、伊泉龍一著、前掲書、521-522 頁。
* 113. 伊泉龍一著、前掲書、521-522 頁。
* 114. ジョルジュ・ミノワ著（菅野賢治、平野隆文訳）『未来の歴史 古代の預言から未来研究まで』（筑摩書房、2000 年）、462 頁から引用。
* 115. ジョルジュ・ミノワ著、前掲書、486 頁から引用。
* 116. 伊泉龍一著、前掲書、524-525 頁。
* 117. 女性と紡ぎ棒の関係については、若桑みどり著、前掲書、358-403 頁。
* 118. より古い時代の「太陽」のカードの図像については、伊泉龍一著、前掲書、523-

525 頁。

* 119. カストルとポリュデケウスについては、フェリックス・ギラン著（中島健訳）『ギリシャ神話』（青土社、1991 年）、295-297 頁。
* 120. このことについては、すでに Stuart Kaplan, ibid., pp. 164-165 によって指摘されている。詳細はそちらを参照のこと。
* 121. Robert V. O'neil, ibid., p. 221.
* 122. 若桑みどり著『マニエリスム芸術論』（ちくま学芸文庫、1994 年）、385-386 頁。
* 123. たとえば、Richard Cavendish, *The Tarot* (Chancellor Press, 1986, original edn., 1975), p. 142.
* 124. ジェニファー・スピーク著（中山理訳）『キリスト教美術シンボル事典』（大修館書店、1997 年）、96-97 頁。ハンス・ビーダーマン著（藤代幸一、伊藤直子、宮本絢子、宮内伸子訳）『図説　世界シンボル事典』（八坂書房、2000）、364-365 頁。
* 125. 第五元素として中央の人物を見る錬金術的な解釈について詳しくは、Robert M. Place.
* 126. 詳しくは、伊泉龍一著、前掲書、530-538 頁。
* 127. ジャン・ヴェルドン著（池上俊一訳）『笑いの中世史』（原書房、2002 年）、110 頁。
* 128. 同前、110-111 頁。
* 129. 同前、114 頁。
* 130. ルネサンスの宮廷愚者については、イーニッド・ウェルズフォード著（内藤健二訳）『道化』（晶文社、1979 年）、124-149 頁。
* 131. ミシェル・フーコー著（田村俶訳）『狂気の歴史――古典主義時代における』（新潮社、1975 年）。
* 132. 池上俊一著、前掲書、190-191 頁。
* 133. Michael dumett, ibid., p. 100

図版出典目録

図 1-7　伊泉龍一著『完全マスター　タロット占術大全』（説話社、2007 年）、262 頁

図 1-8　Gad, Irene, *Tarot and Individuation: Correspondences with Cabala and Alchemy*（Nicholas-Hays, 1994）.

図 1-9 〜 1-15　Conver. Nicolas.（1760）Ancient Tarot of Marseilles, Lo Scarabeo Torino.

図 2-1　Grimaud.（1963）Tarot of Marseilles, Grimaud.

図 2-2　Kaplan, R. Stuart, *The Encyclopedia of Tarot, vol. 2*（U. S. Games Systems, 1986）, p. 286.

図 2-3　Kaplan, R. Stuart, *The Encyclopedia of Tarot, vol.1*（U. S. Games Systems, 1978）, p. 308.

図 2-4　Kaplan, R. Stuart, *The Encyclopedia of Tarot, vol.2*（U. S. Games Systems, 1986）, p. 309.

図 2-5　（左）Conver. Nicolas.（1760）Ancient Tarot of Marseilles, Lo Scarabeo Torino.
　　　　（右）Grimaud（1963）Tarot of Marseilles, Grimaud.

図 2-6　Giles, Cynthia. *The Tarot: History, Mystery and Lore*（Fireside, 1994）, p. 6.

図 2-7　A., Smith. Waite, P.（1971）The Original Rider Waite Tarot Pack, U. S. Games Systems.

図 2-8　Crowley, Aleister. Thoth Tarot, AGMULLER

図 2-9　Wanless, James. Voyager Tarot, Fair Winds.

図 2-10　The Planets and Their Children, http://www.billyandcharlie.com/planets/moon.html

図 2-11　Olga's Gallery, http://www.abcgallery.com/B/bosch/bosch14.html

図 2-12　Place, M. Robert, *The Tarot: History, Symbolism, and Divination*（Jeremy P. Tacker/Penguin, 2005）, p. 134.

図 2-13, 2-14　A., Smith. Waite, P.（1971）The Original Rider Waite Tarot Pack, U. S. Games Systems.

図 2-15　浜本隆志著『紋章が語るヨーロッパ史』（白水社、2000 年）、78 頁。

図 2-16　Dummett, Michael, *The Visconti-Sforza Tarot Cards*（George Braziller, Inc., 1986）, p. 109.

図 2-17　Kaplan, R. Stuart, *The Encyclopedia of Tarot, vol.1*（U. S. Games Systems,

1978), p. 113.
図2-18　Kaplan, R. Stuart, *The Encyclopedia of Tarot, vol.1*（U. S. Games Systems, 1978), p. 89.
図2-19　Kaplan, R. Stuart, *The Encyclopedia of Tarot, vol.2*（U. S. Games Systems, 1986), p. 308.
図2-20　Kaplan, R. Stuart, *The Encyclopedia of Tarot, vol.2*（U. S. Games Systems, 1986), p. 309.
図2-21　E・パノフスキー著『イコノロジー研究　上』（筑摩書房、2002年)、133頁。
図2-22　Olga's Gallery, http://www.abcgallery.com/T/titian/titian71.html
図2-23　Kaplan, R. Stuart, *The Encyclopedia of Tarot, vol.1*（U. S. Games Systems, 1978), p. 308.
図2-24　エリファス・レヴィ著『高等魔術の教理と祭儀　祭儀編』（人文書院、1992)、292頁。
図2-25　A., Smith. Waite, P. (1971) The Original Rider Waite Tarot Pack, U. S. Games Systems.
図2-26　Dummett, Michael, *The Visconti-Sforza Tarot Cards*, George Braziller, Inc., 1986, p. 117.
図2-27　Olga's Gallery, http://www.abcgallery.com/R/raphael/raphael71.html
図2-28　Museum of Arts & Crafts, http://www.mdc.hr/muo/eng/11-slik-graf/11-01slik-graf.html
図2-29　Kaplan, R. Stuart, *The Encyclopedia of Tarot, vol.1*（U. S. Games Systems, 1978), p. 117.
図2-30　Dummett, Michael, *The Visconti-Sforza Tarot Cards*, George Braziller, Inc., 1986, p. 123.
図2-31　セバスチャン・ブラント著『阿呆船　上』（現代思潮新社、1968年)、133頁。
図2-32　Kaplan, R. Stuart, *The Encyclopedia of Tarot, vol.2*（U. S. Games Systems, 1986), p. 272.
図2-33　若桑みどり著『象徴としての女性像』（筑摩書房、2000年)、109頁。
図2-34　Dummett, Michael, *The Visconti-Sforza Tarot Cards*, George Braziller, Inc., 1986, p. 120.
図2-35　A., Smith. Waite, P. (1971) The Original Rider Waite Tarot Pack, U. S. Games Systems.

図2-36　Web Gallery of Art, http://www.wga.hu/frames-e.html?/html/f/francesc/5other/2codex1.html

図2-37　Kaplan, R. Stuart, *The Encyclopedia of Tarot, vol.1* (U. S. Games Systems, 1978), p. 54.

図2-38　CGFA, http://cgfa.sunsite.dk/flippi/p-flippi10.htm

図2-39　Kaplan, R. Stuart, *The Encyclopedia of Tarot, vol.1* (U. S. Games Systems, 1978), p. 113.

図2-40　Dummett, Michael, *The Visconti-Sforza Tarot Cards*, George Braziller, Inc., 1986, p. 126.

図2-41　Web Gallery of Art, http://www.wga.hu/frames-e.html?/html/p/pollaiol/piero/ctempera.html

図2-42　Olga's Gallery, http://www.abcgallery.com/R/raphael/raphael2.html

図2-43　Antichi Tarocchi Bolognesi, Lo Scarabeo, 1995.

図2-44　エリファス・レヴィ著『高等魔術の教理と祭儀　祭儀編』（人文書院、1992）、8頁。

図2-45　Kaplan, R. Stuart, *The Encyclopedia of Tarot, vol.2* (U. S. Games Systems, 1986), p. 309.

図2-46　Kaplan, R. Stuart, *The Encyclopedia of Tarot, vol.2* (U. S. Games Systems, 1986), p. 272.

図2-47　Kaplan, R. Stuart, *The Encyclopedia of Tarot, vol.1* (U. S. Games Systems, 1978), p. 129.

図2-48　Kaplan, R. Stuart, *The Encyclopedia of Tarot, vol.2* (U. S. Games Systems, 1986), p. 286.

図2-49　Kaplan, R. Stuart, *The Encyclopedia of Tarot, vol.2* (U. S. Games Systems, 1986), p. 308.

図2-50　Kaplan, R. Stuart, *The Encyclopedia of Tarot, vol.2* (U. S. Games Systems, 1986), p. 131.

図2-51　アルノー・ドゥ・ラ・クロワ著『中世のエロティシズム』（原書房、2002年）、146頁。

図2-52　Crowley, Aleister, Thoth Tarot, AGMULLER

図2-53　Kaplan, R. Stuart, *The Encyclopedia of Tarot, vol.1* (U. S. Games Systems, 1978), p. 113.

図2-54　Kaplan, R. Stuart, *The Encyclopedia of Tarot, vol.1* (U. S. Games Systems, 1978), p. 129.

図2-55　Kaplan, R. Stuart, *The Encyclopedia of Tarot, vol.1* (U. S. Games Systems, 1978), p. 51.

図2-56　Kaplan, R. Stuart, *The Encyclopedia of Tarot, vol.2* (U. S. Games Systems, 1986), p. 286.

図2-57　Kaplan, R. Stuart, *The Encyclopedia of Tarot, vol.2* (U. S. Games Systems, 1986), p. 175.

図2-58　水之江有一著『図像学事典——リーパとその系譜』（岩崎美術社、1991年）、9頁。

図2-59　Kaplan, R. Stuart, *The Encyclopedia of Tarot, vol.1* (U. S. Games Systems, 1978), p. 129.

図2-60　Whitfield, Peter, *Astrology: A History* (British Library, 2004), p.32.

図2-61　Kaplan, R. Stuart, *The Encyclopedia of Tarot, vol.2* (U. S. Games Systems, 1986), p. 309.

図2-62　Kaplan, R. Stuart, *The Encyclopedia of Tarot, vol.2* (U. S. Games Systems, 1986), p. 319.

図2-63　Kaplan, R. Stuart, *The Encyclopedia of Tarot, vol.2* (U. S. Games Systems, 1986), p. 334.

図2-64　Kaplan, R. Stuart, The Encyclopedia of Tarot, vol.2 (U. S. Games Systems, 1986), P. 308.

図2-65　水之江有一著『図像学事典——リーパとその系譜』（岩崎美術社、1991年）、349頁。

図2-66　Kaplan, R. Stuart, *The Encyclopedia of Tarot, vol.1* (U. S. Games Systems, 1978), p. 54.

図2-67　Kaplan, R. Stuart, *The Encyclopedia of Tarot, vol.1* (U. S. Games Systems, 1978), p. 115.

図2-68　Kaplan, R. Stuart, *The Encyclopedia of Tarot, vol.1* (U. S. Games Systems, 1978), p. 129.

図2-69　Kaplan, R. Stuart, *The Encyclopedia of Tarot, vol.2* (U. S. Games Systems, 1986), p. 308.

図2-70　Whitfield, Peter, *Astrology: A History* (British Library, 2004), p.32.

図2-71　The Artchive, http://www.artchive.com/artchive/L/leonardo/rocks.jpg.html

図2-72　若桑みどり著『マニエリスム芸術論』（筑摩書房、1994年）、385頁。

図2-73　Olga's Gallery, http://www.abcgallery.com/L/leonardo/leonardo31.html

図2-74　Kaplan, R. Stuart, *The Encyclopedia of Tarot, vol.2* (U. S. Games Systems, 1986), p. 309.

図2-75　Kaplan, R. Stuart, *The Encyclopedia of Tarot, vol.2* (U. S. Games Systems, 1986), p. 286.

図2-76　Kaplan, R. Stuart, *The Encyclopedia of Tarot, vol.2* (U. S. Games Systems, 1986), p. 308.

図2-77　A., Smith. Waite, P. (1971) The Original Rider Waite Tarot Pack, U. S. Games Systems.

図2-78　Kaplan, R. Stuart, *The Encyclopedia of Tarot, vol.2* (U. S. Games Systems, 1986), p. 308.

伊泉 龍一【Ryuichi Izumi】
占い・精神世界研究家。
タロット・カード、ヌメロロジー、占星術、手相をはじめとして欧米の多数の占いを紹介している。朝日カルチャーセンター、NHK文化センターなどで講師としても活躍中。
著書『タロット大全　歴史から図像まで』（紀伊國屋書店）、『完全マスタータロット占術大全』（説話社）、『数秘術の世界』、『西洋手相術の世界』『数秘術完全マスターガイド』（共著、駒草出版）。訳書に、ジリアン・ケンプ著『ラブ・マジック・ブック』、『フォーチュン・テリング・ブック』（駒草出版）、ジョアン・バニング著『ラーニング・ザ・タロット』（駒草出版）がある。
監修無料占いサイト：運命の世界（http://www.unmeinosekai.com/）

ジューン澁澤【June Shibusawa】
西洋占術研究家。
HL研究所（ヘルメティーク・ルードゥス・ラボラトリー）主宰。
錬金術や、西洋式の手相・顔相、スピリチュアルモチーフを使用したタロットなど、斬新な占いを各メディアに発表中。
著書に『西洋手相術の世界』（共著）『血液型錬金術』（共に駒草出版）、『ミラクルあたる！　ワクワク手相うらない』（西東社）がある。
監修サイト：【神秘の予言】あなたの魂を導くハワイアン・スピリチュアルタロット（http://charge.fortune.yahoo.co.jp/com/jun/）
監修モバイルサイト：「2人が出逢った理由」

『リーディング・ザ・タロット』
大アルカナの実践とマルセイユ・タロットのイコノグラフィー

2009年2月1日　初版発行
2023年11月20日　第5版発行

著　者　伊泉　龍一
　　　　ジューン澁澤

発行者　井上　弘治
発行所　駒草出版
　　　　株式会社ダンク 出版事業部
〒110-0016 東京都台東区台東1-7-1 邦洋秋葉原ビル2F
TEL：03-3834-9087／FAX：03-3834-4508
https://www.komakusa-pub.jp/

ブックデザイン　高岡　直子
印刷・製本　株式会社　シナノ

© Ryuichi Izumi, June Shibusawa 2009, printed in Japan
ISBN978-4-903186-68-9 C2076

落丁・乱丁本はお取り替えいたします。定価はカバーに表示してあります。

ラーニング・ザ・タロット
Learning the Tarot
タロットマスターになるための18のレッスン

ジョアン・バニング著
伊泉　龍一訳

アメリカでベストセラーのタロット入門書を
西洋占術研究の第一人者、伊泉龍一が翻訳

◆ コート・カード、ポジションのペア、小アルカナの解説が充実
◆ 質問の立て方からストーリーを創るところまで実践しながらトレーニング
◆ 世界でもっともスタンダードなウェイト版を使用

90年代から発展し続けるモダン・タロット・リーディングのコツが18段階のレッスンを通して着実に身につきます。

A5判／上製／定価（本体3200円＋税）
ISBN978-4-903186-46-7 C2076